Leo N. Tolstoi

Religions- und gesellschaftskritische Schriften

Band 8

Neu herausgegeben und durchgesehen
von Paul H. Dörr

Leo N. Tolstoi

PÄDAGOGISCHE SCHRIFTEN

Band 2

Diederichs

Aus dem Russischen von Otto Buek

Dieser Band erschien erstmals als Band 8
der Sämtlichen Werke, I. Serie,
Pädagogische Schriften Jena 1907.

Die Deutsche Bibliothek - CIP-Einheitsaufnahme

Tolstoj, Lev N.:
Religions- und gesellschaftskritische Schriften / Leo N. Tolstoi. -
München : Diederichs.
NE: Tolstoj, Lev N.: [Sammlung <dt.>]

Tolstoj, Lev N.:
Pädagogische Schriften / Leo N. Tolstoj.
[Neu hrsg. und durchges. von Paul H. Dörr.
Aus d. Russ. von Otto Buek].- München : Diederichs.
(Religions- und gesellschaftskritische Schriften / Leo N. Tolstoj ; ...)
ISBN 3-424-01052-9
NE: Dörr, Paul H. [Hrsg.]; Tolstoj, Lev N.: [Sammlung]

Durchges. Neuausg.
Bd. 8. Tolstoj, Lev N.: Pädagogische Schriften. Bd. 2
mit Anm. und einem Nachw. von Paul H. Dörr. - 1994

Gesamtherstellung:
Florentiner Verlagsgesellschaft, Aschaffenburg

ISBN 3-424-01052-9
Printed in Germany

INHALT

Die Schule
von Jasnaja Poljana
im November
und Dezember des
Jahres 1862

Allgemeiner Bericht über den Charakter der Schule

Anfänger gibt es bei uns nicht. In der untersten Klasse wird gelesen, geschrieben, werden Aufgaben über die ersten drei Grundregeln der Arithmetik gelöst und Stücke aus der biblischen Geschichte nacherzählt.

Die Gegenstände gliedern sich daher nach dem Schulplan folgendermaßen:

1. Mechanisches und stufenweises Lesen
2. Schreiben
3. Schönschreiben
4. Grammatik
5. Biblische Geschichte
6. Russische Geschichte
7. Zeichnen
8. Zeichnen auf dem Reißbrett
9. Singen
10. Mathematik
11. Gespräche über naturwissenschaftliche Gegenstände
12. Religion

Ehe ich vom Unterricht spreche, muß ich eine kurze Schilderung davon geben, was die Schule von Jasnaja Poljana eigentlich ist und in welcher Periode ihres Wachstums sie sich befindet.

Wie ein jedes lebende Wesen, so verändert sich auch die Schule nicht nur im Laufe von Jahren, Tagen und Stunden, sie ist auch zeitweise Krisen, manchem Mißgeschick, Krankheiten und Verstimmungen unterworfen. Eine solche krankhafte Krise machte die Schule von Jasnaja Poljana im Sommer dieses Jahres durch. Das hatte viele Ursachen: Erstens verließen die besten Schüler die Schule, wie das im Sommer immer zu geschehen pflegt, wir begegneten ihnen nur noch selten: bei der Arbeit, auf dem Feld oder auf der Weide; zweitens traten neue Lehrer in die Schule ein, es begannen sich neue Einflüsse bemerkbar zu machen; drittens brachte jeder Sommertag neue Besucher: Lehrer, die während der Sommerferien zu uns kamen. Für einen geregelten Verlauf des Unterrichts aber gibt es nichts Schädlicheres als Besuche. Der Lehrer nimmt immer in bestimmter Weise Rücksicht auf sie.

Wir haben vier Lehrer. Zwei alte, die bereits zwei Jahre lang in der Schule unterrichten, haben sich schon an die Schüler und an ihre Tätigkeit, an die Freiheit und die äußere Unordnung in der Schule gewöhnt. Zwei neue Lehrer, die die Schule selbst erst vor kurzem verlassen haben, sind Freunde der äußeren Ordnung, des Stundenplanes, des Glockenzeichens, der Programme usw., und haben sich noch nicht so in unsere Schule eingelebt wie die ersten. Was diesen vernünftig, notwendig, als gar nicht anders möglich erscheint, wie die Gesichtszüge eines lieben, obwohl nicht schönen Kindes, das unter unseren Augen aufgewachsen ist, das erscheint den neuen Lehrern oft als Fehler, der sich sehr wohl verbessern ließe.

Die Schule befindet sich in einem zweistöckigen steinernem Haus. Zwei Zimmer werden von der Schule benützt; dabei dient das eine als Unterrichtsraum, während das andere den Lehrern gehört. Auf dem Flur unter einem kleinen Dach hängt ein Glöcklein mit einer am Klöppel befestigten Schnur. Unten im Vorzimmer stehen Barren und Reck für die Gymnastik; oben im Vorraum befindet sich eine Hobelbank.

Im Vorraum des Treppenhauses, der voll von hereingeschlepptem Schnee und Schmutz ist, hängt auch der Schulplan. Die Ordnung des Unterrichts ist folgende: Etwa um 8 Uhr schickt ein Lehrer, der in der Schule wohnt, ein Freund der äußeren Ordnung und Verwalter der Schule, einen von den Knaben, die fast immer bei ihm schlafen, hinaus, um zu läuten.

Im Dorf steht man auf und macht Feuer. In den Fenstern der Schule sieht man schon lange Licht, und etwa eine halbe Stunde nach dem Glockenzeichen sieht man in Nebel und Regen oder in den schräg herabfallenden Strahlen der Herbstsonne dunkle Figuren, zu je zweien, dreien oder auch einzeln von den Hügeln herabkommen (das Dorf ist durch eine Schlucht von der Schule getrennt). Das Herdengefühl ist bei den Schülern schon längst verschwunden. Man braucht nicht mehr auf sie zu warten und zu schreien: »Kinder, in die Schule.« Sie wissen schon, daß die Schule weiblichen Geschlechts ist, wissen auch schon manches andere und haben daher merkwürdigerweise nicht mehr das Bedürfnis, zum Haufen zu halten. Wenn ihre Zeit kommt, gehen sie von selber. Es scheint mir, daß die Persönlichkeiten mit jedem Tag selbständiger werden, daß ihre Charaktere immer schärfer hervortreten. Ich habe fast nie gesehen, daß die Kinder am Weg spielen, außer etwa die allerkleinsten oder die neu eingetretenen, die aus anderen Schulen kommen. Keiner trägt etwas bei sich — weder Bücher noch Hefte. Hausaufgaben gibt es bei uns nicht.

Aber sie haben nicht allein nichts in den Händen, sie brauchen auch nichts im Kopf zu haben. An keine Aufgabe, an nichts, was er gestern getan hat, braucht sich der Schüler heute noch zu erinnern. Ihn quält nicht der Gedanke an die bevorstehende Lektion. Er bringt nur sich selber, seine empfängliche Natur und die Überzeugung mit, daß es in der Schule heute gerade so lustig sein wird wie gestern. Er denkt nicht eher an die Stunde, als bis sie angefangen hat. Nie tadelt man einen Schüler, wenn er sich verspätet, es kommen auch gar keine Verspätungen vor; höchstens bei den Größeren, die die Eltern einer Arbeit wegen zuweilen zu Hause behalten. Und dann kommt so ein Großer im Trab und atemlos in die Schule gelaufen. Solange der Lehrer noch nicht da ist, sammeln sie sich im Flur, stoßen sich von den

Stufen herunter oder rutschen den festgefrorenen Weg hinab, einzelne wieder tummeln sich in der Schulstube. Wenn es kalt ist, lesen, schreiben oder spielen sie, bevor der Lehrer erscheint. Die Mädchen mischen sich nicht unter die Jungen. Wenn die Jungen irgend etwas mit den Mädchen vorhaben, dann wenden sie sich nie an eine von ihnen, sondern immer an alle zugleich: »Ihr Mädchen, was lauft ihr nicht mit?« oder: »Seht mal, die Mädchen sind angefroren!« oder: »Nun, ihr Mädel, geht mal alle gegen mich allein los!« Nur eins von den Mädchen, vom Hofgesinde, ein außergewöhnlich und vielseitig begabtes Kind von etwa 10 Jahren, tritt aus der Schar der Mädchen hervor. Und diese allein wird von den Schülern als Gleiche, wie ein Knabe behandelt, nur mit einer zarten Andeutung von Höflichkeit, Nachsicht und Zurückhaltung.

Nehmen wir an, nach dem Stundenplan habe die erste, die jüngste Klasse mechanisches Lesen, die zweite stufenweises Lesen, die dritte Mathematik. Der Lehrer betritt die Klasse, während die Jungen auf dem Fußboden liegen und schreien: »Der Haufe ist zu klein!« oder »Halt, ihr erdrückt uns!« oder »Genug, laß doch, du schlägst mich auf die Schläfe!« usw. »Peter Michailowitsch«, ruft ein Stimme von unten aus dem Haufen dem eintretenden Lehrer entgegen, »sag ihnen, sie sollen aufhören!« »Guten Tag, Peter Michailowitsch«, rufen andere, während sie fortfahren, sich zu balgen. Der Lehrer nimmt die Bücher und gibt sie denen, die mit ihm zum Schrank gehen; die obersten vom Haufen bitten noch am Boden liegend um Bücher. Der Haufe wird allmählich kleiner. Sowie nun die Mehrheit die Bücher genommen hat, laufen auch die anderen zum Schrank und schreien: »Mir auch, mir auch. Gib mir dasselbe wie gestern; mir das von Kolzow usw.« Wenn zwei vom Kampf besonders Aufgeregte am Boden liegen bleiben, dann rufen ihnen die schon hinter den Büchern Sitzenden zu: »Was macht ihr da für einen Lärm! Man kann ja nichts hören. Genug!« Die Erregten fügen sich, greifen atemlos zu den Büchern und schlenkern nur noch eine Zeitlang mit den Beinen, so lange sich ihre Aufregung noch nicht gelegt hat. Der kriegerische Geist verschwindet, und der Geist des Lesens beginnt in der Stube zu herrschen.

Mit derselben Begeisterung, mit der er den Mitka vorhin auf die Schläfe schlug, liest der Junge jetzt das Kolzowsche Buch, die Zähne nahezu geschlossen, mit blitzenden Augen, und fast ohne die Dinge zu sehen, die ihn umgeben, außer seinem Buch. Um ihn vom Lesen loszureißen, bedarf es jetzt ebenso großer Anstrengungen wie vorhin vom Kampf. Jeder setzt sich, wohin es ihm einfällt: auf die Bank, auf den Tisch, die Fensterbank, den Fußboden oder in den Lehnstuhl. Die Mädchen setzen sich immer zusammen. Freunde oder Knaben aus demselben Dorf, besonders die kleinen, die gewöhnlich besonders eng befreundet sind, sitzen immer nebeneinander. Wenn einer von ihnen sich in irgend einen Winkel setzt, kriechen die Kameraden, sich stoßend und drängend, zwischen und unter den Bänken durch, eilen nach demselben Winkel und setzen sich zu ihm. Sie sehen sich nach allen Seiten um, und es spiegelt sich soviel Glück und Befriedigung auf ihren Gesichtern, als ob sie nun auch ihr ganzes ferneres Leben zufrieden und glücklich sein müßten, nachdem sie hier Platz genommen haben.

Ein großer Lehnstuhl, der zufällig in die Stube geraten ist, ist ein Gegenstand der Eifersucht für alle selbständigen Persönlichkeiten — für das Mädchen vom Hofgesinde, aber auch für die andern. Wenn einer sich in den Lehnstuhl setzen will, erkennt ein anderer diese Absicht schon an seinem Blick, und sie stoßen zusammen oder drükken sich umeinander herum. Der eine verdrängt den anderen, und der Sieger läßt seinen Kopf weit über die Lehne zurückhängen, aber auch er liest, wie die anderen, ganz in sein Buch versenkt. Ich habe nie bemerkt, daß während der Stunde geschwatzt, gekniffen, heimlich gelacht, in die Hände geklatscht worden wäre oder daß sich einer über den anderen beim Lehrer beklagt hätte. Wenn der Schüler eines Küstergehilfen oder einer Kreisschule mit einer solchen Klage kommt, dann pflegt man ihm zu antworten: »Warum schlägst du nicht zurück?«

Die beiden unteren Klassen sind in einem Zimmer vereinigt, die oberste befindet sich im anderen. Kommt der Lehrer in die erste Klasse, so umringen ihn alle bei der Wandtafel, setzen oder lagern sich um ihn oder um einen Lesenden auf den Bänken oder Tischen. Während des Schreibens sitzen sie etwas ruhiger, stehen jedoch fortwährend auf, um einander in die Hefte zu schauen oder um dem Lehrer ihre Schrift zu zeigen. Nach dem Lehrplan werden bis zum Mittag vier Stunden gegeben, oft aber werden es nur drei oder zwei, und zuweilen sind auch die Lehrgegenstände ganz andere, als sie der Lehrplan vorsieht. Der Lehrer beginnt mit Arithmetik und geht auf die Geometrie über, oder aber er beginnt die Stunde mit der biblischen Geschichte und beschließt sie mit Grammatik.

Manches Mal sind Lehrer und Schüler so begeistert, daß die Lektion statt einer Stunde drei Stunden dauert. Es kommt vor, daß die Schüler selber schreien: »Nein, weiter, weiter!« und denen, die sich langweilen, verächtlich zurufen: »Wenn du dich langweilst, so gehe doch zu den Kleinen!« An der Religionsstunde, die allein regelmäßig stattfindet, weil der Religionslehrer zwei Werst von der Schule wohnt und nur zweimal in der Woche kommt, und an der Zeichenklasse nehmen sämtliche Schüler teil. Vor diesen Stunden sind die Bewegung, die Balgereien, das Geschrei und die äußere Unruhe gewöhnlich am stärksten. Hier schleppt einer eine Bank aus einem Zimmer ins andere, dort prügeln sich zwei, hier läuft einer nach Hause, um Brot zu holen, dort röstet einer Brot im Ofen; einer nimmt dem andern etwas weg, ein anderer treibt Gymnastik, und auch hier, wie bei den lärmenden Spielen des Morgens ist es wiederum viel leichter, die Kinder sich selber beruhigen und zur natürlichen Ordnung übergehen zu lassen, als diese mit Gewalt zu erzwingen.

Bei dem jetzigen Geist der Schule ist es einfach unmöglich, die Kinder äußerlich zur Ruhe zu bringen. Je lauter der Lehrer schreit — und das kommt vor —, um so lauter schreien auch sie, sein Geschrei regt sie nur noch mehr auf; wenn es dagegen gelingt, sie zu beruhigen oder ihre Aufmerksamkeit auf etwas anderes einzulenken, so beginnt sich dieses kleine Meer immer schwächer zu bewegen, bis sich die Wellen gänzlich legen. Gewöhnlich braucht man überhaupt nichts zu sagen. Die beliebteste Stunde, die Zeichenstunde, ist gewöhnlich mittags, wenn die Schüler schon hungrig sind, nachdem sie drei Stunden gesessen haben. Dabei aber müssen noch Stühle aus einem Zimmer ins andere geschleppt werden, und dann erhebt sich ein schrecklicher Lärm. Und doch, wenn der Lehrer fertig und bereit ist, dann sind es auch die Schüler, und der, der den Beginn der Stunde verhindert, wird von ihnen selbst dafür bestraft.

Hier muß ich eine Bemerkung machen. Indem ich die Schule von Jasnaja Poljana schildere, fällt es mir gar nicht ein, ein Vorbild zu geben und aufzeigen zu wollen, was für eine Schule notwendig und nützlich ist. Ich will nur einen getreuen Bericht über meine Schule geben, und ich glaube, daß ein solcher Bericht von Nutzen sein kann. Wenn es mir gelingen sollte, in den nächsten Nummern eine klare Darstellung der Entwicklung dieser Schule zu geben, so wird der Leser begreifen, warum die Schule gerade einen solchen Charakter erhalten mußte, warum ich eine solche Ordnung für etwas Gutes halte, und warum es mir ganz unmöglich wäre, sie zu ändern, selbst wenn ich es wollte.

Die Schule entwickelte sich von Anfang an völlig frei, aus Prinzipien, die Lehrer und Schüler in sie hineintrugen. Trotz des überlegenen Einflusses seitens des Lehrers hatte der Schüler immer das Recht, nicht in die Schule zu gehen, oder selbst wenn er in die Schule ging, nicht auf den Lehrer zu hören. Der Lehrer hatte das Recht, sich die Schüler fern zu halten, und die Möglichkeit, mit der ganzen Kraft seines Einflusses auf die Mehrheit der Schüler, auf die Gesellschaft, die aus den Schülern gebildet wird, einzuwirken. Je weiter die Schüler fortschreiten, um so mehr verzweigt sich der Lehrstoff, und um so notwendiger wird die Ordnung; daher kommt es, daß die Schüler bei der normalen, gewaltsamen Entwicklung der Schule mit dem Fortschritt in der Bildung das Bedürfnis nach Ordnung immer lebhafter empfinden lernen, und um so stärker ist daher der Einfluß des Lehrers in dieser Richtung.

In der Schule von Jasnaja Poljana fand diese Regel seit dem Tag ihrer Gründung eine fortwährende Bestätigung. Anfangs ließ sich keine Einteilung, weder in Klassen noch Gegenstände, weder in Unterrichtsstunden noch Ruhepausen finden, alles floß wie von selbst in eins zusammen, und alle Versuche, eine Ordnung einzuführen, blieben vergeblich. Jetzt gibt es in der ersten Klasse schon

Schüler, die selbst danach verlangen, einem Stundenplan zu folgen, die unzufrieden sind, wenn sie während der Lektion gestört werden und die kleineren Schüler selbst wegjagen, wenn sie zu ihnen gelaufen kommen.

Meiner Ansicht nach ist diese äußere Unordnung nützlich und unersetzlich, so seltsam und unbequem sie für den Lehrer zu sein scheint. Von den Vorzügen dieser Einrichtung werde ich noch oft zu sprechen haben; von ihren scheinbaren Nachteilen aber will ich folgendes sagen: Erstens finden wir diese Unordnung, oder vielmehr diese freie Ordnung, nur darum so schrecklich, weil wir an ganz andere Verhältnisse gewöhnt sind, in denen man uns erzogen hat. Und zweitens wird in diesem, wie in vielen ähnlichen Fällen, Gewalt nur aus Übereilung und Mangel an Achtung vor der menschlichen Natur angewandt. Es scheint uns, daß die Unordnung wächst, immer größer wird und keine Grenzen mehr kennt — es scheint kein anderes Mittel zu geben, um ihr ein Ende zu machen, als die Anwendung von Gewalt —, und doch brauchte man nur ein wenig zu warten, und die Unordnung (oder die Lebhaftigkeit) würde sich legen und in eine viel bessere und dauerhaftere Ordnung übergehen als die, welche wir erfinden.

Die Schüler sind Menschen — zwar kleinere als wir, aber doch Menschen mit denselben Bedürfnissen, und sie denken nach denselben Regeln wie wir; sie wollen alle lernen, und nur deshalb gehen sie in die Schule; daher werden sie auch sehr leicht zur Erkenntnis kommen, daß man sich bestimmten Bedingungen fügen muß, wenn man lernen will. Aber mehr noch — sie sind nicht bloß Menschen, sondern eine Gesellschaft von Menschen, die durch einen Gedanken verbunden sind.

Und: wo drei versammelt sind in Meinem Namen, da bin Ich mitten unter ihnen! Indem sie sich nur den natürlichen Gesetzen fügen, die allein aus ihrer Natur stammen, sträuben sie sich nicht und murren nicht; wenn sie sich aber unseren voreiligen Eingriffen unterordnen, glauben sie nicht an die Gerechtigkeit unserer Gesetze, Stundenpläne und Regeln.

Wie oft habe ich beobachtet, wie Kinder sich prügelten, wie sich dann die Feinde, wenn der Lehrer kam und sie trennte, mißtrauisch mit den Augen verfolgten und sich selbst in Gegenwart des zornigen Lehrers nicht enthalten konnten, einander gleich darauf noch stärker und schmerzhafter zu schlagen; ich beobachtete täglich, wie irgend ein Kirjuscha sich mit zusammengebissenen Zähnen auf einen Taraska stürzte, ihn beim Kopf packte, auf die Erde warf, und, wie es schien, gern dafür gestorben wäre, wenn er dem Feind eine schwere Verletzung hätte beibringen können; nach einer Minute aber lachte Taraska schon unter dem Kiruschka, er wußte sich am besten allein zu helfen und dem anderen seine Schuld zurückzuzahlen, und nach fünf Minuten waren sie wieder Freunde und saßen nebeneinander. Neulich kamen in der Zwischenstunde zwei Knaben miteinander in Streit; der eine ein vorzüglicher Mathematiker, ein neunjähriger Bursche aus der zweiten Klasse, der andere ein kurzgeschorener Junge vom Hofgesinde, ein kluger, aber rachsüchtiger, winziger schwarzäugiger Knabe mit dem Spitznamen Kyska (Kätzchen). Kyska packte den Mathematiker bei den Haaren und drückte ihn mit dem Kopf an die Wand; der Mathematiker versuchte vergeblich, Kyska bei seinen kurzen Borsten zu fassen. Die schwarzen Augen Kyskas triumphierten. Der Mathematiker konnte kaum seine Tränen zurückhalten und rief: »Nun! Was hast du erreicht?« Aber es ging ihm offenbar sehr schlecht, und er spielte nur den Mutigen. Das dauerte ziemlich lange, und ich war mir im unklaren darüber, was hier zu machen sei. »Sie prügeln sich, sie prügeln sich!« riefen die Knaben und drängten in die Ecke. Die kleinen lachten, und auch die großen trennten die Kämpfenden nicht, sondern verständigten sich nur mit stummen Blikken.

Dieses Schweigen und diese Blicke entgingen Kyska nicht. Er begriff, daß er was Schlechtes tat, er begann schuldvoll zu lachen und die Haare des Mathematikers allmählich loszulassen. Der Mathematiker machte sich frei, stieß Kyska mit dem Kopf gegen die Wand und ging befriedigt fort. Kyska fing an zu weinen, lief seinem Feind nach und schlug ihm aus aller Kraft, aber nicht schmerzhaft, auf den Pelz. Der Mathematiker wollte ihm eins zurückgeben, aber in diesem Augenblick ertönten einige mißbilligende Rufe. »Er hat sich den Kleinsten ausgesucht!« riefen die Zuschauer. »Reiß aus, Kyska!« Damit nahm die Sache ein Ende, wie wenn nichts geschehen wäre, es sei denn, daß bei beiden, wie ich vermute, das dunkle Bewußtsein zurückblieb, daß das Prügeln unangenehm sei, weil es schmerzt.

Es scheint mir, daß ich hier das Gerechtigkeitsgefühl des Volkes beobachten konnte. Wie oft aber werden solche Streitigkeiten so geschlichtet, daß man nicht begreift, nach welchem Gesetz es geschieht, und doch sind beide Seiten zufrieden. Wie unwillkürlich und ungerecht sind im Vergleich damit alle unsere Erziehungsmethoden in solchen Fällen. »Ihr habt beide Schuld! Auf die Knie!« sagt der Erzieher, und der Erzieher hat unrecht, weil nur einer schuldig ist, und dieser eine triumphiert, während er kniet und seine noch nicht ganz verrauchte Wut wiederkäut, der Unschuldige aber ist doppelt gestraft. Oder: »Du bist schuld, weil du das und das gemacht hast, und du wirst bestraft«, sagt der Lehrer, und der Bestrafte haßt seinen Feind noch mehr, weil auf dessen Seite die despotische Gewalt steht, deren Gerechtigkeit er nicht anerkennt. Oder: »Verzeih ihm! Gott will es, und sei besser als er«, sagt der Erzieher. Man sagt ihm: »Sei besser als er«, er aber will nur stärker sein, und ein anderes Besser versteht er nicht und kann er nicht verstehen. Oder: »Ihr seid beide schuld, bittet euch gegenseitig um Verzeihung und gebt euch einen Kuß, Kinder!« Das ist noch viel schlimmer als das andere, wegen der Unwahrheit, wegen des Gekünstelten, das in diesem Kuß liegt, und weil dadurch das im Schwinden begriffene Haßgefühl von neuem aufflammt. Seid ihr dagegen weder ein Vater noch eine Mutter, denen ihr Kind leid tut, und die daher immer im Recht sind, wenn sie den bei den Haaren nehmen, der ihr Kind schlägt, so laßt sie nur gewähren und wartet ab, es wird sich schon von selbst legen und lösen, und die Lösung wird so einfach und natürlich und zugleich so kompliziert und mannigfaltig sein, wie alle unbewußten Verhältnisse unseres Lebens.

Aber vielleicht werden die Lehrer, die eine solche Unordnung oder freie Ordnung noch nicht kennengelernt haben, der Meinung sein, daß diese Unordnung ohne Eingriff seitens des Lehrers schädliche, physische Folgen haben kann; die Kinder können sich verletzen, zu Krüppeln schlagen usw. In der Schule von Jasnaja Poljana kamen seit dem vorigen Frühjahr nur zwei Fälle von Verletzungen vor, die Folgen hatten. Ein Knabe wurde von der Flurtreppe gestoßen und brach sich das Bein bis auf den Knochen (die Wunde heilte in zwei Wochen), einem anderen wurde die Wange mit einem brennenden Gummi verbrannt, und er trug ungefähr zwei Wochen einen Verband. Es kommt nicht mehr als einmal in der Woche vor, daß einer weint, und dann auch nicht aus Schmerz, sondern vor Scham oder Ärger. Ich kann mich nicht erinnern, daß es während des ganzen Sommers unter den dreißig bis vierzig Schülern, die sich ganz selbst überlassen blieben, sonst noch Beulen, Verletzungen oder blaue Flecken gegeben hätte.

Ich bin überzeugt, daß sich die Schule nicht in die Erziehung einmischen darf, die nur Sache der Familie ist, daß die Schule nicht belohnen und bestrafen darf, weil sie kein Recht dazu hat, daß die beste Polizei und Verwaltung der Schule darin besteht, den Schülern volle Freiheit zu lassen, ob und wie sie lernen und miteinander verkehren wollen. Ich bin davon überzeugt; dennoch aber wirken die alten Gewohnheiten der Erziehungsanstalten so stark in mir nach, daß wir auch in Jasnaja Poljana nicht selten von dieser Regel abweichen. Im November des vorigen Halbjahres kamen zwei Fälle von Bestrafungen vor.

Während der Zeichenstunde bemerkte ein vor kurzem bei uns eingetretener Lehrer einen Jungen, welcher schrie, nicht auf den Lehrer hörte und ohne jeden Grund wie ein Rasender auf seine Nachbarn losschlug. Da der Lehrer ihn nicht mit Worten beruhigen konnte, ließ er ihn seinen Platz verlassen und nahm ihm die Tafel weg; das war seine Strafe. Der Knabe weinte während der ganzen Stunde bitterlich; es war derselbe Junge, den ich bei Gründung der Schule von Jasnaja Poljana nicht aufnehmen wollte, weil ich ihn für einen hoffnungslosen Idioten hielt; die Hauptzüge dieses Knaben waren Stumpfheit und Sanftmut. Die Knaben nahmen ihn nie bei ihren Spielen auf, spotteten und lachten über ihn und erzählten mit Verwunderung von ihm: »Wie seltsam dieser Petka ist! Man schlägt ihn — selbst die Kleinsten schlagen ihn — und er schüttelt sich nur rund und geht fort«; »Er hat gar kein Herz«, sagte mir einmal ein Knabe über ihn. Wenn man diesen Knaben also in eine solche Wut versetzt hatte, daß er vom Lehrer dafür bestraft wurde, so war sicherlich nicht der Bestrafte schuld daran. — Ein anderer Fall: Im Sommer, während des Umbaus des Hauses, verschwand aus dem physikalischen Kabinett eine Leidener Flasche. Ein paarmal verschwanden Bleistifte und Bücher, selbst während der Zeit, wo weder Maler noch Zimmerleute im Haus arbeiteten. Wir fragten die Knaben. Die besten und ältesten Schüler, unsere alten Freunde, erröteten und wurden verlegen, so daß jeder Untersuchungsrichter geglaubt hätte, ihre Verwirrung sei ein sicheres Zeichen ihrer Schuld. Aber ich kannte sie und konnte mich für sie verbürgen wie für mich selber. Ich begriff, daß schon der bloße Gedanke an einen Verdacht sie tief und schmerzlich beleidigt hatte.

Ein Knabe, den ich Fritz nennen will, eine begabte und zarte Natur, wurde ganz bleich und begann zu zittern und zu weinen. Sie gaben uns das Versprechen, den Schuldigen zu nennen, wenn sie ihn fänden, aber sie weigerten sich, nach ihm zu suchen. Nach einigen Tagen wurde der Dieb entdeckt; es war ein Junge vom Holzgesinde aus einem fernen Dorf. Er hatte einen Bauernknaben, der aus demselben Dorf stammte, überredet, und sie hatten die gestohlenen Sachen in einer kleinen Kiste versteckt. Diese Entdeckung erzeugte ein merkwürdiges Gefühl unter den Kameraden, sie empfanden etwas wie Erleichterung oder Freude, zugleich aber Verachtung und Mitleid gegen den

Dieb. Wir schlugen ihnen vor, die Strafe selbst zu bestimmen. Die einen verlangten, daß der Dieb durchgeprügelt werde, wollten es aber durchaus selber tun; andere sagten, man solle ihm einen Zettel mit der Aufschrift »Dieb« anheften. Zu unserer Beschämung hatten wir diese Strafen früher selbst angewandt, und diesmal war es derselbe Knabe, der vor einem Jahr einen Zettel mit der Inschrift »Lügner« getragen hatte, der nun den Zettel für den Dieb forderte. Wir entschieden uns für den Zettel, und als ein Mädchen ihn annähte, sahen ihr alle Schüler mit Schadenfreude zu und spotteten über die Bestraften. Sie forderten noch eine Verschärfung der Strafe. »Man soll sie durch das Dorf führen, und sie sollen ihre Zettel bis zu den Feiertagen behalten«, sagten sie.

Die Bestraften weinten; der Bauernknabe, der von seinem Freund verführt worden war, ein begabter Erzähler und Spaßmacher, ein blasses, rundes Bürschen, weinte ganz aufgelöst in Tränen und aus der ganzen Kraft seines kindlichen Gemüts; der andere, der Hauptverbrecher, ein Knabe mit einer gebogenen Nase und trockenen, aber klugen Gesichtszügen, war sehr bleich, seine Lippen zitterten, die Augen blickten wild und finster auf die lustigen Kameraden, und nur selten verzog sich sein Gesicht einen Moment lang zu einem unnatürlichen Weinen. Die Mütze mit einem zerrissenen Schirm saß ihm ganz hinten im Nacken, das Haar war verwirrt, und sein Anzug war mit Kreide beschmiert. Das alles machte auf mich und die anderen einen solchen Eindruck, als ob wir es zum ersten Mal sähen. Haß und Neugierde spiegelte sich auf ihren Gesichtern, und das war es, was er so schmerzlich empfand. Als er, ohne sich umzusehen, mit gesenktem Kopf und, wie mir schien, mit einem in besonderer Weise einem Verbrecher eigenen Gang nach Hause ging und die Jungen in einem Haufen hinter ihm hergingen und ihn mit unnatürlicher und seltsamer Grausamkeit verspotteten, wie von einem bösen Geist gegen ihren Willen getrieben, da sprach etwas wie eine innere Stimme in mir, daß das nicht gut sei; aber es blieb doch dabei und der Dieb ging ganze Tage lang mit seinem Zettel herum. Seit dieser Zeit schien er mir schlechter zu lernen, und man sah ihn nicht mehr an den Spielen und Unterhaltungen der Kameraden teilnehmen.

Als ich einmal wieder in die Klasse kam, erzählten mir die Schüler mit Entsetzen, daß der Knabe wieder gestohlen habe. Er hatte aus dem Zimmer des Lehrers 20 Kopeken in Kupfermünzen gestohlen, und man hatte ihn ertappt, als er sie unter der Treppe verstecken wollte. Wir hängten ihm wieder den Zettel um, und die widerwärtige Szene wiederholte sich noch einmal.

Ich fing an, ihn zu ermahnen, wie alle Erzieher zu ermahnen pflegen. Ein anwesender erwachsener Knabe, der ein großer Schwätzer war, begann ihn gleichfalls zu ermahnen, wobei er wahrscheinlich die Worte, die er von seinem Vater, einem Hausknecht, gelernt hatte, wiederholte. »Einmal gestohlen, immer wieder gestohlen«, sprach er deutlich und gemessen, »wenn es zur Gewohnheit wird, führt es nicht zum Guten.« Ich fing an, ärgerlich zu werden, fast fühlte ich etwas wie Wut über den Dieb. Ich sah dem Bestraften in das noch bleichere, leidende und verstockte Gesicht; ich mußte plötzlich an einen gefangenen Verbrecher denken, und mich packte eine so tiefe Scham, ein solcher Ekel, daß ich ihm den dummen Zettel abriß, zu ihm sagte, er möge gehen, wohin er wolle, und mich plötzlich, nicht mit dem Verstand, aber mit meinem ganzen Wesen davon überzeugte, daß ich kein Recht hatte, diesen unglücklichen Knaben zu quälen, und daß ich nicht das aus ihm machen könne, was ich und der Sohn des Hausknechts gern aus ihm gemacht hätten. Ich überzeugte mich, daß es geheime Tiefen der Seele gibt, die uns verschlossen sind und bis zu denen uns wohl das Leben, aber keine Moralpredigt und keine Strafen bringen.

Welch eine Torheit! Der Knabe hatte ein Buch gestohlen, war durch eine lange, komplizierte Kette von Gefühlen, Gedanken und falschen Schlüssen dazu geführt worden, ein fremdes Buch zu nehmen und es in seiner Kiste zu verstecken; und ich klebe ihm deshalb einen Zettel mit dem Wort »Dieb« auf, was etwas ganz anderes bedeutet! Wozu?

Um ihn durch die Scham zu bestrafen, wird man mir antworten. Durch die Scham? Wozu das? Was bedeutet das: Scham? Und ist es denn etwa so sicher, daß die Scham den Hang zum Diebstahl vernichtet? Vielleicht begünstigt sie ihn. War das, was sein Gesicht ausdrückte, etwa Scham? Ich weiß sogar bestimmt, daß es nicht Scham, sondern etwas ganz anderes war, was vielleicht immer in seiner Seele geschlafen hätte und was man nicht hätte wachrufen sollen.

Mögen doch in jener Welt, die man die wirkliche nennt, in der Welt der Palmerston und Kayen, in der Welt, in der nicht das vernünftig ist, was vernünftig, sondern was wirklich ist, mögen sich doch in jener Welt Menschen, die selbst bestraft wurden, ein Recht und eine Pflicht der Strafe erdenken.

Unsere Kinderwelt, die Welt einfacher, unabhängiger Menschen, soll rein bleiben von Selbstbetrug und von dem verbrecherischen Glauben an die Gerechtigkeit der Strafe, von dem Glauben und dem Selbstbetrug, als ob das Gefühl der Rache dadurch zu etwas Gerechtem werden könne, daß man es Strafe nennt.

Wir fahren in der Beschreibung der täglichen Unterrichtsordnung fort. Gegen zwei Uhr haben die Kinder Hunger und laufen nach Hause. Trotz des Hungers bleiben sie jedoch noch einige Minuten zurück, um zu erfahren, welche Note jeder bekommen hat. Die Noten, welche gegenwärtig niemandem ein Vorrecht verleihen, beschäftigen sie auf das lebhafteste! »Ich habe 5 mit dem Kreuz (1) erhalten! Was die Olga für eine feine Null erhalten hat! Und ich habe 4!« Die Noten dienen ihnen als Maßstab für ihren Fleiß, und sie sind nur dann unzufrieden, wenn die Schätzung nicht richtig ausfällt. Es ist schlimm, wenn sich einer große Mühe gegeben hat und der Lehrer ihm aus Unachtsamkeit eine geringere Note gibt, als er verdient. Er gibt dem Lehrer keine Ruhe und weint bittere Tränen, wenn es ihm nicht gelingt, eine Änderung zu erzwingen. Gegen schlechte, aber wohlverdiente Noten erhebt sich kein Protest. Die Sitte der Zensuren hat sich noch von der alten Ordnung her bei uns erhalten und beginnt von selbst außer Gebrauch zu kommen.

In der ersten Stunde nach dem Mittagessen versammeln sich die Schüler ebenso wie am Morgen und warten auf den Lehrer. Das ist meistens eine Stunde der russischen oder biblischen Geschichte, zu der sich alle Klassen vereinigen. Die Stunde beginnt gewöhnlich noch während der Dämmerung. Der Lehrer steht oder sitzt in der Mitte des Zimmers; die Schüler nehmen rund um ihn, wie in einem Amphitheater, Platz, ein Teil auf Bänken, ein anderer auf den Tischen, wieder ein anderer auf den Fensterbänken.

Alle Abendstunden, insbesondere aber diese erste, haben einen ganz anderen, von den Morgenstunden unterschiedenen Charakter der Ruhe und träumerischen Poesie. Wir kommen während der Dämmerung in die Schule: In den Fenstern brennt kein Licht, es herrscht fast völlige Stille, nur der frisch hereingeschleppte Schnee auf den Treppenstufen, ein schwacher Ton und ein leises Rascheln hinter der Tür, oder etwa ein Junge, der sich am Geländer der Treppe haltend und je zwei Stufen auf einmal nehmend die Treppe hinauf läuft, lassen uns erkennen, daß die Schüler in der Schule sind. Wir treten ins Zimmer. Hinter den gefrorenen Fenstern herrscht beinahe völlige Dunkelheit; die ältesten und besten Schüler sitzen dem Lehrer zunächst und von den anderen nach vorn gedrängt mit erhobenen Köpfen da und sehen ihm gerade auf den Mund. Das selbständige Mädchen vom Hof sitzt mit besorgter Miene immer auf einem hohen Tisch und scheint jedes Wort geradezu zu verschlingen; die schlechten Schüler und die Kleinen sitzen etwas weiter weg: sie hören aufmerksam und mit einem beinahe finsteren Ausdruck zu, sie benehmen sich ebenso wie die Größeren, aber trotz ihrer Aufmerksamkeit wissen wir, daß sie nichts erzählen werden, obwohl sie vieles behalten.

Hier sitzt einer auf die Schulter des anderen gestützt, dort steht einer geradezu auf dem Tisch. Selten nur begegnen wir einem, der mitten im Haufen steht und damit beschäftigt ist, einem Vordermann allerhand Figuren auf den Rücken zu malen. Selten nur dreht sich jemand nach uns um. Beginnt eine neue Erzählung, so sitzt alles stumm da und hört zu. Wird eine Geschichte wiederholt, so lassen sich hie und da Stimmen Ehrgeiziger vernehmen, die sich nicht zurückhalten können und dem Lehrer die Worte aus dem Mund nehmen. Übrigens bitten sie den Lehrer, die alten Geschichten, die sie sehr lieben, noch einmal mit anderen Worten zu wiederholen, und sie dulden es nicht, daß der Lehrer dabei unterbrochen wird. »Na, du kannst wohl nicht den Mund halten? Schweig doch still!« schreien sie, wenn sich einer vordrängt.

Es schmerzt sie, wenn der Charakter der Erzählung und die Vortragskunst des Lehrers eine Störung erleidet. Zuletzt war es so mit der Geschichte vom Leben Jesu. Sie verlangten jedesmal, daß sie ihnen ganz erzählt werde. Erzählte man sie ihnen nicht ganz, so fügten sie den Schluß, den sie besonders liebten, die Geschichte von Petri Verleugnung und von den Leiden des Heilands, selbst hinzu. Dann erschien alles wie erstorben, nichts rührte sich, als wären alle eingeschlafen. Tritt man dann im Halbdunkel näher und schaut einem von den Kleinen ins Gesicht, so sieht man ihn dasitzen, mit den Augen am Mund des Lehrers hängend, die Stirne in Falten vor aufs höchste gespannter Aufmerksamkeit, während er vielleicht schon zum zehntenmal seine Schulter von den auf ihr liegenden Armen seines Nachbarn frei zu machen sucht. Versucht man, ihn am Hals zu kitzeln, so lächelt er nicht einmal und schüttelt nur den Kopf, wie wenn er eine Fliege vertreiben wollte, um sich gleich wieder ganz in die geheimnisvolle und poetische Erzählung zu verlieren: Wenn der Vorhang des Tempels von selbst entzwei reißt und es dunkel wird auf Erden, dann ist es ihm ängstlich und doch wohl dabei zumute.

Doch jetzt hat der Lehrer seine Erzählung beendet, alle erheben sich von den Plätzen, drängen sich um den Lehrer und versuchen, indem einer lauter schreit als der andere, wieder zu erzählen, was sie behalten haben. Es erhebt sich ein schreckliches Geschrei, der Lehrer kann nur mit Mühe jedem einzelnen folgen. Die, denen man die

Erzählung erläßt, weil man überzeugt ist, daß sie sie kennen, beruhigen sich doch nicht dabei; sie wenden sich an den Lehrer, und wenn dieser nicht da ist, an einen Kameraden, an eine zufällig anwesende Person, ja selbst an den Heizer, sie gehen zu zweien oder zu dreien aus einer Ecke in die andere und bitten jeden, ihnen doch zuzuhören. Selten erzählt einer allein, sie verteilen sich selbständig in etwa gleich starke Gruppen und erzählen sich gegenseitig, indem sie einander aufmuntern, einander ablösen und verbessern. »Komm, laß uns zusammen erzählen«, sagt einer zum anderen; indes der also Angeredete fühlt sich nicht stark genug und schickt ihn fort zu einem anderen. Wenn sie sich dann ausgesprochen und beruhigt haben, wird Licht in der Stube gemacht; jetzt bemächtigt sich eine andere Stimmung der Knaben. Abends und überhaupt während der folgenden Stunden herrscht weniger Lärm, Unruhe und Geschrei und mehr Gehorsam und Vertrauen dem Lehrer gegenüber.

Man kann eine besondere Abneigung gegen die Mathematik und die Analyse und eine große Vorliebe für das Singen, Lesen und Erzählen konstatieren. »Warum haben wir immer Mathematik und Schreiben?« sagen sie, »erzähle uns lieber etwas über die Erde oder aus der Geschichte, wir wollen zuhören«. Gegen acht Uhr fangen sie an, mit den Augen zu klappen und zu gähnen, die Kerzen brennen finsterer, sie werden seltener geschneuzt, die Älteren nehmen sich zusammen, die schlechteren Schüler dagegen schlafen mit dem

Kopf auf dem Tisch liegend ein, zu den sanften Worten des Lehrers. Zuweilen, wenn die Stunden interessant sind — und das kommt oft vor, denn mitunter gibt es sieben lange Stunden am Tag —, wenn die Kinder müde werden, oder vor den Feiertagen, wenn daheim die Öfen für das Dampfbad geheizt sind, kommen plötzlich in der zweiten oder dritten Nachmittagsstunde Knaben in die Stube gesprungen und beginnen ihre Mützen zu suchen. »Wohin?« — »Nach Hause!« — »Wollt ihr denn nicht lernen? Wir haben doch Singstunde.« »Die Kinder haben gesagt, sie gehen nach Hause«, antwortet ein Junge und verschwindet mit der Mütze. »Wer sagt das?« »Die Kinder gehen schon fort.« »Was ist denn nur los?« fragt ganz erstaunt der Lehrer, der sich schon auf die Stunde vorbereitet hatte, »bleib!« Aber in diesem Augenblick kommt ein anderer Junge mit gluhendem Gesicht hereingelaufen. »Worauf wartest du?« fährt er den anderen an, den der Lehrer zurückhalten will und der unentschlossen dasteht und seine Mütze in Ordnung bringt. »Siehst du nicht, wie weit die Jungen schon sind? Sie sind schon bei der Schmiede.« »Sind sie schon fort?« — »Ja doch«, und beide laufen zur Tür hinaus, indem sie schreien: »Leben Sie wohl, Iwan Iwanowitsch«.

Wer sind die Knaben, die beschlossen haben, nach Hause zu gehen, und wann wurde der Beschluß gefaßt? Gott weiß es! Es läßt sich nie ermitteln, wie solch ein Beschluß zustande kommt. Sie beraten sich nicht, treffen keine Verabredungen, plötzlich fällt es einigen von ihnen ein, nach

Hause zu gehen, und schon hört man den Ruf: Die Jungen gehen nach Hause! Sogleich ertönt auf der Treppe der Tritt der kleinen Füße; hier rollt einer die Stufen hinab wie eine Katze, dort springen und stolpern sie durch den Schnee, indem einer den anderen auf dem engen Weg zu überholen sucht. So laufen die Kinder schreiend und lärmend nach Hause. Derartige Fälle wiederholen sich ein bis zweimal in der Woche; das ist sehr ärgerlich und unangenehm für den Lehrer, wer wird das nicht zugeben!

Indessen muß man doch auch anerkennen, daß jeder derartige Fall den fünf, sechs oder auch sieben Stunden täglichen Unterrichts, die die Schüler freiwillig und gerne in der Schule verbringen, eine um so größere Bedeutung verleiht. Nur wenn sich solche Fälle oft wiederholen, kann man überzeugt sein, daß der Unterricht, wenn auch einseitig und ungenügend, im ganzen genommen doch nicht schlecht und schädlich ist. Wenn die Frage so gestellt würde: Was ist besser: daß während des ganzen Jahres nicht ein einziger solcher Fall vorkommt, oder daß diese Fälle mehr als die Hälfte aller Stunden ausmachen? — so würden wir dennoch das letztere wählen.

Ich für meinen Teil freute mich über diese Fälle, die sich in der Schule von Jasnaja Poljana einige Male im Monat wiederholten. Obwohl den Schülern häufig eingeschärft wurde, daß sie gehen könnten, wann sie wollten, ist der Einfluß des Lehrers doch so groß, daß ich in der letzten Zeit Sorge hatte, die Disziplin der Klasse, des Schulplanes und der Zensuren könnte, selbst ohne daß sie es merkten, die Freiheit der Schüler so beschränken, daß sie sich ganz in unserem schlau ausgeworfenen Ordnungsnetz fangen und die Möglichkeit der freien Wahl und des Protestes ganz einbüßen würden.

Daß sie dennoch weiterhin gern in die Schule gingen, trotz der ihnen gewährten Freiheit, beweist, wie ich glaube, durchaus nicht, daß die Schule von Jasnaja Poljana besondere und vortreffliche Eigenschaften hat — ich glaube, daß sich in den meisten Schulen dasselbe wiederholen würde, und daß die Lust am Lernen bei den Kindern so groß ist, daß sie sich vielen schweren Bedingungen unterwerfen und viele Mängel verzeihen, um nur ihren Wunsch zu befriedigen. Die Möglichkeit, plötzlich vom Unterricht wegzulaufen, ist etwas Nützliches und Notwendiges, und zwar nur als ein Mittel, den Lehrer vor den äußersten und gröbsten Fehlern zu bewahren.

Abends haben wir gewöhnlich Singstunde, stufenweises Lesen, auch finden Unterhaltungen und physikalische Experimente statt, oder es werden Aufsätze geschrieben. Besonders beliebt sind das Lesen und die Experimente. Beim Lesen lagern sich die Älteren sternförmig auf dem Tisch — die Köpfe zusammen, die Beine auseinander gestreckt, einer liest und alle erzählen es sich gegenseitig wieder. Von den Jüngeren setzen sich je zwei mit einem Buch zusammen; ist dieses Buch leicht verständlich, so lesen sie so, wie wir lesen; sie setzen sich ans Licht, stützen den Kopf auf die

Hand, wie es ihnen bequem ist und finden offenbar viel Vergnügen darin. Einige suchen zwei Genüsse zu vereinigen, setzen sich an den geheizten Ofen, wärmen sich und lesen. Zu den Experimenten werden nicht alle zugelassen, sondern nur die ältesten, tüchtigsten und verständigsten aus der zweiten Klasse. Diese Stunde, die immer eine späte Abendstunde ist, hat bei uns einen sehr phantastischen Charakter angenommen und paßt ganz zu der Stimmung, die durch das Lesen der Märchen und Erzählungen erzeugt wird. Hier ereignet sich das Märchenhafte in Wirklichkeit, alles wird von ihnen personifiziert; das Wacholderkügelchen, das vom Siegellack abgestoßen wird, die abgelenkte Magnetnadel, die Stahlspäne, die sich auf einem Blatt Papier hin und her bewegen, wenn ein Magnet darunter vorbei geführt wird, alles erscheint ihnen wie ein lebendiges Wesen. Die klügsten unter den Knaben, die die Erklärung für diese Erscheinungen kennen, geraten in Begeisterung und stoßen Schreie des Entzückens beim Anblick der Nadel, des Kügelchens, der Eisenfeilspäne aus: »Siehst du, wohin sie gehen! Wohin? Halt! Ach! Los!« usw.

Gewöhnlich ist die Schule um 8 oder 9 Uhr zu Ende, wenn nicht etwa die älteren Knaben in der Tischlerwerkstätte noch etwas aufhält. Dann läuft die ganze Schar schreiend und lärmend bis zum Versammlungshaus, um sich von hier aus in einzelnen Gruppen, die einander noch lange zurufen, in den verschiedenen Enden des Dorfes zu verlieren. Zuweilen schleppen sie einen großen Schlitten aus dem Tor, um auf ihm den Berg hinab ins Dorf zu fahren. Sie binden die Deichsel an, springen auf den Schlitten und verschwinden mit Geheul im Schneestaub. Nur hie und da sieht man einen Knaben, der aus dem Schlitten gefallen ist, gleich einem schwarzen Fleck auf dem Schnee liegen. Trotz der in der Schule herrschenden Freiheit ist das Verhältnis zwischen Lehrer und Schüler außerhalb der Schule, in der freien Luft, ein anderes. Es herrscht mehr Freiheit, mehr Natürlichkeit und mehr Vertrauen, mit einem Wort, die Beziehungen sind so, wie sie uns als das Ideal vorschweben, nach dem die Schule streben soll.

Unlängst lasen wir in der ersten Klasse Gogols Märchen »Wij«[1]. Die letzten Szenen übten eine starke Wirkung aus und erregten ihre Einbildungskraft mächtig. Einige unter ihnen versuchten, die Hexe darzustellen und erinnerten sich immer wieder an die letzte Nacht.

Draußen war es nicht kalt, es war eine dunkle, mondlose Nacht mit bewölktem Himmel. An einem Kreuzweg blieben wir stehen; die ältesten Schüler, die die Schule schon drei Jahre besuchten, standen neben mir und baten mich, sie noch zu begleiten; die kleineren sahen uns ein wenig an und ließen sich dann den Berg hinabrollen. Die jüngeren haben schon unter dem neuen Lehrer zu lernen begonnen, zwischen uns besteht daher nicht mehr das Vertrauen wie zwischen mir und den ältern. »Wollen wir also in den Wald gehen?« (ein kleines Gehölz, das ungefähr 200 Schritte von der Wohnung entfernt ist) sagte einer von ihnen. Am meisten bat mich Fritz, ein zehnjähriger Knabe von zärtlichem, empfänglichem, poetischem und leidenschaftlichem Naturell. Für ihn bildet, wie es scheint, die Gefahr die Hauptbedingung des Vergnügens. Im Sommer war es immer schrecklich mit anzusehen, wie er mit zwei anderen Jungen bis weit in die Mitte des Teiches, der etwa 50 Meter breit ist, hinausschwamm, in den blendenden Reflexen der heißen Sommersonne verschwand, in die Tiefe hinabtauchte, sich auf den Rücken legte, mit dem Mund Wasserstrahlen ausblies und seinen Kameraden am Ufer mit seiner feinen Stimme etwas zurief, um ihnen zu zeigen, was er für ein Held sei.

Jetzt wußte er, daß es im Wald Wölfe gab, und daher wollte er in den Wald. Alle unterstützten seine Bitte, und wir gingen zu viert in den Wald. Ein anderer Knabe — ich will ihn Sjomka nennen —, ein physisch und moralisch gesunder Bursche von 12 Jahren, der Wawilo genannt wurde, ging voran und schrie und rief jemanden mit laut schallender Stimme. Pronjka, ein sanfter, kränklicher und außerordentlich begabter Knabe, der Sohn einer armen Familie — seine Kränklichkeit rührte wohl hauptsächlich von der ungenügenden Nahrung her —, ging neben mir. Fritz ging zwischen mir und Sjomka und suchte eine Unterhaltung mit mir anzufangen, seine Stimme nahm dabei einen eigentümlich weichen Klang an; er erzählte, daß er hier im Sommer die Pferde gehütet habe, sagte, es gäbe überhaupt nichts Schreckliches, oder er fragte: »Wie, wenn jetzt plötzlich einer hinter den

Bäumen hervorspringt«, und er verlangte unbedingt eine Antwort von mir. Wir gingen nicht bis tief in den Wald hinein — das wäre zu schrecklich gewesen —, aber auch am Waldrand begann es dunkel zu werden; der Fußpfad war kaum noch zu sehen, die Lichter des Dorfes waren verschwunden. Sjomka blieb stehen und horchte. »Halt, Kinder! Was ist das?« sagte er plötzlich. Wir verstummten, konnten jedoch nichts hören, aber das war nur noch schrecklicher. »Was werden wir denn tun, wenn er hervorspringt und hinter uns herläuft?« fragte Fritz. Das Gespräch kam auf die kaukasischen Räuber. Sie erinnerten sich an eine kaukasische Erzählung, die ich ihnen vor langer Zeit vorgetragen hatte, und ich begann ihnen wieder von den Abreken*, den Kosaken, von Chadschi-Murat[2] zu erzählen. Sjomka ging voran, mit seinen großen Stiefeln kräftig auftretend und sich rhythmisch in den Schultern wiegend. Pronjka versuchte einige Zeit, neben mir zu gehen, aber Fedka vertrat ihm den Weg, und Pronjka, der offenbar wegen seiner Armut gewohnt war, sich stets zu fügen, ging nur bei den interessantesten Stellen an unserer Seite, obwohl er bis an die Knie in den Schnee sank.

Jeder, der die Bauernkinder ein wenig kennt, hat wohl bemerkt, daß sie an Liebkosungen wie zärtliche Worte, Küsse, Streicheln mit der Hand nicht gewöhnt sind und so etwas auch nicht lieben. Ich habe schon einige Male beobachtet, wie eine Dame einen Knaben in einer Dorfschule lieb-

---

*Kaukasische Räuber

kosen wollte und sagte: »Laß mich dich küssen, Liebling.« Gab sie ihm einen Kuß, so setzte sich der geküßte Junge ganz beleidigt hin und verstand nicht, warum man gerade ihm das zugefügt hatte. Ein Knabe von fünf Jahren steht schon über diesen Zärtlichkeiten, er ist schon ein Großer.

Daher war ich sehr erstaunt, als Fedka, der neben mir herging, mich an der schrecklichsten Stelle meiner Erzählung plötzlich ganz leise am Ärmel berührte. Dann ergriff er zwei meiner Finger mit der ganzen Hand und ließ sie nicht mehr los. Ich durfte nur einen Augenblick innehalten, da verlangte Fedka schon, ich solle weitersprechen, und er sagte das mit einer so bittenden und erregten Stimme, daß man seinem Wunsch unbedingt nachgeben mußte. »Lauf uns doch nicht immer zwischen die Beine«, sagte er einmal ganz böse zu Pronjka, der voraus lief; er war so ergriffen, daß er grausam wurde. Es war ihm so gruselig und doch so wohl, während er sich an meinen Fingern festhielt, und niemand durfte sein Glück stören. »Weiter, weiter, o, das ist schön!« Wir hatten den Wald verlassen und näherten uns dem Dorf von der anderen Seite. »Wollen wir noch ein Stückchen gehen, gehen wir weiter«, sagten alle, als die Lichter schon sichtbar wurden. Und wir gingen schweigend weiter; nur hin und wieder sank einer auf dem lockeren, noch nicht festgestampften Weg im Schnee ein; eine weißliche Finsternis schien gleichsam vor unseren Augen zu schweben; die Wolken hingen tief, wie wenn jemand sie auf uns wälzte; dieses »Weiße« nahm kein Ende, man hörte nichts als das Knirschen des Schnees unter unsern Füßen; der Wind rauschte durch die kahlen Baumkronen der Espen; bei uns aber, hinter dem Wald, war es still. Ich schloß meine Erzählung damit, daß der umzingelte Abrek ein Lied anstimmte und sich dann in sein Messer stürzte.

Alles schwieg. »Warum stimmte er ein Lied an, als man ihn umzingelt hatte?« fragte Sjomka. »Man hat es dir doch gesagt, er wollte sterben!« sagte Fedka traurig. »Ich glaube, er hat ein Gebet gesungen«, meinte Pronjka. Alle stimmten ihm zu. Fedka blieb plötzlich stehen: »Haben Sie nicht gesagt, man hat Ihre Tante ermordet?« fragte er — er hatte noch nicht genug Schreckliches gehört —, »erzähle, erzähle!« Ich erzählte ihnen noch einmal diese schreckliche Geschichte von der Ermordung der Gräfin Tolstoi[3], und sie standen schweigend um mich herum und sahen mir ins Gesicht. »Da mußte man schon ein Kerl sein!« sagte Sjomka. »Er fürchtete sich wohl, in der Nacht umherzugehen, während sie tot dalag«, sagte Fedka, »ich wäre entflohen«, — und er drückte meine zwei Finger immer fester in seiner Hand. Wir blieben in einem Gehölz hinter der Tenne hart am Rand des Dorfes stehen. Sjomka hob einen Baumzweig aus dem Schnee auf und schlug mit ihm auf den schneebedeckten Stamm einer Linde. Der Reif regnete von den Ästen auf seine Mütze nieder, und der Ton verlor sich hohl im Wald. »Lev Nikolajewitsch«, sagte Fedka (ich dachte, er wolle mich wieder nach der Gräfin fragen), »wozu lernt man singen? Ich denke oft darüber nach. Wozu muß man singen können?« Wie er plötzlich von dem schrecklichen Mord auf diese Frage übergesprungen war, mag Gott wissen. Indessen aus dem Klang der Stimme, dem Ernst, mit dem er auf eine Antwort wartete, aus dem Schweigen und dem Interesse der beiden anderen ließ sich ein wahrhaft lebendiger und berechtigter Zusammenhang dieser Frage mit dem vorausgegangenen Gespräch herausfühlen.

Ob nun dieser Zusammenhang darin bestand, daß seine Frage eine Antwort auf meine Erklärung des Verbrechens durch einen Mangel an Bildung war (ich hatte ihnen etwas derartiges gesagt), oder darin, daß er sich selbst prüfte, indem er sich in die Lage des Mörders versetzte und sich zugleich an seine Lieblingsbeschäftigung erinnerte (er hatte eine wunderbare Stimme und ein großes Talent für Musik), oder mochte der Zusammenhang darin bestehen, daß er fühlte, dies sei der Moment für eine ernste und ehrliche Aussprache, und sich nun in seiner Seele all die Fragen erhoben, die eine Antwort forderten, genug, seine Frage verwunderte niemanden von uns. »Wozu zeichnet man und warum ist es notwendig, gut zu schreiben?« sagte ich, da ich absolut nicht imstande war, ihm den Zweck der Kunst zu erklären. »Wozu man zeichnet?« wiederholte er nachdenklich.

Er fragte in der Tat nach dem Zweck der Kunst, und ich konnte ihm diesen nicht erklären. »Wozu das Zeichnen ist?« fragte Sjomka. »Wenn man ein jedes Ding aufzeichnen kann, kann man alles danach machen.« — »Nein, das ist das Zeichnen auf dem Reißbrett«, sagte Fedka, »wozu aber zeichnet man Figuren?« — Die gesunde Natur des Sjomka kam nicht in Verlegenheit. »Wozu ist der Stock, wozu ist die Linde?« sagte er, indem er auf den Stamm der Linde klopfte. — »Nun ja, wozu ist die Linde?« fragte ich. — »Um Dachsparren daraus zu machen.« — Und wozu dient sie im Sommer, solange sie nicht umgehauen ist?« — »Zu nichts.« — »Nein, wirklich«, fragte Fritz hartnäckig weiter, »wozu wächst die Linde?«

Und wir fingen an, darüber zu sprechen, daß der Nutzen nicht alles ist, daß es noch eine Schönheit gibt, daß die Kunst die Schönheit ist, und wir verstanden einander, und Fedka verstand nun vollkommen, wozu die Linde wächst und wozu man singt. Pronjka stimmte uns zu, aber er meinte eigentlich mehr die moralische Schönheit, das Gute. Sjomka faßte alles mit seinem großen Verstand auf, wollte aber eine Schönheit ohne Nutzen nicht gelten lassen. Er zweifelte, wie das oft mit Menschen von großem Verstand zu gehen pflegt, die zwar fühlen, daß die Kunst eine Macht ist, aber in ihrer Seele kein Bedürfnis nach dieser Macht empfinden. Er wollte ebenso wie sie mit dem Verstand zur Kunst gelangen und versuchte, ihr Feuer in sich zu entzünden. »Wollen wir morgen den Cherubims - Hymnus[4] singen? Ich kann meine Stimme gut auswendig.« Er hat ein sicheres Gehör, aber keinen Geschmack, und sein Gesang ist nicht schön. Fedka begriff dagegen vollkommen, daß die Linde auch im Blätterschmuck und im Sommer schön, anzusehen ist, und daß das vollständig genügt. Pronjka meinte, es wäre schade, sie umzuhauen, weil sie doch auch ein lebendes Wesen sei: »Es ist doch so, als ob wir ihr Blut trinken, wenn wir der Birke den Saft abzapfen.« Sjomka dachte offenbar, obwohl er es nicht sagte, daß sie wenig Wert hat, wenn sie mürbe ist.

Es kommt mir seltsam vor, wenn ich alles wiederhole, was wir damals sprachen, aber ich erinnere mich, daß wir wohl über alles gesprochen haben, was sich über den Nutzen, über die plastische und moralische Schönheit sagen läßt.

Wir gingen ins Dorf. Fedka ließ meine Hand noch nicht los, und zwar, wie mir jetzt schien, aus Dankbarkeit. Wir waren uns in dieser Nacht alle so nah wie schon lange nicht mehr. Pronjka ging auf der breiten Straße des Dorfes neben uns her. »Sieh mal, bei den Masanows ist noch Licht«, sagte er. »Als ich neulich in die Schule ging, kam Gowrjucha aus der Schenke gefahren«, fügte er hinzu, »ganz und gar betrunken; sein Pferd war mit Schaum bedeckt, er aber schlug drauf los ... es tut mir immer so leid, wahrhaftig! Wozu schlägt man es nur?« »Es ist notwendig, Lieber«, sagte Sjomka; »neulich hat einer sein Pferd aus Tula laufen lassen, und es hat ihn in einen Schneehaufen hineingefahren, während er betrunken dalag und schlief.« »Aber Gowrjucha schlägt seines immer auf die Augen, es hat mir so leid getan«, sagte Pronjka wieder, »wozu schlägt er es? Er springt vom Wagen herunter und schlägt es.« Sjomka blieb plötzlich stehen. »Unsere Leute schlafen schon«, sagte er und sah durch die Fenster seiner schiefen, dunklen Hütte. »Gehen Sie nicht mehr weiter?« »Nein.« »Dann leben Sie wohl, Lev Nikolajewitsch!« rief er plötzlich. Er schien sich mit Mühe von uns loszureißen, lief im Trab dem Haus zu, drückte die Türklinke nieder und verschwand. »Wirst du uns alle nach Hause begleiten, erst den einen und dann den anderen?« fragte Fedka. Wir gingen weiter. Bei Pronjka war noch Licht; wir sahen durchs Fenster, die Mutter, eine große, schöne, aber abgearbeitete Frau mit schwarzen Augen und Augenbrauen, saß am Tisch und schälte Kartoffeln; in der Mitte des Zimmers stand eine Wiege. Pronjkas Bruder, ein Mathematiker aus der zweiten Klasse, stand am Tisch und aß Kartoffeln mit Salz.

Die Hütte war dunkel, eng und schmutzig. Die Mutter stieß einen Fluch aus und schrie Pronjka an: »Wo warst du?« Pronjka lächelte sanft und schmerzlich, indem er durchs Fenster sah. Die Mutter erriet, daß er nicht allein war, und ihr Gesicht nahm einen häßlichen, gekünstelten Ausdruck an. Fedka blieb allein noch übrig. »Heute sind die Schneider bei uns, daher ist es noch hell«, sagte er mit dem weichen Ausdruck, den seine Stimme an diesem Abend hatte. »Leb wohl, Lev Nikolajewitsch!« fügte er leise und zärtlich hinzu und klopfte mit dem Ring an die geschlossene Tür. »Macht auf!« hörte man ihn mit seiner feinen Stimme in der winterlichen Stille des Dorfes rufen. Man öffnete ihm lange nicht. Ich sah durchs Fenster in die Stube; die Hütte war groß; vom

Ofen und von den Bänken sah man Füße herunterhängen; der Vater spielte mit den Schneidern Karten — einige Kupfermünzen lagen auf dem Tisch. Ein Weib, die Stiefmutter, saß am Kienspanhalter und blickte gierig nach dem Geld. Der eine Schneider, ein vollendeter Trunkenbold, ein junger Bauer, hielt die Karten auf dem Tisch halbkreisförmig zusammengebogen und sah seinen Partner triumphierend an. Fedkas Vater saß mit aufgeknöpftem Kragen da, sein Gesicht war ganz in Falten vor Spannung und Ärger, er zerknitterte die Karten zwischen den Fingern und schwenkte unentschlossen seine Arbeitshand. »Macht auf!« Das Weib stand auf, um zu öffnen. »Leben Sie wohl«, wiederholte Fritz noch einmal, »wir wollen immer so spazieren gehen.«

Ich sehe ehrliche, gute, liberale Menschen, Mitglieder wohltätiger Vereine, die bereit sind, den hundertsten Teil ihres Vermögens den Armen zu geben. Diese Leute, die Schulen gründen und gegründet haben, werden dieses lesen, den Kopf schütteln und sagen: »Das ist nicht gut. Warum beschleunigt er ihre Entwicklung so gewaltsam? Warum gibt er ihnen Gefühle und Begriffe, die sie in einen feindlichen Gegensatz zu ihrer Umgebung bringen müssen? Warum führt er sie aus ihrem Lebenskreis heraus?« So werden sie sprechen.

Ich rede nicht einmal von denen, die sich gleich ganz verraten und sagen: »Das kann eine schöne Staatsordnung werden, in der alle Denker und Künstler sein wollen, und in der keiner arbeiten wird!« Diese gestehen offen über sich selbst, daß sie die Arbeit nicht lieben und daß es daher Menschen geben muß, die arbeiten, nicht etwa weil man sie zu keiner anderen Tätigkeit brauchen kann, sondern Sklaven, die für andere Leute arbeiten. Ob es gut oder schlecht ist, ob man sie aus ihren Kreisen hinausführen darf oder nicht usw. — wer will das wissen?

Und wer kann sie aus ihrem Kreis führen? Als ob das eine mechanische Arbeit wäre! Ist es gut oder schlecht, Zucker ins Mehl zu tun, oder Pfeffer ins Bier zu schütten?

Fedka leidet nicht unter seinem zerrissenen Kaftan, aber die moralischen Fragen und Zweifel quälen ihn, ihr aber wollt ihm drei Rubel, einen Katechismus und eine Geschichte in die Hand geben, aus der er lernen soll, daß nur Demut und Aufmerksamkeit, die ihr selbst nicht leiden könnt, für den Menschen allein nützlich sind. Die drei Rubel braucht er nicht, er wird sie sich schon zu verschaffen wissen, oder er wird sie sich nehmen, wenn er sie nötig haben wird; das Arbeiten wird er ohne euch lernen, so gut wie das Atmen.

Er braucht das, wozu euch euer eigenes Leben und das von zehn Generationen geführt hat, die noch nicht durch die Arbeit abgestumpft sind. Ihr hattet Muße, um zu suchen, zu denken und zu leiden, so gebt auch ihm das, was ihr euch durch das Leiden erworben habt, denn das ist es allein, dessen er bedarf.

Ihr aber hüllt euch vor ihm, wie ein ägyptischer Priester, in einen geheimnisvollen Mantel ein und vergrabt euer Talent, das euch die Geschichte gegeben hat. Fürchtet euch nicht, nichts Menschliches kann einem Menschen schädlich sein. Ihr zweifelt? Vertraut eurem Gefühl, es wird euch nicht täuschen, glaubt an seine Natur, und ihr werdet euch überzeugen, daß er sich nur das nehmen wird, was euch die Geschichte überkommen hat, auf daß ihr es ihm überliefert; was in euch selber durch die Leiden erzeugt und gewachsen ist.

Die Schule ist unentgeltlich, und die ersten Schüler, die an ihr teilnahmen, stammten aus Jasnaja Poljana. Viele von diesen Schülern haben die Schule verlassen, weil ihre Eltern den Unterricht nicht für gut hielten, viele, die lesen und schreiben gelernt haben, stellten den Besuch ein und nahmen eine Stelle auf der Station an (dies ist der Haupterwerb in unserem Dorf).

Am Anfang brachte man die Kinder aus ärmeren Nachbardörfern zu uns, aber man holte sie bald wieder wegen der Unbequemlichkeit des langen Weges oder der Kostspieligkeit einer vollen Pension (diese kostet bei uns mindestens zwei Rubel monatlich). Einige reichere Bauern aus entfernteren Dörfern ließen sich erst durch die Unentgeltlichkeit und das im Volk verbreitete Gerücht, in der Schule von Jasnaja Poljana werde gut unterrichtet, verleiten, uns ihre Kinder zu geben. In diesem Winter aber, nachdem in den einzelnen Dörfern Schulen eröffnet wurden, haben sie sie wieder zu sich genommen und gegen Bezahlung in die Dorfschulen geschickt. Jetzt sind in unserer

Schule nur noch Kinder von Bauern aus Jasnaja Poljana. Sie besuchen die Schule im Winter; im Sommer aber, von Anfang April bis Mitte Oktober, arbeiten sie auf dem Feld. Außerdem haben wir noch Söhne von Hausknechten, Gutsarbeitern, Soldaten, vom Gesinde, Schenkwirten und reichen Bauern, die aus Entfernungen von 30 bis 50 Werst zu uns gebracht werden.

Die Zahl aller Schüler beträgt 40, aber selten sind mehr als 30 beisammen; sechs bis zehn Prozent, also drei bis fünf sind Mädchen. Das Alter der Knaben liegt zwischen sieben und zehn Jahren — das ist der häufigste, normale Fall. Außerdem haben wir noch jedes Jahr drei bis vier Erwachsene, die zuweilen einen Monat oder auch einen Winter lang zu uns kommen und dann wegbleiben.

Für die Erwachsenen, die einzeln in die Schule kommen, ist die Schulordnung recht unbequem. Sie können nach ihrem Alter und im Gefühl ihrer Würde zu der Belebung der Schule nichts beitragen, sie können sich nicht von der Betrachtung der Kinder freimachen und bleiben so ganz einsam. Die Lebhaftigkeit in der Schule stört sie nur. Gewöhnlich kommen sie, um ihr Wissen zu vervollständigen, da sie schon gewisse Kenntnisse besitzen, und in der Überzeugung, der Unterricht bestehe nur im Auswendiglernen eines Buches, von dem sie gehört haben oder das sie schon früher kennengelernt haben. Um in die Schule zu gehen, muß ein solcher seine Ängstlichkeit und Scheu überwinden, ein häusliches Gewitter und den Spott der Kameraden über sich ergehen lassen. »Seht einmal den Hammel, der da lernen kommt!« Außerdem fühlt er, daß jeder Tag in der Schule für die Arbeit, die sein einziges Kapital ist, verloren geht, und daher befindet er sich während der ganzen Schulzeit in einem Zustand nervöser Hast und Betriebsamkeit, was dem Studium am meisten schadet.

Während der Zeit, über die ich berichte, hatten wir drei Erwachsene, von denen einer noch heute in die Schule geht. Der Erwachsene fühlt sich in der Schule wie bei einem Brand: Kaum hat er aufgehört zu schreiben, so greift er schon im selben Augenblick, wo er die Feder niederlegt, nach dem Buch und beginnt, im Stehen zu lesen; kaum hat man ihm das Buch weggenommen, so sucht er schon nach der Schiefertafel; nimmt man ihm auch diese weg, so fühlt er sich ganz wie verloren.

Wir hatten in diesem Herbst einen Arbeiter, der bei uns lernte und die Öfen heizte. Er lernte in zwei Wochen lesen und schreiben, aber das war kein Lernen, sondern das war eine Art Krankheit, wie der Säuferwahn. Wenn er mit einem Holzbündel durch das Schulzimmer ging, blieb er stehen, beugte sich mit dem Holz in der Hand über den Kopf eines Knaben und buchstabierte es, ka, a, ska, und ging erst dann auf seinen Platz zurück. Hatte er dazu keine Zeit, so sah er mit Neid und beinahe mit Haß auf die Kinder; wenn er aber frei war, so konnte man nichts mit ihm machen; er versenkte sich ganz in sein Buch, indem er immer wiederholte: be, a, ba, er, i, ri usw., und in diesem Zustand verlor er die Fähigkeit, irgend etwas anderes zu tun.

Wenn die Erwachsenen sangen, zeichneten, eine geschichtliche Erzählung mitanhörten oder den physikalischen Experimenten beiwohnten, so merkte man es ihnen an, daß sie sich einer unangenehmen Notwendigkeit fügten, und wie Hungernde, denen man die Nahrung genommen, nur auf den Augenblick warteten, wo sie sich wieder in ihre Fibel vertiefen konnten.

Ich blieb meinem Prinzip auch hier treu. Wie ich die Knaben nicht zum Auswendiglernen des Alphabets zwang, wenn sie nicht wollten, so nötigte ich auch die Erwachsenen nicht zum Studium der Mechanik oder zum Zeichnen am Reißbrett, wenn sie das Abc lernen wollten. Jeder nahm sich das, was er brauchte.

Überhaupt haben die Erwachsenen, die schon früher irgendwo verschult worden sind, sich der Schule von Jasnaja Poljana noch nicht einordnen können, und ihr Unterricht macht nur schlechte Fortschritte; es liegt etwas Unnatürliches und Krankhaftes in ihrem Verhältnis zur Schule. Die Sonntagsschulen, die ich gesehen habe, zeigen dasselbe Bild in bezug auf die Erwachsenen, und daher wären alle Berichte über eine erfolgreiche und freie Bildungstätigkeit an Erwachsenen für uns höchst wertvolle Errungenschaften.

Die Meinung des Volkes über die Schule hat sich seit ihrer Gründung sehr geändert. Von der Meinung, die das Volk früher hatte, werden wir in der Geschichte der Schule von Jasnaja Poljana sprechen müssen; jetzt aber sagt das Volk: In der Schule von Jasnaja Poljana lehre man alle Wissenschaften, und die Lehrer seien so schlau, so schlau, daß es ein wahres Wunder sei; man sagt, sie stellten Donner und Blitz dar! Und die Kinder fangen an, viel zu verstehen, sie können lesen und schreiben. Nur die reichen Hausknechte schicken ihre Kinder aus Ehrgeiz in die Schule, »damit sie die ganze Wissenschaft begreifen und auch dividieren lernen« (das Dividieren ist der höchste Begriff von Schulweisheit, den sie haben); andere Väter glauben, daß die Wissenschaft sehr vorteilhaft sei; die Mehrzahl gibt jedoch ihre Kinder ganz ohne bestimmte Absicht in die Schule, indem sie sich dem Geist der Zeit fügt.

Unter diesen Knaben, die die Mehrheit bilden, machen die uns die größte Freude, die nicht aus fremden Rücksichten in die Schule geschickt werden, aber das Lernen so liebgewinnen, daß sich die Eltern schließlich dem Wunsch der Kinder fügen, selbst dunkel zu fühlen beginnen, daß mit ihren Kindern etwas Gutes vorgeht und sie darum nicht mehr aus der Schule nehmen. Einer der Väter erzählte mir, wie er einst eine ganze Kerze verbrannt habe, während er dem Sohn beim Lesen leuchtete, und er lobte den Sohn und das Buch sehr. Es war nämlich das Neue Testament. Ein anderer Schüler erzählte mir: »Mein Vater hört sich auch manchmal eine Geschichte an, lacht ein wenig und geht wieder fort; wenn ich aber die Heilige Schrift lese, so sitzt er bis Mitternacht bei mir und leuchtet mir selber.« Ich war einmal mit dem Lehrer bei einem Schüler zu Gast und ließ den Knaben, um vor dem Lehrer mit ihm zu prahlen, eine algebraische Aufgabe lösen. Die Mutter machte sich am Ofen zu schaffen, und wir hatten sie ganz vergessen, während wir dem Sohn zuhörten, der, ganz in Nachdenken vertieft, die Gleichung geschickt umformte und dabei vor sich hinsprach: 2 ab - c = d: 3 usw. Während der ganzen Zeit verdeckte sie ihr Gesicht mit der Hand, endlich konnte sie nicht mehr an sich halten und schien fast zu sterben vor Lachen, ohne uns jedoch erklären zu können, weshalb sie lachte. Ein anderer Vater, ein Soldat, der gekommen war, um seinen Sohn zu holen, traf ihn in der Zeichenstunde; als er die Kunst seines Sohnes sah, fing er an, ihn mit »Sie« anzureden und wagte es nicht, ihm während der Stunde die Kessel zu übergeben, die er ihm als Geschenk mitgebracht hatte.

Die allgemeine Meinung scheint mir diese zu sein: man lehre alles, genau dasselbe, was die Herrenkinder lernen; viel Überflüssiges, aber die Kinder lernen doch auch schnell lesen und schreiben, und daher dürfe man sie ruhig in die Schule schikken; es kursieren auch unfreundliche Meinungen, aber sie haben jetzt nur noch wenig Gewicht. Zwei vortreffliche Knaben haben jetzt die Schule verlassen, weil man in ihr angeblich nicht schreiben lerne. Ein anderer Soldat wollte seinen Sohn zur Schule schicken; er examinierte den besten unserer Schüler, fand aber, daß er den Psalter nur stockend lesen konnte und entschied daher, daß der Unterricht schlecht und nur der Ruf der Schule gut sei. Einzelne Bauern von Jasnaja Poljana fürchten sich noch, es könnte das eintreffen, wovon man früher redete. Sie glauben, daß man die Kinder aus irgend einem persönlichen Interesse unterrichte, daß man die Schüler eines schönen Tages auf Wagen laden und nach Moskau schleppen werde. Die Unzufriedenheit damit, daß man nicht schlägt und daß in der Schule keine Disziplin herrscht, ist fast gänzlich geschwunden. Oft konnte ich das Staunen eines Vaters beobachten, der angereist war, um seinen Sohn abzuholen, als plötzlich das Laufen, Lärmen und Kämpfen in der Schule losging. Er ist überzeugt davon, daß das Spiel schädlich sei und glaubt doch, daß der Unterricht gut ist, wie sich aber beides vereinen läßt, das kann er nicht begreifen.

Die Gymnastik erregt noch manchmal Debatten, und die Überzeugung, daß man sich dabei den Bauch verrenkt, will nicht schwinden. Sogleich nach den Fasten oder im Herbst, wenn die Gemüsezeit beginnt, äußert sich der Schaden des Turnens am empfindlichsten; die alten Weiber legen heiße Töpfe auf und erklären, an allem sei das Spielen und Turnen schuld.

Bei einigen wenigen unter den Älteren erregt selbst der Geist der Gleichheit, der in der Schule herrscht, Anstoß. Im Winter kamen zwei Mädchen, Töchter eines reichen Hausknechts, in Mänteln und Häubchen zu uns. Anfangs sonderten sie sich ein wenig ab, aber bald gewöhnten sie sich ein, vergaßen ihren Tee, hörten auf, sich die Zähne mit

Tabak zu putzen und begannen vorzüglich zu lernen. Eines schönen Tages kam der Vater in einen offenen krimschen Schafspelz gekleidet an. Als er die Schule betrat, fand er seine Töchter inmitten einer Schar schmutziger Kinder in Bastschuhen, die, sich mit der Hand auf die Häubchen der Mädchen stützend, dem Lehrer zuhörten. Der Vater fühlte sich gekränkt und nahm die Kinder aus der Schule, obwohl er den Grund seiner Unzufriedenheit nicht eingestehen wollte.

Endlich gibt es noch Schüler, die die Schule verlassen, weil die Eltern sie nur hingeschickt haben, um sich bei irgend jemandem einzuschmeicheln, und die die Kinder wieder aus der Schule nehmen, wenn diese Notwendigkeit nicht mehr besteht.

Wir haben also zwölf Unterrichtsgegenstände, drei Klassen, im ganzen 40 Schüler, vier Lehrer, und vier bis fünf Stunden im Laufe des Tages; die Lehrer führen Tagebücher, die sie sonntags einander mitteilen, um danach den Lehrplan für die kommende Woche auszuarbeiten. Diese Pläne kommen in keiner Woche ganz zur Ausführung und werden jederzeit nach den Wünschen der Schüler abgeändert.

Mechanisches Lesen

Das Lesen bildet einen Teil des Sprachunterrichts.

Die Aufgabe des Sprachunterrichts besteht unserer Meinung nach in der Anleitung des Schülers zum Verständnis des Inhalts von Büchern, die in der Schriftsprache geschrieben sind. Die Kenntnis der Schriftsprache ist notwendig, weil es nur in dieser Sprache gute Bücher gibt.

Im Anfang, bei der Gründung der Schule, gab es noch keine Einteilung des Lesens in ein mechanisches und ein stufenweises, die Schüler lasen bloß das, was sie verstehen konnten, ihre eigenen Aufsätze, Worte und Sätze, die mit Kreide an die Wandtafel geschrieben wurden, und zuletzt die Erzählungen von Chudjakow und Afanassjew.

Ich war der Ansicht, daß die Kinder das Lesen liebgewinnen müssen, um es zu lernen; um aber das Lesen lieb zu gewinnen, müsse das Gelesene verständlich und unterhaltend sein. Dieser scheinbar so rationelle und klare Gedanke erwies sich als falsch.

Erstens: Um von dem Ablesen von der Wandtafel zum Lesen der Bücher überzugehen, mußte man sich nach irgend einem Buch mit jedem einzelnen Schüler beschäftigen und ihn zum mechanischen Lesen anleiten. Bei einer kleinen Zahl von Lesern und solange es keine Einteilung der Lehrgegenstände gab, war das möglich, und es gelang mir ohne große Mühe, die ersten Schüler vom Ablesen von der Tafel zum Lesen nach Büchern zu bringen; bei den neuen Schülern aber war das unmöglich. Die kleinsten waren nicht imstande, Geschichten zu lesen und zu verstehen; die gleichzeitige Anstrengung des Bildens der Wörter und der Auffassung ihres Sinns war zu groß für sie.

Eine andere Unbequemlichkeit bestand darin, daß das stufenweise Lesen mit diesen Erzählungen aufhörte, und zu welchem Buch wir auch griffen, zum Volks- oder Soldatenlesebuch[5], zu Puschkin, Gogol, Karamsin — es zeigte sich, daß die ältesten Schüler beim Lesen von Puschkin so wenig wie die jüngeren beim Lesen der Märchen die Arbeit des Lesens und des Verstehens des Gelesenen miteinander vereinigen konnten, obwohl sie freilich einiges von dem, was wir lasen, begriffen.

Wir dachten anfangs, daß die Schwierigkeit nur in der Unzulänglichkeit des Mechanismus des Lesens läge, und kamen so auf das mechanische Lesen, ein Lesen für den Prozeß des Lesens selbst; Lehrer und Schüler lösten sich beim Lesen ab, aber die Sache kam nicht von der Stelle, und beim Lesen des Robinson zeigte sich dieselbe Unzuträglichkeit. Wir dachten diese Schwierigkeit im Sommer, wo die Schule sich in einem Übergangszustand befindet, durch ein ganz einfaches und weitverbreitetes Mittel zu besiegen. Und — warum soll ich es nicht gestehen — wir taten es auch aus falscher Scham vor den Besuchern (unsere Schüler lasen weitaus schlechter als die, welche ebenso lange bei einem Kirchensänger lesen gelernt hatten). Der neue Lehrer machte den Vorschlag, nach den gleichen Büchern laut lesen zu lassen, und wir stimmen ihm zu. Nachdem wir einmal den falschen Gedanken gefaßt hatten, die Schüler müßten noch in diesem Jahr geläufig lesen lernen, verzeichneten wir in unserem Lehrplan »mechanisches und stufenweises Lesen«, und wir ließen sie zwei Stunden täglich nach demselben Buch lesen, was uns sehr bequem war.

Aber die erste Abweichung von dem Prinzip der Freiheit der Schüler zog sofort die Unwahrheit und einen Fehler nach dem andern nach sich. Wir kauften eine Anzahl kleiner Bücher, die Erzählungen Puschkins und Jerschoffs. Die Kinder mußten auf den Bänken Platz nehmen, einer las laut vor, während die anderen ihm folgen mußten. Um zu prüfen, ob auch alle folgten, mußte der Lehrer bald an den einen, bald an einen anderen Fragen richten. In der ersten Zeit schien uns die Methode vortrefflich zu sein; kam man in die Schule, so saßen alle manierlich auf den Bänken, einer las vor und die anderen folgten. Der Lesende betont: »Erbarmé dich, meine Herrin, liebes Fischlein«, die anderen oder der Lehrer verbessern ihn »erbárme« und alle folgen. »Iwanoff, jetzt lies du«, und Iwanoff sucht ein wenig in seinem Buch und liest. Alle sind beschäftigt, man hört den Lehrer, sie sprechen jedes Wort richtig aus und lesen ziemlich geläufig.

Alles scheint vortrefflich, wenn man aber näher zusieht, so findet man, daß der, welcher vorliest, dasselbe Stück zum dreißigsten - oder vierzigstenmal vorliest — ein Druckbogen reicht nicht länger als für eine Woche. Immer neue Bücher zu kaufen ist zu teuer, und zudem gibt es nur zwei Bücher, die von Bauernkindern verstanden werden können: die Erzählungen von Chudjakow und Afanassjew. Außerdem ist ein Buch, das einmal von einer Klasse durchgelesen worden ist und das einige bereits auswendig können, nicht nur allen Schülern, sondern auch ihren Angehörigen daheim bekannt und langweilig geworden. Der Lesende wird verlegen, wenn er seine Stimme allein die Stille der Schulstube unterbrechen hört, all seine Kräfte sind auf die Beobachtung der Zeichen und der Betonung gespannt, und er gewöhnt sich allmählich daran, zu lesen, ohne in den Sinn einzudringen, bedrückt durch die anderen Anforderungen, die man an ihn stellt. Die Zuhörenden machen es ebenso, sie hoffen, die rechte Stelle schon zu treffen, wenn sie gefragt werden und verfolgen die Zeilen gleichmäßig mit dem Finger, langweilen sich oder lassen sich durch andere Beschäftigungen ablenken. Der Sinn des Gelesenen findet als etwas, was ihnen gleichgültig ist, bisweilen Platz in ihrem Kopf, bisweilen auch nicht.

Der Hauptschaden besteht aber in diesem ewigen Schulkampf von List und Schlauheit zwischen Lehrern und Schülern, wie er sich bei einer solchen Ordnung entwickelt und wie er bis dahin in unserer Schule nicht existierte. Der einzige Vorteil dieser Lesemethode, der in der richtigen Aussprache der Worte besteht, kam aber für unsere Schüler nicht in Betracht. Unsere Schüler begannen damit, Sätze, die sie selbst gebildet oder auf die Tafel geschrieben hatten, abzulesen, und alle wußten, daß man im Russischen »kogo« schreibt, aber »kawo« ausspricht; dagegen halte ich es für unnütz, sie zu lehren, bei den Lesezeichen Haltepunkte zu machen oder die Stimme zu ändern, denn jeder fünfjährige Knabe macht schon selbst die richtigen Interpunktionen mit der Stimme, wenn er versteht, was er liest. Also lernt er leichter, das zu verstehen, was er dem Buch nachspricht (was er früher oder später immer erreicht), als nach den Interpunktionsregeln zu singen wie nach Noten.

Und doch! Wie bequem scheint das für den Lehrer zu sein!

Der Lehrer strebt stets unwillkürlich danach, die Methode des Unterrichts zu wählen, die ihm am bequemsten ist. Je bequemer eine Lehrmethode für den Lehrer ist, um so unbequemer ist sie für die Schüler. Nur die Unterrichtsart ist die richtige, mit der die Schüler zufrieden sind.

Diese drei Gesetze fanden während des Unterrichts in der Schule von Jasnaja Poljana ihre Bestätigung, besonders in bezug auf das mechanische Lesen.

Dank der Lebenskraft, die der Geist unserer Schule hatte, besonders als die alten Schüler von den Feldarbeiten zurückkehrten, fiel dieses Lesen von selbst weg — man fing an, sich zu langweilen, Unsinn zu machen, sich dem Unterricht zu entziehen. Was aber die Hauptsache ist, das mit Erzählen verbundene Lesen, das die Erfolge des mechanischen Lesens bestätigen sollte, bewies vielmehr, daß die Erfolge ausblieben, daß die Schüler seit fünf Wochen auch nicht um einen Schritt weiter im Lesen gekommen waren; viele hatten sogar Rückschritte gemacht.

Der beste Mathematiker der ersten Klasse, ein gewisser R., der im Kopf Quadratwurzeln zog, hatte das Lesen in dieser Zeit so sehr verlernt, daß man sich mit ihm besonders beschäftigen und ihn buchstabieren lassen mußte. Wir ließen das Lesen nach Büchern fallen und zerbrachen uns den Kopf, um eine neue Methode für das mechanische Lesen ausfindig zu machen. Der einfachste und natürlichste Gedanke, daß die Zeit für ein gutes mechanisches Lesen noch nicht gekommen war, und daß gegenwärtig gar kein Bedürfnis danach vorliege, daß die Schüler die beste Methode schon selber finden würden, sobald das Bedürfnis da sei, dieser Gedanke kam uns erst vor kurzem.

Während wir noch suchten, bildete sich folgendes Verfahren heraus: Während der Lesestunden, die nur noch dem Namen nach in die zwei Stufen des mechanischen und abgestuften Lesens eingeteilt werden, nehmen die zwei schlechtesten Leser zwei Bücher (entweder Märchen oder das Neue Testament, eine Liedersammlung oder eine Nummer des Volkslesebuches) und lesen zusammen, nur wegen des Prozesses des Lesens. Ist es aber ein Buch, das ein Märchen enthält, das sie verstehen können, so lesen sie mit Verständnis und verlangen, daß der Lehrer ihnen zuhört, obgleich dies in der Stunde des mechanischen Lesens geschieht. Manchmal nehmen sie — gewöhnlich sind dies die schlechtesten Leser — dasselbe Buch mehrmals nacheinander in die Hand, öffnen es auf derselben Seite, lesen dieselbe Erzählung und behalten sie auswendig, ohne daß sie dazu genötigt werden, ja selbst trotz des Verbots des Lehrers; zuweilen kommen diese schlechten Schüler zum Lehrer oder zu einem älteren Schüler und bitten sie, mit ihnen zusammen zu lesen.

Die Schüler der zweiten Klasse, die schon besser lesen, lieben es weniger, in Gemeinschaft zu lesen, sie lesen seltener um des Lesens willen, und wenn sie etwas auswendig lernen, so sind es Verse und keine Prosaerzählungen.

Bei den allerältesten wiederholt sich dieselbe Erscheinung, nur mit einem kleinen Unterschied, der mich im vergangenen Jahr in Erstaunen setzte. In der Stunde des abgestuften Lesens erhalten sie irgend ein Buch, das sie abwechselnd lesen und dessen Inhalt sie sich dann gegenseitig erzählen. Ihnen schloß sich in diesem Herbst ein außerordentlich talentvoller Knabe, ein Schüler namens Tsch. an, der zwei Jahre bei einem Priester gelernt und daher alle im Lesen überholt hatte — er liest ebenso wie wir —, und daher verstehen die Schüler beim abgestuften Lesen nur dann etwas vom Inhalt des Gelesenen — wenn es auch nicht gerade sehr viel ist —, wenn Tsch. liest, und zugleich möchte ein jeder selbst mitlesen. Sowie aber ein schlechter Leser zu lesen beginnt, äußern alle ihren Unwillen, besonders wenn die Geschichte interessant ist. Sie lachen und ärgern sich, der schlechte Leser schämt sich, und es entstehen fortwährend Streitigkeiten. Im vergangenen Monat erklärte einer von ihnen, er werde es unbedingt so weit bringen, daß er in einer Woche so lesen könne wie Tsch., die anderen gaben sich dasselbe Versprechen, und plötzlich wurde das mechanische Lesen eine Lieblingsbeschäftigung von ihnen. Sie saßen von nun an eine Stunde oder auch anderthalb da, ohne das Buch aus der Hand zu legen, das sie nicht verstanden, nahmen Bücher nach Hause mit und machten tatsächlich in drei Wochen solche Fortschritte, wie man es nie hätte erwarten können.

Mit ihnen geschah gerade das Gegenteil von dem, was gewöhnlich mit lesekundigen Leuten zu geschehen pflegt. Häufig lernt ein Mensch lesen, und nachher hat er nichts zum Lesen; hier aber geschah es, daß die Schüler zur Überzeugung kamen, es gäbe was zu lesen und zu verstehen, und es fehle ihnen dazu nur an der Fähigkeit. Daher strebten sie selbst danach, fließend zu lesen.

Jetzt haben wir das mechanische Lesen ganz aufgegeben, und wir verfahren so, wie wir es oben beschrieben haben: Es wird jedem Schüler freigestellt, alle Mittel anzuwenden, die ihm bequem sind, und es ist merkwürdig, daß ein jeder alle mir bekannten Methoden verwendet:

1. das Lesen mit dem Lehrer,
2. das Lesen um des Lesens willen,
3. das Lesen und Auswendigbehalten,
4. das gemeinschaftliche Lesen,
5. das Lesen mit dem Versuch, den Inhalt des Gelesenen zu begreifen.

Die erste Methode, die die Mütter in der ganzen Welt anwenden, die nicht in der Schule, sondern in der Familie gebräuchlich ist, besteht darin, daß der Schüler zu einem kommt und bittet, man möge mit ihm zusammen lesen. Der Lehrer liest und leitet ihn beim Buchstabieren und Wortebilden an. Das ist die erste rationelle und unersetzliche Methode, nach der der Schüler selber verlangt, und auf die der Lehrer unwillkürlich kommt. Trotz aller Mittel, die den Unterricht angeblich mechanisieren und die Aufgabe des Lehrers scheinbar erleichtern, wenn er es mit vielen Schülern zu tun hat, bleibt diese Methode die beste und einzige, einem Schüler geläufiges Lesen zu lehren.

Das zweite Verfahren des Leseunterrichts ist auch sehr beliebt, und jeder hat es durchgemacht, der fließend lesen kann; es besteht darin, daß man dem Schüler ein Buch in die Hand gibt und es ihm ganz überläßt, zu buchstabieren und den Inhalt des Gelesenen aufzufassen. Ein Schüler, der schon so gut buchstabieren kann, daß er nicht mehr das Bedürfnis hat, den Onkel zu bitten, er solle mit ihm lesen, sondern sich auf sich selbst allein verläßt, gewinnt stets jene Leidenschaft, die Gogol in seinem Petruschka so gut verspottet hat: die Leidenschaft für den Prozeß des Lesens — und sie bringt ihn vorwärts. Was bei einem derartigen Lesen in seinem Kopf vorgeht, mag Gott wissen, aber er gewöhnt sich auf diesem Weg an die Formen der Buchstaben, an den Prozeß des Buchstabierens, an die Aussprache der Wörter und sogar an ein gewisses Verständnis für das Gelesene, und ich habe schon oft die Erfahrung gemacht, wie weit es uns zurückwarf, wenn wir eigensinnig darauf bestanden, der Schüler solle das Gelesene durchaus verstehen. Es gibt viele Autodidakten, die auf diese Weise lesen gelernt haben, obwohl jedem die Mängel dieser Methode klar sein werden.

Das dritte Verfahren beim Leseunterricht besteht im Auswendiglernen von Gebeten, von Gedichten, im allgemeinen alles Gedruckten und im Aussprechen des Gelernten, während man die Zeilen im Buch verfolgt.

Die vierte Methode besteht in dem, was sich in der Schule von Jasnaja Poljana als so schädlich erwiesen hat, in dem bloßen Lesen nach Büchern. Diese Methode kam in unserer Schule von selbst auf, zuerst fehlte es an Büchern, und daher kam auf je zwei Schüler nur ein Buch. Sie fanden allmählich Gefallen daran, und wenn man ihnen sagt: »Lesen«, so setzen sich immer je zwei oder auch drei Kameraden zusammen hinter ein Buch, selbst wenn sie gleich gut lesen, einer liest vor, die anderen folgen und verbessern ihn, und wir würden alles verderben, wenn wir sie auseinandersetzen wollten, denn sie wissen selbst am besten, wer zu wem paßt, und Taraska will unbedingt neben Dunjka sitzen. »Komm lesen, du aber geh zu den Deinen.« Einige lieben das gemeinsame Lesen nicht, weil sie es gar nicht brauchen. Der Vorzug eines solchen gemeinsamen Lesens besteht in einer größeren Exaktheit der Aussprache, in einer größeren Leichtigkeit der Auffassung für den, der nicht liest, sondern nur folgt, aber der ganze Nutzen, den dieses Verfahren bringt, verwandelt sich in einen Schaden, wenn diese Methode, oder auch jede andere, in der Schule in allen Fällen angewandt wird.

Endlich gibt es noch eine fünfte Methode, die bei uns sehr beliebt ist: das abgestufte Lesen, d.h. das Lesen von Büchern mit Verständnis und Interesse, wobei man zu immer schwierigeren Gegenständen vorwärts schreitet. Alle diese Verfahrensweisen kamen in unserer Schule wie von selbst in Gebrauch, und im Laufe des Monats konnten wir bedeutende Fortschritte verzeichnen.

Die Aufgabe des Lehrers besteht nur darin, dem Schüler die Wahl zwischen allen bekannten und noch unbekannten Methoden zu ermöglichen, die ihm das Lernen leichter machen können. Es ist wahr, bei einer bestimmten Methode, wie zum Beispiel dem Lesen nach den gleichen Büchern, wird der Unterricht sehr leicht und bequem für den Lehrer und gewinnt den Schein einer gewissen Wohlerzogenheit und Korrektheit. Bei unserer Ordnung aber wird das kaum durchführbar, ja vielen sogar als unmöglich erscheinen. »Wie soll man denn erraten, was ein jeder Schüler braucht«, wird man uns antworten, »wie soll man denn entscheiden, welche Wünsche berechtigt sind und welche nicht? Ist es denn möglich, in dieser bunten Schar nicht alle Übersicht zu verlieren, wenn nicht alle einer Regel unterworfen sind?« Darauf antworte ich, die Schwierigkeit erscheint nur darum als so groß, weil wir uns nicht von der alten Ansicht befreien können, die Schule sei eine Art disziplinierte Soldatenkompanie, die heute von einem, morgen von einem anderen Unteroffizier kommandiert wird. Für einen Lehrer, der sich in eine freie Schule eingelebt hat, erscheint jeder Schüler als ein eigener Charakter, der seine besonderen Bedürfnisse hat, deren Befriedigung nur eine freie Wahl ermöglichen kann. Gäbe es keine Freiheit, und fehlte es an jener äußeren Unordnung, die uns so seltsam und einzelnen so unmöglich erscheint, so wären wir nicht nur nie auf diese fünf Methoden des Leseunterrichts gekommen, sondern wir hätten sie auch nie den Bedürfnissen entsprechend anwenden und anpassen können, und daher nie jene glänzenden Erfolge im Lesen erzielt, wie wir sie in der letzten Zeit erreicht haben.

Wie oft konnten wir das Erstaunen der Besucher unserer Schule beobachten, die die Methode des Unterrichts in zwei Stunden erlernen wollten, eine Methode, die es bei uns nicht gibt — und die uns außerdem in diesen zwei Stunden noch ihre eigene Methode mitteilten; wie oft mußten wir die Ratschläge solcher Besucher anhören, die uns zur Einführung eines gewissen Verfahrens rieten, das, ohne daß sie es entdecken konnten, vor ihren Augen in unserer Schule zur Anwendung kam, aber freilich nicht als eine über die ganze Schule herrschende despotische Regel.

Stufenweises Lesen

Obwohl wir gesagt haben, daß das mechanische und abgestufte Lesen in Wirklichkeit in eins zusammengefallen sind, unterscheiden wir beide Gegenstände immer noch in bezug auf das Ziel, das wir mit ihnen verfolgen.

Das Ziel des ersteren scheint uns die Kunst, aus bekannten Zeichen geläufig Wörter zu bilden, das Ziel des zweiten scheint uns die Kenntnis der Schriftsprache zu sein. Zum Unterricht in der Schriftsprache bot sich uns natürlich ein Mittel an, das sehr einfach zu sein scheint, in Wahrheit aber höchst schwierig ist. Wir glaubten den Schülern, nachdem sie gelernt hatten, Sätze von der Tafel abzulesen, die sie selbst aufgeschrieben hatten, die Märchen von Chudjakow und Afanassjew geben zu müssen, um dann zu Werken, die in einer schwierigen Sprache geschrieben sind, bis zur Sprache Karamsins, Puschkins und des Gesetzbuches überzugehen; aber diese Vorraussetzung realisierte sich ebensowenig wie der größte Teil unserer und überhaupt aller Voraussetzungen. Es gelang mir wohl, sie von ihrer eigenen Sprache, wie sie auf der Tafel stand, zur Sprache der Märchen hinüberzuleiten, aber von der Sprache der Märchen zu der höchsten Stufe gab es keinen Übergang in der Literatur.

Wir versuchten es mit dem »Robinson«, die Sache wollte nicht gehen; einige Schüler weinten vor Ärger, weil sie ihn nicht verstehen und nacherzählen konnten; ich erzählte ihnen dann den

Inhalt mit eigenen Worten, und sie begannen an die Möglichkeit zu glauben, diese Weisheit doch einmal verstehen zu können, suchten der Sache auf den Grund zu kommen und lasen den »Robinson« in einem Monat durch; aber sie langweilten sich, und die Langeweile ging zuletzt in Widerwillen über. Die Mühe war zu groß für sie. Sie arbeiteten mehr mit dem Gedächtnis, erzählten gleich, was sie an einem Abend gelesen hatten und behielten einzelne Abschnitte auswendig; den ganzen Inhalt aber eignete sich keiner an. Leider merkten sie sich auch einige Worte, die sie nicht verstanden, und wendeten sie nun überall am rechten und unrechten Ort an, wie das ungebildete Leute zu tun pflegen.

Ich sah, daß hier etwas nicht in Ordnung war; wie aber diesem Übel abzuhelfen sei, das wußte ich nicht. Um mich selbst zu prüfen und um ein reines Gewissen zu haben, gab ich ihnen allerhand Nachahmungen volkstümlicher Bücher, wie etwa »Onkel Naum« und »Die Tanten Nathalja[6]«, zu lesen, obgleich ich wußte, daß sie ihnen nicht gefallen würden, und meine Befürchtung bestätigte sich. Diese Bücher langweilten die Schüler am meisten, wenn man von ihnen verlangte, sie sollten den Inhalt nacherzählen.

Nach dem »Robinson« versuchte ich es mit Puschkin, und zwar mit dem »Totengräber«, aber sie konnten ihn ohne Hilfe noch weniger nacherzählen als den »Robinson«, und der »Totengräber« langweilte sie noch mehr. Die Anrede des Lesers, das wenig ernste Verhältnis des Verfassers zu den handelnden Personen, die scherzhafte Charkteristik, das viele, das unausgesprochen bleibt, das alles entsprach ihren Ansprüchen so wenig, daß ich endgültig auf Puschkin verzichtete, dessen Erzählungen mir früher dem Satzbau nach außerordentlich korrekt aufgebaut, schlicht und darum volkstümlich zu sein schienen. Ich versuchte es noch mit Gogols »Weihnachtsabend[7]«. Als ich ihn vorlas, gefiel er besonders den Erwachsenen, aber als ich sie allein ließ, konnten sie nichts verstehen und langweilten sich. Als ich dann mit dem Vorlesen fortfuhr, baten sie mich gar nicht, fortzufahren. Der Farbenreichtum, das Phantastische und Kapriziöse des Aufbaus widerspricht den Anforderungen, die sie stellen.

Ich versuchte, noch die »Ilias« von Gneditsch zu lesen, aber diese Lektüre erregte nur ein seltsames Staunen; sie nahmen an, das sei französisch geschrieben, und verstanden nichts, bis ich ihnen den Inhalt mit eigenen Worten nacherzählte, aber selbst dann wollte die eigentliche Fabel des Epos ihnen nicht in den Kopf hinein. Der Skeptiker Sjomka, eine gesunde logische Natur, war von dem Bild des Phöbus verblüfft, der mit klingenden Pfeilen vom Olymp herab geflogen kam, aber er wußte dieses Bild offenbar doch nicht recht einzuordnen. — »Wie kam er denn vom Berg herunter, ohne zu fallen?« fragte er mich immer. »Für sie ist er doch ein Gott«, antwortete ich ihm. »Was für ein Gott? Sie haben doch viele Götter, also ist er doch kein wirklicher Gott! Das ist doch keine Kleinigkeit, von einem solchen Berg herabzufliegen, da hätte er sich zu Tode fallen müssen«, suchte er mich zu überzeugen, indem er mit den Händen gestikulierte. Ich versuchte es noch mit »Gribule« von George Sand, mit dem Volks- und Soldatenlesebuch, aber immer umsonst. Wir versuchen es mit allem, was wir finden können, und mit allem, was man uns einsendet, aber immer ohne jede Hoffnung auf Erfolg.

Man sitzt in der Schule und entsiegelt ein Postpaket, das ein uns zugesandtes, angeblich volkstümliches Buch enthält. »Onkel, gib es mir zu lesen; mir auch, mir auch«, rufen mehrere Stimmen, und viele Hände strecken sich mir entgegen, »aber etwas, was leicht zu verstehen ist!« Man öffnet das Buch und liest: »Das Leben des großen Heiligen Alexius zeigt uns ein Beispiel eines glühenden Glaubens, einer Frömmigkeit und unermüdlichen Tätigkeit und einer heißen Liebe zu seinem Vaterland, dem dieser heilige Mann wichtige Dienste erwiesen hat« oder »Schon oft hat man in Rußland das Erscheinen begabter Autodidakten bemerkt, aber diese Erscheinung wird nicht von allen in gleicher Weise erklärt« oder »Dreihundert Jahre sind vergangen, seitdem Böhmen in die Abhängigkeit vom Deutschen Reich kam« oder »Das Dorf Karatscharowo, das sich am Fuß des Gebirges ausbreitet, liegt in einer der fruchtbarsten Provinzen Rußlands« oder »Breit lag und zog sich der Weg«, oder aber es folgt eine populäre Darstellung eines Zweiges der Naturwissenschaft auf einer Druckseite, die zur Hälfte mit Liebenswürdigkeiten für den Bauern und Unterhaltungen des Verfassers mit dem Bauern angefüllt ist. Gibt man einem von den Kindern ein solches Buch, so werden seine Augen trübe, und es fängt an zu gähnen. »Nein, ich verstehe es nicht, Lev Nikolajewitsch«, sagt es und gibt mir das Buch zurück. Und es bleibt ein Geheimnis, für wen diese Volksbücher eigentlich geschrieben werden, und wer sie schreibt. Von all diesen Büchern, die wir gelesen haben, bleibt keines übrig, mit Ausnahme etwa von »Großvaters Erzählungen« von Solotoff, das in der Schule und zu Hause einen großen Erfolg hatte.

Von diesen Werken sind die einen einfach schlechte Bücher, die in schlechtem Schriftrussisch geschrieben sind, im gewöhnlichen Publikum keine Leser finden und daher für das Volk bestimmt werden; ein anderer Teil sind noch schlechtere Bücher, die in einer Sprache geschrieben sind, die kein Russisch, sondern eine Art neu erfundener Vokssprache wie die der Fabeln Kryloffs sein soll; ein letzter Teil sind Bearbeitungen ausländischer Werke, die für das Volk bestimmt, aber doch keine Volksbücher sind.

Die einzigen Bücher, die das Volk versteht und die nach seinem Geschmack sind, sind Bücher, die nicht für das Volk, sondern von Verfassern aus dem Volk geschrieben sind, und zwar: Märchen, Sprichwörter, Liedersammlungen, Legenden, Gedichte, Rätsel, so in letzter Zeit die Sammlung von Wodowosoff usw. Man kann es kaum glauben, wenn man es nicht erfahren hat, mit welch stets neuer Lust all diese Bücher ohne Ausnahme gelesen werden, selbst die Sagen des russischen Volkes, die Balladen und Gesänge, die Sprichwörter des Snegireff, die Chroniken und alle Denkmäler der alten Literatur ohne Ausnahme.

Ich habe bemerkt, daß die Kinder zu solchen Büchern mehr Lust haben als die Erwachsenen; sie lesen sie zu wiederholten Malen, lernen sie auswendig, tragen sie mit Vergnügen nach Hause und geben sich bei ihren Spielen und Gesprächen Spitznamen, die sie aus den alten Sagen und Gesängen entnehmen. Die Erwachsenen haben keine so große Vorliebe für derartige Bücher, sei es, daß sie nicht mehr so naiv sind, sei es, daß sie schon Geschmack an der Wichtigtuerei mit der Büchersprache finden, oder weil sie ein unbewußtes Bedürfnis nach der Kenntnis der Schriftsprache fühlen. Sie ziehen daher solche Bücher vor, in denen zur Hälfte Worte, Bilder und Gedanken vorkommen, die sie nicht verstehen. Aber so beliebt diese Bücher bei den Schülern sind, das Ziel, das wir uns — vielleicht irrtümlich — gestellt haben, wird durch sie nicht erreicht; zwischen der Sprache dieser Bücher und der Schriftsprache bleibt eine Kluft bestehen.

Wir können noch immer kein Mittel finden, um aus diesem falschen Zirkel herauszukommen, obwohl wir immer neue Versuche unternommen und neue Hypothesen aufgestellt haben und immer wieder aufstellen. Wir suchen unseren Fehler zu entdecken, und bitten alle, denen diese Sache am Herzen liegt, uns ihre Vermutungen, Versuche und Lösungen mitzuteilen. Die für uns ungelöste

Frage besteht in folgendem: Es gehört zur Bildung des Volkes, daß es in der Lage sei und Lust habe, gute Bücher, die in einer für das Volk verständlichen Sprache geschrieben sind, zu lesen. Um Bücher verstehen zu lernen, muß man viel lesen; um gerne zu lesen, muß man verstehen ... Wo liegt hier der Fehler, und wie kann man aus dieser Lage herauskommen?

Vielleicht gibt es eine Übergangsliteratur, die wir nur aus Unkenntnis nicht anerkennen, vielleicht wird uns die Bekanntschaft mit den Büchern, die im Volk zirkulieren, und die Ansicht des Volkes von diesen Büchern die Wege eröffnen, auf denen Leute aus dem Volk zu einem Verständnis der Schriftsprache gelangen können.

Dem Studium dieser Sache widmen wir einen besonderen Teil unserer Zeitschrift, und wir bitten alle, die die Wichtigkeit der Frage erkannt haben, uns Beiträge zu diesem Gegenstand zu schicken.

Vielleicht liegt der Grund in unserer Trennung vom Volk in der Zwangsbildung der höheren Klassen, und vielleicht kann nur eine Zeit die Sache vorwärts bringen, die keine Lesebücher, aber eine ganze Übergangsliteratur schaffen wird, die sich aus allen heute erscheinenden Büchern herausbilden und von selbst und organisch in den Kursus des abgestuften Lesens einordnen wird. Vielleicht auch versteht und will das Volk unsere Schriftsprache nicht verstehen, weil es darin nichts zu verstehen hat, weil unsere ganze Literatur nicht für das Volk taugt, und weil es sich seine eigene

Literatur schafft. Die letzte Vermutung endlich, die uns als die wahrscheinlichste vorkommt, besteht darin, daß der scheinbare Mangel nicht in der Natur der Sache, sondern darin liegt, daß wir so sehr vom Gedanken eingenommen sind, das Ziel des Sprachunterrichts bestehe darin, den Schüler bis zur Kenntnis der Schriftsprache zu bringen, und, was die Hauptsache ist, vielleicht liegt unser Grundfehler in der Hast, mit der wir das tun. Es ist wohl möglich, daß das abgestufte Lesen, von dem wir träumen, schon von selbst kommen und daß jeder Schüler von selbst und zu seiner Zeit zum Verständnis der Schriftsprache gelangen wird, wie wir das fortwährend an Leuten beobachten, die lange Zeit hindurch den Psalter, Romane, Gerichtsakten lesen, ohne sie zu verstehen, und auf diese Weise zur Kenntnis der Büchersprache kommen.

Bei dieser Annahme können wir nur eins nicht begreifen: warum die Bücher, die heute erscheinen, insgesamt so schlecht sind und dem Volk nicht gefallen, und wir wissen nicht, was die Schulen tun sollen, solange die Zeit noch nicht gekommen ist. Denn nur eine Annahme können wir nicht zulassen, das ist diese: daß es möglich sei, nachdem man zuvor im Geist entschieden hat, daß die Kenntnis der Schriftsprache nützlich sei, dem Volk gegen seinen eigenen Willen, durch gewaltsame Erklärungen, Auswendiglernen und Wiederholenlassen die Literatursprache beizubringen, wie man einem Menschen das Französische beibringt. Wir müssen gestehen, daß wir das letztere während der zwei letzten Monate mehrfach versucht haben und dabei bei den Schülern immer auf einen unüberwindlichen Widerwillen gestoßen sind, der uns das Fehlerhafte des von uns eingeschlagenen Weges bewies. Bei diesen Versuchen überzeugte ich mich, daß es selbst für einen talentvollen Lehrer ganz unmöglich ist, den Sinn eines Wortes oder einer Redewendung zu erklären, wobei ich nicht einmal die so beliebten Erklärungen unfähiger Lehrer erwähne, eine Versammlung sei ein kleines Synedrion usw. Indem man irgend ein Wort, z.B. das Wort »Eindruck«, zu erklären sucht, setzt man an Stelle eines unverständlichen Wortes ein anderes oder eine Reihe ebenso unverständlicher Worte, deren Verbindung ebenso unverständlich ist wie das Wort selbst.

Gewöhnlich ist es nicht das Wort, das der Schüler nicht versteht, sondern es fehlt ihm überhaupt an dem Begriff, den das Wort ausdrückt. Außerdem ist das Verhältnis von Wort und Gedanke und die Bildung neuer Begriffe ein so verwickelter und geheimnisvoller Prozeß der Seele, daß jeder Eingriff wie eine rohe, ungeformte Kraft erscheint, die den Prozeß der Entwicklung nur aufhält. Es ist leicht gesagt, man solle etwas verstehen, aber weiß denn nicht ein jeder, wieviel verschiedene Dinge man sich zugleich denken kann, während man dasselbe Buch liest?

Ein Schüler, der vielleicht zwei bis drei Wörter in einem Satz nicht versteht, kann eine feine Gedankennuance oder ihre Beziehung zum Vorhergehenden sehr wohl auffassen. Man betont als

Lehrer eine Seite der Auffassung, der Schüler braucht das aber gar nicht, was wir ihm erklären wollen. Zuweilen hat er verstanden, er kann es uns nur nicht beweisen, daß er uns verstanden hat, und doch ahnt er und faßt er dunkel etwas ganz anderes auf, was für ihn äußerst wichtig und nützlich ist. Man verlangt von ihm, er solle sich erklären, er soll mit Worten einen Eindruck erklären, den doch wieder nur Worte auf ihn gemacht haben, und er schweigt oder beginnt Dummheiten zu reden, er lügt, betrügt, sucht das zu entdecken, was wir von ihm verlangen, unserem Wunsch entgegenzukommen, oder er erfindet eine Schwierigkeit, die gar nicht existiert und quält sich mit ihr ab; der allgemeine Eindruck, den das Buch auf ihn machte, sein poetisches Gefühl, das ihm den Sinn erraten half, ist getötet und versteckt sich.

Wir haben den »Wij« von Gogol gemeinsam gelesen, wobei jeder Satz mit eigenen Worten wiederholt wurde. Alles ging gut bis zur dritten Seite — da kommt folgende Periode vor: »Dieses ganze gelehrte Volk, das Seminar, wie die »Burssa«, die eine so heftige ererbte Feindschaft gegeneinander hegten, war außerordentlich arm in bezug auf die Mittel zum Lebensunterhalt und doch zugleich äußerst gefräßig, so daß es fast unmöglich wäre, auszurechnen, wieviel Galuschki (Mehlklöße) ein jeder beim Abendessen verzehrte, und daher konnten die freiwilligen Spenden wohlhabender Grundbesitzer nicht ausreichen.«

Der Lehrer: »Nun, was habt ihr gelesen?« (Fast alle Schüler sind sehr entwickelte Kinder.)

Der beste Schüler: »In der Burssa waren die Leute sehr gefräßig und arm, und sie aßen zum Abendessen Galuschki.«

Der Lehrer: »Und weiter?«

Ein Schüler (ein Schlaukopf mit gutem Gedächtnis, der immer sagt, was ihm in den Kopf kommt): »Eine unmögliche Sache! Die Freiwilligen spendeten.«

Der Lehrer ärgerlich: »Man muß nachdenken. Falsch! Was ist eine unmögliche Sache?«

Schweigen.

Der Lehrer: »Lest noch einmal!«

Und man liest die Stelle wieder. Einer, der alles gut behält, fügt noch ein paar Worte hinzu, an die er sich erinnert: »Das Seminar, der Lebensunterhalt der wohlhabenden Grundbesitzer konnten nicht ausreichen.« Niemand hatte auch nur das Geringste verstanden. Sie fingen an, einen vollkommenen Unsinn zu reden. Der Lehrer ließ sie nicht los.

Der Lehrer: »Was ist denn eine unmögliche Sache?«

Er wollte, daß sie sagten, es sei unmöglich, auszurechnen.

Ein Schüler: »Die Burssa ist eine unmögliche Sache.«

Ein anderer Schüler: »Er ist unmöglich sehr arm.«

Man las die Stelle noch einmal. Man suchte wie nach einer Stecknadel nach dem Wort, das der Lehrer hören wollte, sie trafen auf jedes, nur nicht auf das Wort: ausrechnen, und wurden zuletzt ganz traurig. Ich — denn ich bin dieser Lehrer — ließ nicht ab und erreichte schließlich, daß sie die ganze Satzperiode zerlegten, aber sie verstanden sie jetzt nur noch schlechter als damals, wo der erste Schüler sie wiederholte. Übrigens gab es da eigentlich auch nichts zu verstehen.

Eine nachlässig konstruierte auseinandergezogene Periode, die dem Leser nichts gibt, und deren wesentlicher Inhalt sogleich erfaßt wurde: Arme gierige Leute verschlangen Galuschki, mehr wollte der Verfasser auch gar nicht sagen. Ich quälte mich nur wegen der Form, die schlecht war, und indem ich mich mit ihr abquälte, machte ich die ganze Klasse für einen vollen Nachmittag zu etwas anderem unfähig, ich vernichtete und zerdrückte eine Menge schöner Knospen und ließ eine ganze Anzahl von vielseitigen Auffassungen in der Blüte zugrunde gehen.

Ein anderes Mal quälte ich mich ebenso sündhaft und unsinnig mit der Erklärung des Wortes »Werkzeug« ab und ganz genauso vergeblich. Am selben Tag protestierte der Schüler in der Zeichenklasse dagegen, daß der Lehrer verlangte, man solle auf die Hefte schreiben: Zeichnung von Romaschka. Er meinte, daß die Schüler die Zeichnung selbst gemacht hätten, nur die Vorlage sei von Romaschka komponiert, und daher müsse es nicht Zeichnung, sondern Komposition von Romaschka heißen. Wie ihm der Unterschied dieser beiden Begriffe in den Kopf gekommen war — ebenso wie in ihren Aufsätzen häufig Partizipien und Nebensätze vorkommen —, das bleibt für mich ein Geheimnis, in das man lieber nicht eindringen soll.

Man muß dem Schüler Gelegenheit geben, neue Begriffe zu erwerben und sich neue Worte aus dem allgemeinen Sinn einer Rede anzueignen. Wenn er ein unverständliches Wort in einem Satz liest oder hört, den er begreift, beginnt in ihm dunkel ein neuer Begriff aufzutauchen, schließlich wird er einmal das Bedürfnis fühlen, dieses Wort zu gebrauchen — und hat er es einmal gebraucht, so wird dieses Wort zu seinem Eigentum. Und so gibt es noch tausend andere Wege. Aber einem Schüler ganz bewußt neue Begriffe und Wortformen zu geben, das ist meiner Ansicht nach ebenso unmöglich und überflüssig, wie einem Kind das Gehen nach den Gesetzen des Gleichgewichts zu lehren.

Ein jeder solcher Versuch fördert nicht, sondern entfernt den Schüler von dem ins Auge gefaßten Ziel, wie die rohe Hand eines Menschen, die eine Knospe zur Entfaltung bringen wollte, nur alles zerdrücken würde, wenn sie jedes Blatt einzeln öffnete.

Schreiben, Grammatik und Kalligraphie

Mit dem Schreiben pflegten wir es folgendermaßen zu halten: Die Schüler lernten gleichzeitig die Buchstaben zeichnen und erkennen, buchstabieren und Worte schreiben, das Gelesene begreifen und es aufschreiben. Sie traten an die Wandtafel, zogen mit Kreide einen Strich, einer von ihnen diktierte, was ihm in den Kopf kam, und die anderen schrieben. Wenn ihrer viele waren, so teilten sie sich in mehrere Gruppen. Dann diktierten andere der Reihe nach, und alle lasen, was die anderen geschrieben hatten. Sie schrieben mit gedruckten Buchstaben und verbesserten zunächst die falschen Silbenbildungen und Worttrennungen, dann die Fehler der Orthographie: wo o statt a, statt e zu stehen hat.

Diese Stunde entstand ganz von selbst. Jeder Schüler, der gelernt hat, die einzelnen Buchstaben zu schreiben, wird von einer Leidenschaft zum Schreiben ergriffen, und in der ersten Zeit sind die Türen, die Außenwände des Schulhauses und der Hütten, in denen die Schüler wohnen, mit Buchstaben und Worten vollgeschrieben. Einen ganzen Satz zu schreiben (wie z.B. den, daß sich heute Marsutka mit Olguschka geprügelt hat) — das macht ihnen ein noch viel größeres Vergnügen.

Um diese Stunde zu organisieren, brauchte der Lehrer den Schülern bloß zu zeigen, wie sie es zusammen machen sollten, so wie ein Erwachsener Kindern irgend ein Spiel lehrt. Und in der Tat verlief diese Stunde im Lauf von zwei Jahren, ohne daß sich etwas geändert hätte, stets so lustig und lebendig wie ein gutes Spiel. Man liest, lernt aussprechen, schreiben und Grammatik. Beim Schreiben erreicht man auf diese Weise das, was beim Studium einer Sprache zunächst das schwierigste ist: den Glauben an die Unwandelbarkeit der Form eines jeden Wortes, nicht nur des geschriebenen, sondern auch des gesprochenen, des eigenen Wortes.

Ich glaube, ein jeder Lehrer, der die russische Sprache nicht nur nach der Grammatik von Wostokow unterrichtet hat, ist auf diese Schwierigkeit gestoßen. Nehmen wir an, man wolle die Aufmerksamkeit des Schülers auf irgend ein Wort, z.B. das Wort »mich« lenken. Man hält einen Satz fest, den er gesagt hat. »Mikischka hat mich von der Flurtreppe gestoßen«, sagt er. — »Wen hat er gestoßen?« sagt man, und bittet ihn, den Satz zu wiederholen, wobei man auf das Wort »mich« wartet. »Uns«, antwortet er. »Nein, wie hast du vorhin gesagt?« fragt man. »Wir fielen von der Treppe, als Mikischka uns stieß« oder »Als er uns stieß, fiel Praskutka herunter, und ich ihr nach«, antwortet er. Wir werden vergebens nach unserem Accusativus Singularis und nach seiner Flexion suchen! Er aber kann nicht verstehen, daß in den von ihm gesprochenen Worten irgend ein Unterschied liegt.

Wenn wir aber zum Buch greifen und nun seinen Satz wiederholen, so wird er mit uns nicht mehr das lebendige Wort, sondern etwas ganz anderes analysieren. Diktiert er dagegen, so wird ein jedes seiner Worte von den anderen Schülern aufgefangen und niedergeschrieben, »Was hast du gesagt? Wie?«, und man erlaubt ihm nicht, auch nur einen Buchstaben zu verändern. Hierbei gibt es immer Streitigkeiten, weil einer dies geschrieben hat und ein anderer das, und der, der sehr schnell diktiert hat, beginnt nachzudenken, wie er sich ausdrücken soll, und fängt an, zu verstehen, daß es in der Sprache zwei Dinge gibt: Form und Inhalt. Er sagt irgend einen Satz und denkt dabei nur an den Inhalt — dieser ganze Satz entflieht ihm, wie ein einziges Wort. Man fängt an, ihn zu fragen: »Wie? Was?« und er wird sich selbst über die Form klar, indem er den Satz mehrmals wiederholt, er faßt die einzelnen Satzteile auf und fixiert sie durch Worte. So schreibt man in der dritten, d.h. in der untersten Klasse; die einen schreiben mit Schreibschrift, die anderen mit Druckschrift.

Wir bestehen nicht darauf, daß sie mit Schreibschrift schreiben; vielmehr, wenn wir uns erlauben wollten, den Schülern etwas zu verbieten, so wäre dies das Schreiben mit Schreibschrift, die die Hand verdirbt und undeutlich ist. Sie gehen ganz von selbst zur Schreibschrift über: der eine lernt bei einem älteren Schüler einen oder zwei Buchstaben, die anderen machen es ihm nach, und oft kommt es vor, daß ein Wort so geschrieben wird: »Onkelchen«, und es vergeht keine Woche, so schreiben alle Schreibschrift. Mit dem Schönschreiben passierte in diesem Sommer ganz dasselbe wie mit dem mechanischen Lesen. Die Schüler schrieben sehr schlecht, und der neue Lehrer führte das Schreiben nach vorgedruckten Zeichen ein (auch eine sehr ruhige und für den Lehrer sehr bequeme Beschäftigung). Die Schüler begannen sich zu langweilen, wir sahen uns genötigt, das Schönschreiben aufzugeben, und konnten kein Mittel ersinnen, um ihre Handschrift zu verbessern. Die älteste Klasse fand dieses Mittel selbst. Als die ältesten Schüler mit der Niederschrift der biblischen Geschichte fertig waren, baten sie, man solle ihnen die Hefte mit nach Hause geben. Die Hefte waren schmutzig, zerrissen und häßlich geschrieben. Der peinliche Mathematiker R. bat um Papier und begann die biblische Geschichte umzuschreiben. Das gefiel allen. »Gib mir auch Papier, mir auch ein Heft!“ Plötzlich kam das Schönschreiben in Mode, und diese Mode hat sich bis heute in der höchsten Klasse erhalten. Sie nehmen ein Heft, legen die Fibel mit den vorgedruckten Buchstaben vor sich hin, malen jeden Buchstaben nach und prahlen mit ihren Leistungen; und in zwei Wochen schon machen sie große Fortschritte.

Als wir klein waren, hat man uns alle aus einem unbekannten Grund gelehrt, bei Tisch stets mit Brot zu essen; damals wollten wir das nicht gern tun, ohne daß wir wußten weswegen, jetzt aber wollen wir es selber. Fast einen jeden von uns hat man gelehrt, die Feder mit gestreckten Fingern anzufassen, wir aber hielten sie mit gekrümmten Fingern, weil sie noch kurz waren — jetzt aber strecken wir selber die Finger. Wozu hat man uns damals also gequält, wenn all dieses selbst eintrat, als es uns zum Bedürfnis wurde? Wird nicht auch das Bedürfnis und die Lust zum Wissen überall ebenso eintreten?

In der zweiten Klasse schreibt man Aufsätze nach einer mündlichen Erzählung aus der biblischen Geschichte erst auf Schiefertafeln und dann auf Papier ab. In der dritten, der untersten Klasse schreibt man, was einem in den Kopf kommt. Außerdem schreiben die Kleinsten abends für sich allein Sätze, die alle zusammen verfaßt haben. Einer schreibt, die anderen aber reden leise miteinander, achten auf seine Fehler und warten nur, bis er fertig ist, um ihm ein falsches e oder eine Präposition nachzuweisen, die nicht am rechten Ort steht, wobei sie sich oft selber irren. Richtig schreiben und bei anderen Fehler verbessern, das ist ihr größtes Vergnügen. Die Größten greifen nach allem Geschriebenen, üben sich, die Fehler zu verbessern und bemühen sich mit allen Kräften, gut zu schreiben, aber die Grammatik und Analyse können sie nicht leiden, und trotz unserer früheren Vorliebe für die Analyse dulden sie sie nur in ganz geringem Maße, schlafen bei ihr ein oder bleiben aus der Stunde weg.

Wir haben verschiedene Versuche mit dem Grammatikunterricht gemacht, aber wir müssen gestehen, daß keiner dieser Versuche zum Ziel führte, d.h. diesen Unterricht interessant machen konnte. In der zweiten und ersten Klasse begann der neue Lehrer im Sommer mit der Erklärung der einzelnen Satzteile, und die Kinder — zunächst auch nur wenige unter ihnen — interessierten sich für sie, wie für Scharaden und Rätsel. Oft kamen sie nach der Stunde auf den Gedanken, einander Rätsel aufzugeben, indem sie sich damit unterhielten, daß sie einander die Rätselfrage vorlegten: »Wo ist das Prädikat?« oder »Was sitzt auf dem Löffel und läßt die Beine herunterhängen?« Für richtiges Schreiben aber wußten sie ihre Kenntnisse nicht zu verwenden, oder wenn sie sie anwendeten, so taten sie es eher falsch als richtig. Ebenso, wie wenn man ihnen sagt, man schreibe chs und x aus, sie aber schreiben wexeln, Wux; so sagt man ihnen, zwei Prädikate werden durch ein Komma getrennt, und sie schreiben: »Ich will, sagen« usw.

Man kann unmöglich von ihnen verlangen, sie sollen sich bei jedem Satz Rechenschaft geben, was Objekt und was Prädikat ist. Aber selbst wenn einer es tut, wird er beim Suchen jedes Gefühl einbüßen, dessen er doch bedarf, um das übrige zu schreiben, abgesehen davon, daß der Lehrer bei der syntaktischen Analyse stets gezwungen ist, die Schüler zu überlisten und sie zu betrügen, was sie sehr gut merken. So kam bei uns einmal der Satz vor: »Auf der Erde gab es keine Berge«. Der eine sagte, das Subjekt sei: Erde, der andere — die Berge; wir aber sagten, das sei ein impersonaler Satz, und merkten sehr wohl, daß die Schüler nur aus Höflichkeit schwiegen, aber sehr gut verstanden, daß unsere Antwort viel dümmer war als ihre, womit auch wir innerlich einverstanden waren. Nachdem wir uns von der Unbequemlichkeit der syntaktischen Analyse überzeugt hatten, versuchten wir es noch mit der etymologischen Analyse — Redeteile, Konjugation und Deklination — und wieder gaben wir uns gegenseitig Rätsel auf: über den Dativ und Infinitiv, über Adverbien und flexionslose Wörter, und das Resultat war dieselbe Langeweile, derselbe Mißbrauch des von uns erworbenen Einflusses und dieselbe Unanwendbarkeit.

In der höchsten Klasse schreiben sie immer e im Dativ und Ablativ, aber wenn sie denselben Fehler bei den jüngeren verbessern, wissen sie nie anzugeben, weswegen, und müssen auf das Rätsel des Kasus geführt werden, um sich an die Regel zu erinnern, daß der Dativ auf e endet. Die Jüngsten, die noch nie etwas von den Redeteilen gehört haben, schreiben oft: »sebe, e« (sich), ohne selbst zu wissen, warum, und sind offenkundig erfreut, weil sie es erraten haben.

Ich versuchte es in der letzten Zeit noch einmal in der zweiten Klasse mit einer Übung, die ich erfunden hatte und über die ich sehr begeistert war, wie alle Erfinder; sie erschien mir außerordentlich bequem und rationell, bis ich mich durch die Praxis von ihrer Untauglichkeit überzeugte. Ohne den Redeteil zu nennen, ließ ich sie irgend etwas aufschreiben; zuweilen gab ich ihnen einen Gegenstand, also ein Subjekt, und ließ sie durch Fragen ihren Satz durch Einführung eines Objekts, eines Prädikats, neuer Subjekte, Umstandswörter und Ergänzungswörter erweitern. »Die Wölfe laufen. Wann, wo, wie? Was für Wölfe laufen? Wer läuft noch? Sie laufen, und was machen sie noch?« Ich glaubte, indem sie sich daran gewöhnte, auf Fragen zu antworten, die einen bestimmten Redeteil fordern, würden sie den Unterschied der Satz- und Redeteile begreifen. Sie begriffen ihn auch, aber sie langweilte sich und fragten sich innerlich: »Wozu?«, was ich mich auch fragen mußte, ohne eine Antwort zu finden.

Nie gibt ein Mensch und ein Kind sein lebendiges Wort ohne Kampf preis, um es gegen eine mechanische Zerlegung und Verunstaltung einzutauschen.

Es gibt eine Art Selbsterhaltungstrieb in diesem lebendigen Wort. Wenn es sich entwickeln muß, so sucht es sich selbständig zu entfalten und nur nach all seinen Lebensbedingungen. Ihr wollt dies Wort einfangen, es auf die Hobelbank legen, abhobeln und ihm den Schmuck geben, dessen es nach unserer Meinung bedarf; aber das Wort mit dem lebendigen Gedankeninhalt zieht sich zusammen, versteckt sich, und in unseren Händen bleibt nichts als die Schale, an der wir unsere Künste ausüben mögen, ohne dem Wort mehr nützen oder schaden zu können, das wir bilden wollten.

Bis heute fahren wir in der zweiten Klasse mit der syntaktischen und grammatischen Analyse und den Übungen in der Erweiterung der Sätze fort, aber die Sache geht nur sehr lau, und ich glaube, sie wird bald von selbst wegfallen. Außerdem wenden wir als Sprachübung, keineswegs aber als grammatische Übung, folgendes Verfahren an:

1. Wir schlagen vor, aus gegebenen Worten Perioden zu bilden; so zum Beispiel schreiben wir: Nikolaus, Holz, lernen; und sie schreiben etwa: »Wenn Nikolaus nicht Holz gehackt hätte, wäre er lernen gekommen«, oder: »Nikolaus hackt gut Holz, ich muß es von ihm lernen« usw.;

2. machen wir Verse nach einem gegebenen Versmaß, und diese Übung unterhält die ältesten Schüler am meisten. Dabei kommen Verse zustande,wie der folgende:

In zerriss'nem Pelze dort
Sitzt ein Greis alleine.
Und ein Mann wirft immerfort
Eier auf die Steine.

3. nenne ich noch eine Übung, die in der untersten Klasse viel Erfolg hat: Es wird ein Wort aufgegeben — erst ein Hauptwort, dann ein Eigenschaftswort, ein Umstandswort oder eine Präposition. Einer geht aus dem Zimmer, von den übrigen muß ein jeder einen Satz bilden, in dem das aufgegebene Wort vorkommt. Der, welcher hinausgeht, muß es erraten.

All diese Übungen — das Bilden von Sätzen nach gegebenen Worten, das Versemachen und Erraten von Worten — haben ein gemeinsames Ziel: den Schüler davon zu überzeugen, daß ein Wort ein Wort ist, seine unwandelbaren Gesetze hat, bestimmten Veränderungen unterliegt, gewisse Endungen hat, die unter sich in einem genauen Verhältnis stehen — eine Überzeugung, die ihnen lange nicht in den Kopf kommt und die vor aller Grammatik notwendig ist. All diese Übungen gefallen ihnen; alle grammatischen Übungen erzeugen Langeweile. Das Merkwürdigste und Bezeichnendste ist, daß die Grammatik langweilig ist, während es nichts Leichteres gibt als sie. Wenn einer sie nur nicht nach Büchern lernt, indem er mit Definitionen beginnt, so lernt ein sechsjähriger Junge schon in einer halben Stunde konjugieren, die Geschlechter, Zahlen, Zeiten, Subjekt und Prädikat unterscheiden, und wir haben das Gefühl, daß er das alles genau so gut weiß wie wir selber. (In unserer Gegend gibt es kein sächliches Geschlecht: das Gewehr, das Heu, das Fenster, das Gras — alles ist sie — eine große, oder eine schlechte, und hier kann die ganze Grammatik nichts ausrichten.

Die ältesten Schüler kennen schon seit drei Jahren alle Regeln der Deklination und die Geschlechtsendungen und schreiben doch: In dieser Heu ist viel Sauerampfer — und gewöhnen sich das bloß insoweit ab, als man sie korrigiert und als das Lesen darauf Einfluß hat.) Wozu lehre ich sie also etwas, was sie ebensogut wissen wie ich selber? Ob ich sie frage: »Wie ist der Genitiv pluralis weiblichen Geschlechts von groß« oder »Wo ist das Prädikat, und wo ist das Objekt« oder »Von welchem Wort stammt das Wort >Gesicht<?« — ihnen fällt nur die Terminologie schwer, während sie ein jedes Eigenschaftswort in jeder Zahl und jedem Kasus anwenden, ohne sich zu irren. Sie kennen also doch die Deklination. Sie werden nie das Prädikat in einem Satz weglassen, und nie das Objekt mit dem Prädikat verwechseln. Beim Wort

»Gesicht« fühlen sie die Verwandschaft mit dem Stamm »sehen« und sind sich der Gesetze der Wortbildung besser bewußt als wir, weil niemand so oft neue Worte erfindet wie die Kinder. Wozu also diese Terminologie und das Verlangen nach philosophischen Definitionen, die ihre Kräfte übersteigen?

Die einzige Erklärung für die Notwendigkeit der Grammatik besteht, abgesehen davon, daß sie beim Examen verlangt wird, darin, daß sie für den richtigen Ausdruck der Gedanken Bedeutung gewinnen kann. Meine eigene persönliche Erfahrung hat mir diese Bedeutung nicht gezeigt, ich finde sie nicht im Leben von Menschen, die keine Grammatik kennen und doch richtig schreiben, und bei Kandidaten der Philologie, die falsch schreiben, und ich kann auch nicht den kleinsten Hinweis darauf entdecken, daß die Kenntnis der Grammatik bei den Schülern von Jasnaja Poljana die geringste Anwendung fände.

Es scheint mir, daß die Grammatik ihren eigenen Weg geht, wie eine Art geistige Gymnastik, die einen gewissen Nutzen hat, und daß daneben die Sprache, d.h. die Kunst zu schreiben, zu lesen und zu verstehen, auch ihre eigenen Wege geht.

Die Geometrie und die Mathematik im allgemeinen erscheinen anfangs auch nur als geistige Gymnastik, der Unterschied besteht nur darin, daß jeder geometrische Satz, jede mathematische Definition, weitere Folgerungen und Anwendungen ins Unendliche nach sich zieht; in der Grammatik aber gibt es, selbst wenn man es denen zugestehen wollte, die in ihr eine Anwendung der Logik auf die Sprache sehen wollen, nur eine sehr enge Grenze dieser Folgerungen und Anwendungen. Sobald erst der Schüler auf dem einen oder anderen Weg eine Beherrschung der Sprache erworben hat, hören alle Anwendungen der Grammatik auf und fallen wie etwas Totes und Überlebtes von ihm ab.

Wir können uns für unseren Teil immer noch nicht ganz von der Legende lösen, daß die Grammatik, im Sinne einer Lehre der Sprachgesetze, für den richtigen Ausdruck der Gedanken notwendig ist; es scheint uns sogar, daß die Schüler selber ein Bedürfnis nach der Grammatik haben, daß die Gesetze der Grammatik unbewußt in ihnen liegen; aber wir sind überzeugt, daß die Grammatik, die wir kennen, nicht die ist, die die Schüler brauchen, und daß in dieser Sitte des Grammatikunterrichts ein großes historisches Mißverständnis steckt. Das Kind erkennt, daß man e im Wort sebe (sich) schreiben muß, nicht deswegen, weil es der Dativ ist; man mag ihm dies noch so oft sagen, es verallgemeinert diese Beispiele, nicht, weil es in blindem Nachahmungstrieb einfach wiederholt, was es mehrmals gesehen hat, es verallgemeinert selbst, aber freilich nicht in der Form des Dativs, sondern irgendwie anders.

Wir haben einen Schüler aus einer anderen Schule, der die Grammatik ausgezeichnet kennt und doch nie die dritte Person von dem Infinitiv des reflexiven Genus der Zeitwörter unterscheiden kann, und einen anderen Schüler, Fedka, der keine Ahnung von den stummen Lauten hat, sich aber niemals irrt und sich sowie den anderen durch Hinzufügung eines Wortes hilft, das soviel bedeutet wie: Es ist genug. »Ich will nicht lernen« — er zweifelt und sagt: »Du willst nicht lernen? Nun, dann ist es genug, zu lernen«, folglich steht hier der weiche stumme Laut. Lautet aber der Satz: »Sjomka lernt schlecht«, so sagt er: »Lernt schlecht? Also ist es genug, lernen.« Und das scheint ihm nicht zu stimmen, und er läßt den weichen stummen Laut weg. Wir halten in der Schule von Jasnaja Poljana, ebenso wie beim Unterricht im Lesen, beim Sprachunterricht alle bekannten Methoden für nützlich und wenden sie an, sofern sie von den Schülern willig angenommen werden, und nach Maßgabe unserer Kenntnisse; zugleich halten wir uns an keine dieser Methoden ausschließlich und bemühen uns, immer noch neue zu entdecken. Wir sind ebensowenig mit dem Verfahren des Herrn Perewlessky einverstanden, der nicht einmal ein zweitägiges Experiment in der Schule von Jasnaja Poljana aushalten konnte, wie mit der sehr verbreiteten Ansicht, daß die einzige Art, eine Sprache zu lernen, das Schreiben von Aufsätzen ist, obwohl das Schreiben in der Schule von Jasnaja Poljana ein Hauptmittel zum Erlernen der Sprache ist. Wir suchen und hoffen, daß wir finden werden.

Aufsätze

In der ersten und zweiten Klasse bleibt die Wahl des Themas den Schülern selbst überlassen. Den beliebtesten Gegenstand für die Aufsätze bilden in der ersten und zweiten Klasse Geschichten aus dem Alten Testament, die sie zwei Monate, nachdem der Lehrer sie erzählt hat, wieder erzählen.

In der ersten Klasse hat man jetzt mit den Erzählungen aus dem Neuen Testament begonnen, aber mit weit weniger Erfolg als beim Alten Testament; sie machten sogar mehr orthographische Fehler, weil sie es schlechter verstanden. In der ersten Klasse versuchten wir es mit Aufsätzen über ein gegebenes Thema.

Die ersten Themen, die uns von selbst einfielen, waren Beschreibungen einfacher Gegenstände wie des Kornes, der Hütte, der Bäume usw., aber zu unserem größten Erstaunen brachten unsere Forderungen die Schüler geradezu zum Weinen, und trotz der Hilfe des Lehrers, der die Beschreibung des Kornes einteilte in die Beschreibung seines Wachstums, seiner Erzeugung, seines Gebrauchs usw., weigerten sie sich ganz entschieden, solche Themen zu behandeln, und wenn sie darüber schrieben, machten sie ungeheure Fehler in der Orthographie, in der Sprache und selbst in der Sache selbst.

Wir versuchten es mit der Beschreibung bestimmter Ereignisse, und alle freuten sich, als ob man ihnen ein Geschenk gemacht hätte. Die in den

Schulen so beliebten Beschreibungen einfacher Dinge wie des Schweines, des Topfes, des Tisches usw. erwiesen sich als unendlich viel schwerer als ganze Erzählungen aus der Erinnerung.

Ein und derselbe Fehler wiederholte sich dabei, wie auch bei allen anderen Unterrichtsgegenständen: Dem Lehrer erscheint das Einfachste und Allgemeinste leicht, während für den Schüler das Komplizierteste und Lebendigste leicht erscheint.

Alle Lehrbücher der Naturwissenschaften beginnen mit allgemeinen Gesetzen, die Lehrbücher der Sprachen mit Definitionen, die Geschichtsbücher mit Einteilungen in Perioden, selbst die Geometrie beginnt mit Definitionen der Begriffe des Raumes und des mathematischen Punktes.

Fast jeder Lehrer gibt aus demselben Gedankengang heraus als erstes Thema die Beschreibung eines Tisches oder einer Bank und will sich nicht davon überzeugen lassen, daß man auf einer hohen Stufe philosophisch-dialektischer Entwicklung stehen muß, um die Definition eines Tisches oder einer Bank zu geben, und daß der Schüler, der über einem Aufsatz über die Bank Tränen vergießt, Gefühle wie Liebe und Haß, die Begegnung Josephs mit seinen Brüdern oder eine Prügelei mit einem Kameraden vorzüglich beschreiben wird.

Die Wahl der Aufsatzthemen fiel von selbst auf Gegenstände wie Beschreibungen von Ereignissen, Beziehungen zu Personen und die Wiedergabe gehörter Erzählungen.

Das Schreiben von Aufsätzen ist eine sehr beliebte Beschäftigung. Wo nur die älteren Schüler außerhalb der Schule Papier und Bleistift finden, da schreiben sie nicht: »Allbarmherziger Himmel« usw., d.h. ein Gebet, sondern sie schreiben eine selbsterfundene Erzählung aus dem Kopf nieder. In der ersten Zeit verwirrte mich das Unzusammenhängende, der Mangel an Proportion im Aufbau der Aufsätze; ich suchte ihnen das, was mir notwendig erschien, zu suggerieren; aber sie verstanden mich immer falsch, und die Sache ging schlecht. Sie schienen keine andere Forderung anerkennen zu wollen außer der, daß sie keine Fehler machten. Jetzt aber ist die Zeit von selbst gekommen, und man hört oft Äußerungen der Unzufriedenheit über die Weitschweifigkeit eines Aufsatzes oder über häufige Wiederholungen und unvermittelte Sprünge von einem Gegenstand zum anderen.

Worin ihre Anforderungen bestehen, das ist schwer zu bestimmen, aber sie sind berechtigt. »Unzusammenhängend!« schreien einzelne, während sie sich den Aufsatz eines Kameraden anhören; andere wollen ihren Aufsatz nicht vorlesen, wenn der vorhergehende Aufsatz eines Kameraden sehr gut war; andere wieder reißen dem Lehrer das Heft aus den Händen und sind unzufrieden, daß es nicht so herauskommt, wie sie es haben wollten und lesen selber vor.

Das Individuelle der Charaktere beginnt sich so stark zu zeigen, daß wir den Versuch machten, sie raten zu lassen, wessen Aufsatz wir vorlesen, und in der ersten Klasse raten sie jetzt, fast ohne daß sich je einer täuscht.

Aus Mangel an Raum sparen wir uns die Beschreibung des Sprachunterrichts, der anderen Gegenstände, und die Auszüge aus den Tagebüchern der Lehrer für ein anderes Mal auf; hier wollen wir als Beispiel die Aufsätze zweier Schüler der ersten Klasse ohne Änderung der Orthographie und der Lesezeichen, die sie selber gesetzt haben, vorführen.

Der Aufsatz eines gewissen B. (eines sehr schlechten Schülers, aber eines originellen und lebhaften Knaben) über Tula und über seine Lehrzeit. Der Aufsatz über die Lehrzeit hatte großen Erfolg bei den Kindern. B. ist elf Jahre alt und lernt den dritten Winter in der Schule von Jasnaja Poljana, er ist jedoch schon früher in die Schule gegangen.

»Tula«

»Am anderen Sonntag fuhr ich wieder nach Tula. Als wir ankamen, sagte Wladimir Alexandrowitsch zu mir und Wasska Schdanow: Geht in die Sonntagsschule. Wir gingen los, gingen und gingen und fanden sie mit Mühe, kommen und sehen, daß alle Lehrer sitzen. Und da sah ich einen Lehrer, den der uns in der Botanik unterrichtete. Da sage ich Guten Tag meine Herrn! Sie sagen Guten Tag. Dann trat ich in die Klasse, stellte mich neben den Tisch und es wurde mir so langweilig, ich ging also wieder nach Tula. Ich ging und ging

und sehe, ein Weib das Bretzeln verkauft. Ich hole Geld aus der Tasche, nachdem ich welches herausgeholt hatte, kaufte ich Bretzeln, und nachdem ich sie gekauft hatte, ging ich weiter. Und ich sah noch einen Menschen, der auf einem Turm hin und her ging und Ausschau hielt, ob es nicht irgendwo brennt. Ich habe die Erzählung über Tula beendigt.«

»Wie ich gelernt habe«

»Als ich acht Jahre alt war, gab man mich zu einer Viehmagd nach Grumy. Dort lernte ich gut. Dann überkam mich Langeweile und ich fing an zu weinen. Das Weib aber nimmt einen Stock und schlägt auf mich los. Ich aber schreie noch lauter. Und nach einigen Tagen fuhr ich nach Hause und erzählte alles. Und man nahm mich von dort weg und gab mich zu Dunjkas Mutter. Ich lernte dort gut und man schlug mich dort nie und ich lernte dort das ganze Abc. Dann gab man mich zu Foka Demidow. Er schlug mich sehr schmerzhaft. Einmal lief ich von ihm weg und er befahl mich zu fangen. Als man mich gefangen hatte und zu ihm führte, nahm er mich, legte mich auf die Bank und nahm eine Rute in die Hand und fing an, mich zu schlagen. Ich aber schreie aus vollem Hals und als er mich durchgeprügelt hatte lies er mich lesen. Und er hört zu und sagt: ach? du Hundesohn! sieh mal wie er schlecht ließt! sieh doch dies Schwein.«

Hier folgen zwei Beispiele von Fedkas Aufsätzen: einer über ein aufgegebenes Thema über das

Korn, wie es wächst usw., ein anderer über ein von ihm selbst gewähltes Thema: über seine Fahrt nach Tula (Fedka lernt den dritten Winter, er ist zehn Jahre alt).

»Über die Korn«

»Die Korn wächst aus der Erde hervor. Im Anfang pflegt die Korn grün zu sein. Aber wenn sie groß wird, so wachsen aus ihr Ähren hervor und die Weiber schneiden sie. Es gibt auch noch Korn, die wie Gras ist, und das Vieh ist sie sehr gerne.«

Das war alles. Er fühlte, daß es nicht gut war, und war betrübt. Über Tula aber schrieb er folgendes, ohne daß ihn jemand verbessert hat.

»Tula«

»Als ich noch klein war, war ich fünf Jahre alt; da hörte ich, daß die Leute nach einem gewissen Tula gehen und ich selbst wußte nicht, was das ist »Tula«. Ich fragte einmal Vater. Vater! in was für ein Tal fahrt ihr; ist es schön? Der Vater sagt: sehr schön. Darauf sage ich, Vater! nimm mich mit dir, ich will mir Tula ansehen, Vater sagt, gut, laß nur den Sonntag kommen, dann will ich dich mitnehmen. Ich freute mich sehr und fing an auf der Bank hin und her zu laufen und zu springen. Nach diesen Tagen kam der Sonntag. Ich war am Morgen eben aufgestanden, da spannte Vater auf dem Hof schon die Pferde an, ich zog schnell Kleider und Schuhe an. Kaum war ich angekleidet und trat

auf den Hof hinaus, da hatte Vater schon die Pferde angeschirrt. Ich setzte mich in den Schlitten und fuhr los. Wir fuhren und fuhren bis wir vierzehn Werst zurückgelegt hatten. Da sah ich eine hohe Kirche und rief: Vater sieh mal die hohe Kirche. Vater sagt, es gibt noch eine niedrigere Kirche, die ist schöner, und ich bat ihn: Vater laß uns dahin gehn, ich will zu Gott beten. Vater ging mit mir. Als wir ankamen, hörte ich plötzlich einen starken Glockenschlag und erschrak und fragte Vater, was ist das? schlägt man die Trommel? Vater sagt: nein gleich beginnt die Messe. Darauf gingen wir in die Kirche, um zu beten. Nachdem wir gebetet hatten, gingen wir auf den Markt. Ich aber gehe und stolpere immer, denn ich sehe mich nach allen Seiten um. Wir kamen zum Bazar: und ich sah, daß man Bretzeln verkauft und wollte mir welche nehmen, ohne Geld zu bezahlen. Aber Vater sagte mir: nimm nicht, sonst wird man dir die Mütze wegnehmen. Ich sage warum wird man sie mir wegnehmen, aber Vater sagt, nimm nichts ohne Geld, ich sage nun gib mir einen Groschen, ich will mir eine Bretzel kaufen. Vater gab mir Geld und ich kaufte drei Bretzeln, aß sie auf und sage: Vater sind die Bretzeln schön! Als wir alles eingekauft hatten, gingen wir zu den Pferden und tränkten sie, wir gaben ihnen Heu, als sie gefressen hatten, spannten wir sie an und fuhren nach Hause; ich kam in die Hütte, zog mich aus und fing an allen davon zu erzählen, wie ich in Tula war und wie Vater und ich in der Kirche waren und zu Gott gebetet haben. Darauf schlief ich ein und sehe im

Traum, daß Vater wieder nach Tula fährt. Sogleich wachte ich auf, sehe daß alle schlafen, legte mich hin und schlief ein.«

Biblische Geschichte

Seit der Gründung der Schule und selbst heute noch findet der Unterricht in der biblischen und in der russischen Geschichte in folgender Weise statt: Die Kinder sammeln sich um den Lehrer, und der Lehrer erzählt ihnen Abschnitte aus der Geschichte, wobei er sich nur an die Bibel hält; für die russische Geschichte benutzt er »Die Normannische Periode« von Pogodin und die Sammlung von Wodowosoff. Hierauf stellt er Fragen, und alle beginnen zugleich zu antworten. Wenn zu viele zugleich reden, hält sie der Lehrer an und läßt einen reden; wenn dieser stecken bleibt, ruft er einen anderen auf. Wenn der Lehrer merkt, daß einige nichts verstanden haben, läßt er einen der besten die Erzählung für sie wiederholen.

Dieses Verfahren haben nicht wir erfunden, es hat sich von selbst herausgebildet und läßt sich bei fünf wie bei dreißig Schülern mit gleichem Erfolg anwenden, wenn der Lehrer auf alles achtet, nicht gestattet, daß geschrien wird und daß die schon einmal gesagten Worte wiederholt werden, wenn er das Geschrei nicht bis zur Raserei anwachsen läßt, sondern diesen Strom froher Lebhaftigkeit und eines gesunden Wetteifers nur soweit reguliert, als es gerade nötig ist.

Im Sommer, während der häufigen Besuche und während des Lehrerwechsels, wurde diese Ordnung mitunter verändert, und der Unterricht in der Geschichte ging infolgedessen viel schlechter. Der neue Lehrer verstand das allgemeine Geschrei nicht, er hatte den Eindruck, daß die, welche während des Geschreies ihre Geschichte erzählten, allein nicht erzählen könnten; es schien ihm, daß die Schüler nur um des Geschreies willen schreien, vor allem aber war es ihm eng und heiß inmitten einer Menge von Knaben, die auf seinen Schultern saßen und bis an den Mund an ihm emporkrochen (um besser zu verstehen, müssen die Kinder ganz in der Nähe der Person sein, die spricht, jede Änderung ihres Geschichtsausdrukkes und jede Bewegung beobachten können). Ich habe schon oft bemerkt, daß sie die Stellen am besten behalten, wo der Erzählende eine bezeichnende Bewegung macht oder eine richtige Betonung für seine Worte findet.

Der neue Lehrer führte das Sitzen auf den Bänken und die Sitte ein, daß jeder für sich antworte. Der Aufgerufene schwieg, stockte vor Verlegenheit, der Lehrer aber sah zur Seite mit einem freundlichen Ausdruck der Ergebenheit in sein Schicksal, oder er sagte mit sanftem Lächeln: »Nun«, oder auch: »Gut, sehr gut, weiter« — eine uns allen so wohlbekannte Lehrmethode.

Mehr noch, ich habe mich durch die Erfahrung davon überzeugt, daß nichts für die Entwicklung eines Kindes schädlicher ist als diese Art, einen einzelnen zu fragen, und jenes aus ihr hervorgehende Verhältnis des Lehrers zum Schüler als eines Vorgesetzten zum Untergebenen, und es gibt keinen Anblick, der mich mehr empört. Ein erwachsener Mensch quält einen kleinen, ohne das geringste Recht dazu zu haben. Der Lehrer weiß, daß sich der Schüler quält, während er errötend und schwitzend vor ihm steht; er selbst langweilt sich und hat ein drückendes Gefühl, aber er unterwirft sich einer Regel, nach der es notwendig ist, einen Schüler allein sprechen zu lehren.

Wozu aber soll er allein sprechen lernen? Darauf weiß niemand zu antworten. Vielleicht deswegen, um ihn eine Fabel vor »Exzellenz« aufsagen zu lassen? Man wird mir vielleicht einwenden, daß sich ohne dieses der Grad seines Wissens nicht feststellen läßt. Darauf antworte ich, daß es für einen Unbeteiligten tatsächlich unmöglich ist, innerhalb einer Stunde die Kenntnisse eines Schülers zu ermitteln. Ein Lehrer hat dagegen auch ohne eine Antwort des Schülers und ohne ein Examen stets einen Maßstab für dessen Kenntnisse. Mir scheint es, daß dieses Verfahren, den einzelnen zu fragen, der Rest eines alten Aberglaubens ist.

Früher, wo der Lehrer alles auswendig lernen ließ, konnte er die Kenntnisse eines Schülers gar nicht anders ermitteln als dadurch, daß er ihn alles Wort für Wort wiederholen ließ. Später fand man, daß das Wiederholen des Auswendiggelernten noch kein Wissen bedeutet, und daher ließ man die Schüler das Gelernte mit eigenen Worten wiedergeben. Die Sitte aber, jeden einzelnen aufzurufen und von ihm zu verlangen, er solle antworten, wenn der Lehrer es haben will, blieb bestehen. Man vergaß dabei ganz, daß man wohl von einem Schüler die Wiederholung auswendiggelernter Worte eines Psalms oder einer Fabel jederzeit und unter allen Umständen verlangen könne, daß aber der Schüler sich in einer geigneten Stimmung befinden müsse, um den Inhalt einer Rede aufzufassen und ihn mit eigenen Worten wiedergeben zu können.

Nicht nur in der Elementarschule und in den Gymnasien, auch in den Universitäten, finde ich, haben die Examina durch Fragen nur dann einen Sinn, wenn man die Lehrgegenstände Wort für Wort oder Satz für Satz auswendig lernt. Zu meiner Zeit (ich habe die Universität 1845 verlassen) lernte ich alles, zwar nicht Wort für Wort, aber Satz für Satz auswendig, und erhielt nur bei den Professoren eine Fünf (1), deren Kollegienhefte ich auswendig gelernt hatte.

Die Besuche, die dem Unterricht in der Schule von Jasnaja Poljana so sehr schadeten, brachten mir andererseits einen gewissen Nutzen. Sie überzeugten mich endgültig davon, daß das Aufsagen der Lektionen und die Examina nur der Rest eines Aberglaubens der mittelalterlichen Schule sind und daß sie bei einer vernünftigen Ordnung der Dinge völlig unmöglich und sogar schädlich werden.

Oft wurde ich von dem kindlichen Ehrgeiz geplagt, einem Besucher, den ich achtete, in einer Stunde die Kenntnisse meiner Schüler vorzuführen, es kam jedoch immer so, daß der Besucher die Überzeugung gewann, die Schüler wüßten das, was sie gar nicht wußten (ich setzte ihn durch irgend ein Kunststück in Erstaunen), oder daß sie das nicht wüßten, was sie sehr gut wußten. Und es bildete sich ein Knäuel von Mißverständnissen zwischen mir und dem Besucher, selbst wenn er ein kluger, talentierter Mensch und ein Kenner seines Fachs war und wenn das freieste und natürlichste Verhältnis zwischen uns herrschte. Was also muß erst bei Revisionen durch die Direktoren usw. vorkommen, wobei ich nicht einmal an die Störung im Unterrichtsgang und an die Verwirrung der Begriffe denke, die durch solche Examina bei den Schülern erzeugt wird!

Gegenwärtig bin ich von folgendem überzeugt: Für einen Unbeteiligten wie für einen Lehrer ist es gleichermaßen unmöglich, eine Summe der Kenntnisse eines Schülers zu ziehen, ebenso unmöglich, wie es unmöglich ist, meine Kenntnisse oder die eines anderen in irgend einer Wissenschaft zu ermitteln. Wenn man einen vierzigjährigen Menschen einem Examen in der Geographie unterwerfen wollte, so wäre das ebenso dumm und seltsam, wie wenn man einen zehnjährigen Jungen einer solchen Prüfung unterzöge. Der eine wie der andere muß nur Auswendiggelerntes wiederholen, in einer Stunde aber kann man ihre Kenntnisse nicht feststellen. Um ihre Kenntnisse zu ermitteln, muß man ein paar Monate mit ihnen gelebt haben.

Da, wo Examina eingeführt sind (unter einem Examen verstehe ich die Forderung, der Schüler solle auf eine an ihn gestellte Frage antworten), da gibt es nur noch einen neuen und unnützen Gegenstand mehr, der eine besondere Arbeit und eine besondere Befähigung beansprucht. Dieser

Gegenstand heißt Vorbereitung zum Examen oder zur Schulaufgabe. Der Schüler eines Gymnasiums lernt Geschichte, Mathematik und noch ein Hauptfach, nämlich die Kunst, bei den Prüfungen zu antworten. Ich halte diese Kunst nicht für einen nützlichen Gegenstand, ich schätze als Lehrer den Wissensgrad eines Schülers ebenso sicher ab wie das Maß meiner eigenen Kenntnisse, auch wenn ich einem Schüler und mir selbst keine Lektionen aufgebe. Wenn aber ein Unbeteiligter diesen Wissensgrad kennenlernen will, so mag er mit uns zusammen leben und die Ergebnisse und Anwendungen unserer Kenntnisse auf das Leben studieren; ein anderes Mittel gibt es nicht, und jeder Versuch, sich durch Examina davon zu überzeugen, ist nur Lug und Trug und ein Hemmnis für den Unterricht.

In Sachen des Unterrichts gibt es nur einen selbständigen Richter, das ist der Lehrer, den wiederum nur seine eigenen Schüler kontrollieren können. Beim Geschichtsunterricht antworten alle Schüler zusammen, nicht weil wir ihre Kenntnisse ermitteln wollen, sondern weil sie das Bedürfnis haben, die empfangenen Eindrücke durch Worte zu fixieren. Im Sommer konnten weder der neue Lehrer noch ich das begreifen, wir sahen in dem Abfragen nur eine Kontrolle der Kenntnisse der Schüler, und daher hielten wir es für bequem, jeden einzelnen zu fragen. Ich hatte mir damals noch nicht genügend überlegt, weshalb es so schlecht ging und so langweilig war, aber mein Glaube an das Gesetz der Freiheit der Schüler rettete mich. Die Mehrheit langweilte sich, drei von den allermutigsten antworteten nur allein, drei von den ängstlichsten schwiegen immer, weinten und bekamen Nullen (5). Während des Sommers kümmerte ich mich nicht um die Stunden der biblischen Geschichte, und der Lehrer, ein Freund der Ordnung, hatte ganz freie Hand, die Kinder an die Bänke zu fesseln, sie einzeln zu quälen und sich über die Verstocktheit der Kinder zu empören. Ich riet ihm nochmals, die Kinder während der Geschichtsstunden von den Bänken aufstehen zu lassen, aber der Lehrer hielt meinen Rat für liebenswürdige und verzeihliche Originalitätssucht (dafür wird ihn auch die Mehrheit meiner Leser halten, wie ich im voraus weiß), und so blieb denn diese Ordnung bestehen, bis der alte Lehrer zurückkam; nur im Tagebuch des Lehrers standen hin und wieder Bemerkungen wie die folgenden verzeichnet: »Aus Savin konnte ich kein Wort herauspressen; Grischin wollte nichts erzählen, der Eigensinn Petkas wundert mich, er hat kein Wort gesagt; Savin war heute noch schlechter als früher« usw. usw.

Savin ist ein rotwangiger, dicker Bursche mit glänzenden Augen und langen Wimpern, der Sohn eines Hausknechtes oder eines Kaufmannes, er trägt einen kleinen Pelz, Stiefel, die aber nicht seinem Vater gehören, Hosen und ein Hemd. Die sympathische Persönlichkeit dieses Knaben erregte schon dadurch meine Aufmerksamkeit, daß er sich in der Arithmetikstunde durch Kombinationsgabe, Munterkeit und Lebhaftigkeit vor allen auszeichnete. Er liest und schreibt auch nicht schlecht, sowie man ihn aber fragt, läßt er sein hübsches Krausköpfchen auf die Schulter herabhängen, die Tränen quellen unter den großen Wimpern hervor, und es scheint, als ob er sich am liebsten vor allen verstecken möchte, denn offenbar leidet er unendlich. Zwingt man ihn, etwas auswendig zu lernen, so sagt er es auf, er selbst aber kann keine eigenen Sätze bilden, oder er wagt es nicht.

Ist es die Furcht vor dem Lehrer, die ihm ein früherer Lehrer eingeflößt hat (er hat schon früher bei einem Geistlichen gelernt), oder das Mißtrauen gegen sich selbst, Ehrgeiz oder Verlegenheit vor den anderen Knaben, die seiner Meinung nach unter ihm stehen, ein aristokratisches Gefühl oder Ärger, daß er in dieser einzigen Sache hinter den anderen zurückbleibt oder daß er sich dem Lehrer schon einmal in schlechtem Licht gezeigt hat, fühlt sich vielleicht seine kleine Seele durch ein ungeschicktes Wort, das dem Lehrer einmal entschlüpfte, gekränkt, oder ist es vielmehr alles zusammen? — Gott mag es wissen; diese Schüchternheit indessen ist, wenn auch für sich genommen, kein guter Zug, doch untrennbar mit allem Guten in seiner kindlichen Seele verbunden. Man kann ihm das alles mit dem physischen oder moralischen Knüppel austreiben, aber es ist gefährlich, weil man ihm damit zugleich alle wertvollen Eigenschaften austreiben kann, ohne die es einem Lehrer schwer fallen wird, ihn weiter zu leiten.

Der neue Lehrer befolgte meinen Rat, erlaubte den Schülern, die Bänke zu verlassen und zu gehen, wohin sie wollten, selbst ihm auf die Schultern zu klettern, und noch in derselben Stunde fingen alle an, viel besser zu erzählen, und auch im Tagebuch des Lehrers konnte man lesen, daß der verstockte Savin einige Worte gesagt habe.

Es gibt in der Schule etwas Unbestimmbares, was sich der Leitung des Lehrers entzieht, etwas, das in der pädagogischen Wissenschaft völlig unbekannt ist und doch das Wesen einer erfolgreichen Lehre ausmacht; das ist der Geist der Schule. Dieser Geist ist bestimmten Gesetzen und einem gewissen negativen Einfluß des Lehrers unterworfen, d.h. der Lehrer muß gewisse Dinge vermeiden, wenn er diesen Geist nicht zerstören will.

Der Geist der Schule steht z.B. immer in umgekehrtem Verhältnis zum Zwang und der Ordnung, die in der Schule herrschen, und zu dem Grad des Eingreifens des Lehrers in die Denkart der Schüler, er steht in geradem Verhältnis zur Zahl der Schüler und in umgekehrtem Verhältnis zur Länge der Stunden. Dieser Geist der Schule ist etwas, das sehr schnell von einem Schüler zum anderen überspringt, sich selbst dem Lehrer mitteilt, sich ganz deutlich im Tonfall der Stimme, im Blick, den Bewegungen, dem Grad des Wetteifers ausdrückt — etwas ganz Greifbares, Notwendiges und Wertvolles, und daher muß er das Ziel eines jeden Lehrers bilden.

Der Speichel im Mund ist notwendig zur Verdauung, aber unangenehm und überflüssig, wenn es nichts zu verdauen gibt, und so wird auch dieser Geist der Spannung und Belebung außerhalb der Schule langweilig und unangenehm, denn er ist eine notwendige Bedingung der geistigen Nahrungsaufnahme. Diese Stimmung läßt sich nicht erfinden oder künstlich erzeugen, was auch gar nicht notwendig ist, da sie sich immer von selber einstellt.

Zu Beginn der Existenz unserer Schule machte ich viele Fehler. Wenn ein Knabe schlecht zu verstehen oder nur ungern zu folgen begann, oder wenn er in den so bekannten Schulzustand der Abgestumpftheit kam, dann sagte ich zu ihm: »Geh, springe etwas herum.« Der Knabe lief umher, er und die anderen Schüler lachten zusammen, und nach dem Herumspringen war der Schüler ein anderer geworden. Aber hatte er dann dieses Herumspringen mehrmals wiederholt, so zeigte es sich, daß er noch trauriger wurde und zu weinen begann, wenn man zu ihm sagte: »Geh, lauf herum.« Er sieht, daß seine geistige Verfassung nicht so ist, wie sie sein soll, und doch weiß er sie noch nicht zu beherrschen, will es aber auch keinem anderen gestatten. Das Kind und der Mensch sind nur in einem gewissen angeregten Zustand für Eindrücke empfänglich, daher ist es ein ganz grober Fehler, den wir nur zu oft begehen, wenn wir den Geist der Fröhlichkeit in der Schule für unseren Feind ansehen.

Wenn aber die Lebhaftigkeit in einer großen Klasse so stark ist, daß es für den Lehrer unmöglich wird, die Klasse zu leiten, soll man auch da die

Kinder nicht einmal anschreien und nicht gegen diesen Geist angehen dürfen? Wenn dieser Geist sich auf den Lehrgegenstand selbst bezieht, so kann man sich gar nichts Besseres wünschen; springt aber die Lebhaftigkeit auf einen anderen Gegenstand über, so ist der Lehrer schuld, der sie nicht zu benutzen und leiten wußte. Die Aufgabe eines Lehrers, die fast jeder von uns unbewußt erfüllt, besteht darin, dieser Lebhaftigkeit immer neue Nahrung zu geben und ihr immer mehr die Zügel schießen zu lassen. Wir fragen den einen, ein anderer möchte erzählen, er beugt sich über uns und sieht uns gerade in die Augen; er kann seine Worte kaum für sich behalten, folgt dem Erzähler mit glühenden Augen und läßt ihm keinen Fehler durchgehen. Wenn wir ihn fragen, so beginnt er begeistert zu erzählen, und das was er sagt, prägt sich für immer in sein Gedächtnis ein. Haltet ihr ihn aber in dieser Spannung fest und erlaubt ihm eine halbe Stunde lang nicht zu erzählen, so wird er anfangen, seinen Nachbarn in den Arm zu kneifen.

Ein anderes Beispiel: Verlassen wir einmal die Stunde in einer Kreisschule oder in einer deutschen Schule, wenn es ganz still ist, und sagen wir den Schülern, sie sollen in ihrer Beschäftigung fortfahren. Wenn wir dann nach einer halben Stunde an die Tür gehen und horchen, so hören wir, daß die Klasse lebhaft ist, aber der Gegenstand ihrer Lebhaftigkeit ist ein anderer; man pflegt zu sagen: »Sie machen Unsinn.« In unserer Schule machten wir diesen Versuch mehrmals.

Wenn wir mitten in der Stunde fortgingen, wenn sie schon viel geschrien hatten und dann an die Tür traten, so konnten wir hören, wie die Knaben sich gegenseitig weitererzählten, einander prüften und verbesserten; meist fangen sie gar nicht an, Unsinn zu treiben, wenn wir fortgehen, sondern werden ganz still.

Wie bei dem System, bei dem die Schüler auf den Bänken sitzen und einzeln gefragt werden, gibt es auch bei diesem System eigene Methoden, die nicht schwer sind, die man jedoch kennen muß und ohne die der erste Versuch unglücklich verlaufen kann. Man muß darauf achten, daß es nicht Schreier gibt, die die letzten Worte, die gesprochen werden, nur wiederholen, um Lärm zu machen. Man muß darauf achten, daß das Vergnügen am Lärm nicht ihr Hauptziel und Zweck werde. Man muß einzelne Schüler prüfen, ob sie auch alles erzählen können und ob sie den Sinn verstanden haben. Wenn die Zahl der Schüler zu groß ist, so muß man sie in Gruppen teilen und die einzelnen Gruppen anhalten, sich die Geschichten gegenseitig vorzuerzählen.

Man darf sich nicht davor fürchten, wenn ein neu hinzugekommener Schüler mitunter einen Monat lang den Mund nicht auftut. Man achte bloß darauf, ob er mit der Erzählung oder mit anderen Dingen beschäftigt ist. Oft erfaßt ein neu eintretender Schüler anfangs nur die stoffliche Seite der Sache und ist ganz in die Betrachtung versenkt, wie die Kinder sitzen, liegen, wie die Lippen des Lehrers sich bewegen, wie alle zugleich zu schreien anfangen, und wenn er ein stiller Knabe ist, setzt er sich genau so hin wie die anderen, beginnt zu schreien wie die anderen, ohne etwas behalten zu haben, und wiederholt nur die Worte seines Nachbarn. Der Lehrer und die Schüler machen ihn aufmerksam, und er beginnt zu verstehen, daß man etwas anderes von ihm verlangt. Es vergeht einige Zeit, und er fängt von selbst an, etwas zu erzählen. Wie und ab wann sich bei ihm die zarte Knospe des Verständnisses entfaltet, das ist schwer festzustellen.

Neulich gelang es mir, ein solches Aufblühen des Verständnisses bei einem sehr schüchternen Mädchen zu beobachten, das einen ganzen Monat geschwiegen hatte. Herr U[8]. erzählte, und ich war Zuhörer und Beobachter. Als alle zu erzählen begannen, bemerkte ich, daß Marsutka von der Bank herabkroch mit einer Bewegung, die anzuzeigen pflegt, daß der Erzähler aus dem Zustand des Zuhörers in den des Erzählers übergeht, und sie kam näher. Als alle zu schreien anfingen, sah ich mich nach ihr um, sie bewegte ihre Lippen kaum merklich, ihre Augen aber waren voller Gedanken und voller Leben. Als unsere Blicke sich begegneten, senkte sie die Augen. Nach einer Minute sah ich wieder nach ihr: Sie murmelte wieder etwas vor sich hin. Ich bat sie, mir doch etwas zu erzählen, da wurde sie ganz verlegen. Nach zwei Tagen konnte sie schon ganz vortrefflich ganze Geschichten erzählen.

In unserer Schule sind die besten Beispiele für das, was die Schüler bei solchen Erzählungen behalten, jene Erzählungen, die sie selbst aus dem Kopf niederschreiben, wobei wir nur die orthographischen Fehler verbessern.

Aus dem Heft des zehnjährigen M.: »*Gott befahl Abraham, seinen Sohn Isaak zu opfern. Abraham nahm zwei Knechte. Isaak trug das Holz und das Feuer, und Abraham trug das Messer. Als sie zum Berg Hor kamen, ließ Abraham seine Knechte stehen und ging selbst mit Isaak den Berg hinan. Isaak sagte: Vater, wir haben alles, wo aber ist das Opferlamm? Abraham spricht: Gott hat mir befohlen, dich zu opfern. Und Abraham zündete einen Scheiterhaufen an und legte seinen Sohn auf ihn. Isaak sagte: Vater, binde mich, sonst werde ich aufspringen und dich töten. Abraham nahm ihn und band ihn. Eben wollte er das Messer erheben, als ein Engel vom Himmel geflogen kam und ihn bei der Hand faßte und sprach: Abraham, lege nicht Hand an deinen Sohn, Gott sieht deinen Glauben. Hierauf sagt der Engel zu ihm: Gehe zu dem Strauch, dort hat sich ein Bock gefangen, und opfere ihn an deines Sohnes Statt. Und Abraham brachte das Opfer. Dann kam die Zeit, wo Abraham seinen Sohn verheiraten wollte. Sie hatten einen Knecht, den Elieser. Abraham rief den Knecht und spricht: Schwöre mir, daß du keine Braut aus unserer Stadt nehmen willst, sondern gehen wirst, wohin ich dich sende. Abraham schickte ihn in das Land Mesopotamien zu Nahor. Elieser nahm einige Kamele und zog dorthin. Als er an einen Brunnen kam, sagte er: Herr! Gott! Sende mir eine solche Braut, die da kommt und erst mich und dann meine Kamele tränkt, das soll meines Herrn Isaak Braut sein. Kaum hatte Elieser diese Worte gesprochen, als er eine Jungfrau kommen sieht. Elieser bat sie, ihm zu trinken zu geben. Sie tränkte ihn und spricht: Deine Kamele wollen doch auch zu trinken. Elieser spricht: Komm und tränke sie. Sie tränkte auch die Kamele, dann gab ihr Elieser eine Kette und spricht: Kann ich nicht bei euch übernachten? Sie antwortet: Das kannst du. Als sie ins Haus kamen, aßen ihre Verwandten schon, und sie setzten Elieser an den Tisch, damit er zu Abend äße. Elieser spricht: Ich will so lange nicht essen, bis ich euch etwas gesagt habe. Und Elieser sagte es ihnen. Sie sagen: Wir sind einverstanden, was sagt sie? Man fragte sie, sie war auch einverstanden. Hierauf segneten der Vater und die Mutter Rebekka, Elieser ließ sie auf das Kamel steigen und setzte sich selber, und sie fuhren davon. Isaak aber ging durch das Feld, Rebekka sah Isaak und verbarg ihr Gesicht mit einem Tuch. Isaak kam zu ihr, nahm sie bei der Hand und führte sie ins Haus, und sie wurden getraut.«*

Aus dem Heft des Knaben J. F. über Jakob: *»Rebekka war neuzehn Jahre lang unfruchtbar, hierauf gebar sie zwei Zwillinge, Esau und Jakob. Esau beschäftigte sich mit Jagd, Jakob aber half der Mutter. Einst ging Esau auf Jagd, machte keine Beute und kam zornig nach Hause; Jakob aber aß ein Linsengericht. Esau kommt und sagt: Gib mir zu kosten von dem Linsengericht. Jakob sagt: Verkaufe mir deine Erstgeburt. Esau sagt: Nimm sie! Schwöre! Esau schwor. Darauf gab*

Jakob Esau das Linsengericht. Als Isaak blind wurde, sagte er zu Esau: Geh hin, töte mir einen Bock. Esau ging, Rebekka aber hörte es und sagte zu Jakob: Geh und töte zwei Ziegenböcke. Jakob ging hin, schlachtete zwei Ziegenböcke und brachte sie der Mutter. Sie briet sie und umwickelte Jakobs Hände mit dem Fell, und Jakob brachte sie seinem Vater und sprach: Ich habe dir dein Lieblingsgericht gebracht. Isaak spricht: Komm näher. Jakob kam. Isaak begann ihn zu betasten und sagt: Es ist Jakobs Stimme, aber Esaus Leib. Hierauf segnete er Jakob. Jakob trat aus der Tür, als Esau hereintrat und spricht: Hier, Vater, bringe ich dir dein Lieblingsgericht. Isaak spricht: Esau war schon bei mir. Nein, Vater, Jakob hat dich betrogen, und er ging hinaus, begann zu weinen und spricht: Laß den Vater nur sterben, so will ich es dir vergelten. Rebekka spricht zu Jakob: Geh, bitte den Vater, daß er dich segne, und gehe zum Onkel Laban. Isaak segnete Jakob, und er zog zum Onkel Laban. Da überraschte Jakob die Nacht. Er legte sich im Feld hin, um zu schlafen, fand einen Stein, legte ihn unter den Kopf und schlief ein. Plötzlich sieht er einen Traum: eine Leiter führt vom Himmel bis zur Erde, auf ihr steigen Engel auf und ab, oben aber steht der Herrgott selbst und spricht: Jakob, das Land, auf dem du liegst, will ich dir und deinen Nachkommen geben. Jakob stand auf und sprach: Wie schrecklich es hier ist, hier ist wohl Gottes Haus; wenn ich von dort zurückkomme, will ich hier einen Tempel bauen. Dann zündete er eine Lampe an und ging weiter. Plötzlich sieht er, wie Hirten Vieh weiden. Jakob fragt sie, wo hier der Onkel Laban wohne. Die Hirten sagten: Dort ist seine Tochter, sie treibt die Schafe zur Tränke. Jakob ging zu ihr; sie konnte den Stein nicht vom Brunnen wegwälzen. Jakob wälzte den Stein weg, tränkte die Schafe und spricht: Wessen Tochter bist du? Sie antwortet: Ich bin Labans Tochter. — Ich bin dein Vetter. — Sie küßten sich und gingen nach Hause. Onkel Laban empfing ihn und sprach: Jakob, bleibe bei mir, ich will dir Lohn geben. Jakob sagt: Ich will nicht für Lohn bei dir bleiben, gib mir deine jüngste Tochter Rahel. Laban sagt: Bleibe sieben Jahre bei mir, dann will ich dir meine jüngste Tochter Rahel geben. Jakob blieb sieben Jahre bei ihm, aber der Onkel Laban gab ihm seine Tochter Lea statt der Rahel zur Frau. Jakob spricht zu ihm: Onkel Laban, warum hast du mich betrogen? Laban spricht zu ihm: Diene mir noch sieben Jahre, dann will ich dir meine Tochter Rahel geben, denn wir haben nicht das Recht, die jüngste Tochter vor der älteren zu verheiraten. Jakob blieb noch sieben Jahre bei seinem Onkel, und Laban gab ihm Rahel zur Frau.«

Aus dem Heft des achtjährigen T. F. über Josef: *»Jakob hatte zwölf Söhne. Er liebte am meisten den Josef und nähte ihm einen bunten Rock. Da sah Josef zwei Träume und erzählte sie seinen Brüdern: »Mir schien es, daß wir im Feld Ähren schnitten, und wir hatten zwölf Garben geschnitten. Meine Garbe stand gerade, die anderen aber beugten sich vor meiner.« Da sagten die Brüder:*

»Sollen wir uns vor dir beugen?« Und er sah einen anderen Traum, daß am Himmel elf Sterne, Sonne und Mond sich vor seinem Stern verbeugten. Da sprachen der Vater und die Mutter: »Sollen wir uns vor dir beugen?« Die Brüder gingen hinaus, um das Vieh zu hüten. Der Vater aber schickte Josef zu seinen Brüdern, um ihnen das Essen zu bringen; die Brüder sahen ihn und sprachen: »Da kommt unser Träumer, wollen wir ihn in einen tiefen Brunnen werfen?« Ruben aber dachte, wenn sie fortgehen, will ich ihn herausziehen. Da kamen Kaufleute gefahren. Ruben spricht: »Wollen wir ihn den ägyptischen Kaufleuten verkaufen?« Und sie verkauften Josef; die Kaufleute aber verkauften ihn dem Höfling Potiphar. Potiphar liebte ihn, und seine Frau liebte ihn auch. Einst war Potiphar fortgegangen, da sprach seine Frau zu Josef: »Josef, laß uns meinen Mann töten, dann will ich dich heiraten.« Josef spricht: »Wenn du es noch einmal sagst, so erzähle ich es deinem Mann.« Da ergriff sie ihn bei seinem Kleid und fing an zu schreien. Und die Knechte hörten es und kam herbei. Da kam Potiphar zurück. Seine Frau erzählte ihm, daß Josef ihn töten und heiraten wollte, und Potiphar ließ ihn ins Gefängnis werfen. Weil aber Josef ein guter Mensch war, machte er sich auch dort beliebt, und man ließ ihn das Gefängnis beaufsichtigen. Einst ging Josef durch das Gefängnis und sieht zwei Männer betrübt dasitzen. Josef trat zu ihnen und spricht: »Was trauert ihr?«, und sie antworteten ihm: »Wir haben in einer Nacht zwei Träume gesehen, und niemand kann sie uns deu-

ten.« Josef spricht: »Was für Träume?« Und der Mundschenk des Königs begann zu erzählen: »Mir schien, als ob ich drei Beeren abriß, ihren Saft ausdrückte und ihn dem König reichte.« Josef spricht zu ihm: »Nach drei Tagen wirst du wieder an deinem Platz sein.« Darauf begann der Bäcker zu erzählen. »Mir träumte, daß ich zwölf Brote in meinem Korb trug, und die Vögel kamen geflogen und fraßen das Brot.« Da sagte Josef: »Nach drei Tagen wird man dich hängen, und die Vögel werden kommen und deinen Leib fressen.« Und es traf alles ein. Einst sah Pharao in einer Nacht zwei Träume, und er rief all seine Weisen herbei, keiner aber konnte sie deuten. Da gedachte der Mundschenk Josefs und spricht: »Ich weiß einen Menschen, der es könnte.« Und Pharao sandte einen Wagen nach ihm. Als man ihn vorführte, erzählte Pharao ihm seinen Traum: »Es schien mir, daß ich an dem Ufer eines Flusses stand. Und es kamen sieben fette und sieben magere Kühe aus dem Fluß. Die mageren warfen sich auf die fetten, fraßen sie und wurden doch nicht fett.« Und er hatte einen anderen Traum: »Mir träumte, daß an einem Stengel sieben volle und sieben leere Ähren gingen. Die sieben leeren warfen sich auf die vollen, fraßen sie und wurden doch nicht voll.« Josef sprach: »Das bedeutet: Es werden sieben fruchtbare Jahre kommen, und auf sie werden sieben Hungerjahre folgen.« Und Pharao hängte Josef eine Kette um den Hals, steckte ihm einen Ring an die rechte Hand und befahl ihm, Vorratskammern zu bauen.«

Alles Gesagte bezieht sich auf den Unterricht der biblischen und der russischen Geschichte, ebenso wie auf die Naturgeschichte, die Geographie und zum Teil auch auf die Physik, die Chemie, die Zoologie, überhaupt auf alle Gegenstände, mit Ausnahme von Singen, Zeichnen und Mathematik. Über den Unterricht in der biblischen Geschichte während dieser Zeit habe ich noch im besonderen folgendes zu bemerken:

Zunächst möchte ich darüber etwas sagen, weshalb ich mit dem Alten Testament anfange. Abgesehen davon, daß die Schüler selbst die biblische Geschichte kennenlernen wollten und daß ihre Eltern es verlangten, entsprach von allen mündlichen Erzählungen, mit denen ich es im Lauf von drei Jahren versuchte, nichts so gut den Begriffen und der geistigen Verfassung der Knaben wie die Bibel. Dasselbe wiederholt sich in allen Schulen, wie ich es immer wieder beobachten konnte.

Ich versuchte es mit dem Neuen Testament, mit der russischen Geschichte und Geographie, mit den in der letzten Zeit so beliebten Naturerklärungen, aber das alles vergaßen sie, und sie hörten nur ungern zu. Das Alte Testament aber behielten sie, und sie erzählten es mit Begeisterung und Leidenschaft in der Schule und zu Hause wieder; sie behielten es so gut, daß die Kinder noch zwei Monate nach der Erzählung die biblischen Geschichten in ihren Heften schriftlich nacherzählen konnten und dabei nur wenig ausließen.

Mir scheint, daß dies Buch der Kindheit des Menschengeschlechts auch immer das beste Buch für die Kindheit des einzelnen Menschen sein wird. Es scheint mir unmöglich, dies Buch durch ein anderes zu ersetzen, auch halte ich es für schädlich, Veränderungen oder Auszüge aus der Bibel vorzunehmen, wie das in den Büchern von Sonntag[9] und anderen geschieht. Hier ist alles wahr, wie eine Offenbarung, und wahr als Kunst. Man lese in der Bibel die Geschichte von der Schöpfung und lese sie dann nach einem kurzen Lehrbuch der biblischen Geschichte, und die Bearbeitung der Bibel im Lehrbuch wird uns völlig unverständlich erscheinen; nach einem Lehrbuch der biblischen Geschichte kann man nur auswendig lernen, aus der Bibel aber erhält das Kind ein großartiges Bild, das es nie vergessen wird.

Es ist völlig unverständlich, wie man etwas aus der Bibel auslassen kann, jede Kürzung raubt nur etwas vom Charakter und der Schönheit der Heiligen Schrift. Warum wird zum Beispiel in allen biblischen Geschichten die Stelle ausgelassen, wo erzählt wird, daß, als es noch nichts gab, der Geist Gottes über der Tiefe schwebte, daß Gott, als er die Welt geschaffen hatte, sie betrachtet und sieht, daß sie gut ist, und daß darauf der Morgen und Abend eines Tages anbricht? Warum läßt man es aus, daß Gott dem Menschen durch das Nasenloch die Seele einblies, daß er Adam eine Rippe herausnahm und die leere Stelle mit Fleisch ausfüllte usw.? Man muß die Bibel von unverdorbenen Kindern lesen lassen, um zu verstehen, bis zu welchem Grad das alles notwendig und wahr ist. Vielleicht kann man die Bibel einem verdorbenen Mädchen nicht in die Hand geben; wenn ich sie dagegen Bauernkindern vorlese, lasse ich kein Wort aus und ändere nichts. Und keiner kichert hinter dem Rücken des anderen, alle hören mit klopfendem Herzen und natürlicher Andacht zu. Die Geschichte Lots und seiner Töchter, die Geschichte des Sohnes des Juda erregt Entsetzen und nicht Lachen...

Wie ist hier alles verständlich und klar, besonders für ein Kind, und wie streng und ernst doch zugleich!...

Ich kann mir nicht vorstellen, wie es um unsere Bildung stünde, wenn dieses Buch nicht existierte. Und doch denken wir manchmal: Wozu dienen uns diese Erzählungen, die wir in der Jugend kennenlernen und bald wieder vergessen? Wäre es nicht dasselbe, wenn wir sie überhaupt nicht kennenlernten?

Aber dies scheint uns nur so, solange wir nicht an dem Unterricht anderer die Elemente unserer eigenen Bildung nachprüfen. Es sieht so aus, als könne man Kinder lesen, schreiben lehren, ihnen einen Begriff von der Geschichte, der Geographie und den Naturerscheinungen auch ohne Bibel und noch vor der Bibel geben; und doch geschieht das nirgends: Überall lernt das Kind zuerst die Bibel, Erzählungen oder Auszüge aus der Bibel kennen. Das allererste Verhältnis des Lernenden zum Lehrer gründet sich auf dieses Buch. Diese durchgehende Erscheinung ist nichts Zufälliges.

Mein völlig freies Verhältnis zu den Schülern zu Beginn der Schule von Jasnaja Poljana half mir diese Erscheinung aufklären.

Das Kind oder ein Mensch, der in die Schule eintritt (ich mache keinen Unterschied zwischen einem Menschen von 10, 30 oder 70 Jahren), bringt eine ganz bestimmte, ihm wertvolle Auffassung der Dinge mit, eine Auffassung, die er aus dem Leben selber geschöpft hat. Damit ein Mensch in irgendeinem Lebensalter lernen kann, muß er das Lernen liebgewinnen. Damit er aber das Lernen liebgewinne, dazu muß er das Irrtümliche und Mangelhafte in seiner Auffassung der Dinge erkennen und instinktiv jene neue Lebensanschauung vorausahnen, die ihm der Unterricht mitteilen wird. Kein einziger Mensch und kein Kind wäre imstande zu lernen, wenn sie sich das Ziel ihres Lernens nur als die Kunst zu lesen, zu schreiben und zu rechnen vorstellen könnten, kein Lehrer könnte unterrichten, wenn er nicht im Besitz einer Weltanschauung wäre, die höher ist als die, welche die Schüler haben. Damit sich ein Schüler dem Lehrer ganz hingeben kann, muß man ein Stück der Hülle vor ihm lüften, die ihm die ganze Herrlichkeit der Welt von Gedanken, Kenntnissen und Poesie verbirgt, in die ihn die Lehre einführen soll. Nur unter dem beständigen Zauber dieses ihm voranleuchtenden Lichts ist der Schüler imstande, so an sich zu arbeiten, wie wir es von ihm verlangen.

Welche Mittel aber haben wir, um vor dem Schüler jenen Saum des Vorhangs zu lüften?...

Wie ich glaubte, und wie viele glauben, ist das sehr leicht, wenn man sich vorher selbst in der Welt befand, in die man den Schüler einführen will, und ich lehrte sie lesen und schreiben, erklärte ihnen die Naturerscheinungen, ich erzählte ihnen, wie das in der Fibel steht, daß die Früchte der Lehre süß sind, aber die Schüler glaubten mir nicht und blieben mir fremd. Ich versuchte, ihnen die Bibel vorzulesen und gewann sie ganz für mich. Der Saum des Vorhangs war gehoben, und sie gaben sich mir ganz hin. Sie gewannen das Buch, das Lernen und auch mich lieb. Mir blieb nur nur noch die Aufgabe, sie zu leiten und zu lenken. Nach dem Alten Testament erzählte ich ihnen das Neue, und sie gewannen den Unterricht und mich immer mehr lieb. Nach der Bibel erzählte ich ihnen die allgemeine Weltgeschichte, die russische Geschichte und die Naturgeschichte; sie hörten mir zu, glaubten mir alles, baten mich, sie immer weiter einzuweihen, und es eröffneten sich vor ihnen immer größere Perspektiven des Gedankens, des Wissens und der Poesie.

Vielleicht war das ein Zufall. Vielleicht wären in einer anderen Schule auf einem anderen Weg dieselben Resultate erzielt worden. Vielleicht! Aber dieser Zufall wiederholt sich zu oft und in ganz derselben Weise in allen Schulen und in allen Familien, und die Erklärung dieser Erscheinung ist für mich zu klar, als daß ich mich dazu verstehen könnte, ihn für einen bloßen Zufall zu halten. Um einem Schüler eine neue Welt zu eröffnen und ihn, ohne daß er etwas weiß, das Wissen liebgewinnen zu lehren, dazu gibt es kein anderes Buch außer der Bibel. Ich sage das auch zu denen, die die Bibel nicht für die Offenbarung halten. Es gibt kein Werk, wenigstens kenne ich keines, das in so knapper, poetischer Form all die Seiten menschlichen Denkens in sich vereinigte, die die Bibel enthält. Alle Fragen aus dem Gebiet der Naturerscheinungen werden durch dieses Buch erklärt, alle ursprünglichen Beziehungen der Menschen untereinander, alle Seiten der Familie, des Staates, der Religion kommen in diesem Buch zu allererst zum Bewußtsein.

Die Verallgemeinerung der Gedanken, die Weisheit ergreift in einer kindlich schlichten Form mit ihrem Zauber zum erstenmal den Geist des Schülers. Die Lyrik der Psalmen Davids wirkt nicht nur auf den Geist erwachsener Schüler, es erlebt ein jeder an diesen die Schönheit des Epos mit unvergleichlicher Kraft und Einfachheit. Wer hat nicht bei der Geschichte Josefs und bei der Erzählung seiner Begegnung mit seinen Brüdern geweint? Wer hat nicht mit bebendem Herzen die Geschichte des gefesselten und geschorenen Simson wiedererzählt, der an seinen Feinden Vergeltung übt und selbst zugrunde geht, indem er die Feinde unter den Trümmern des einstürzenden Schlosses begräbt, und dasselbe gilt für die tausend anderen Eindrücke, mit denen wir erzogen worden sind wie mit der Muttermilch.

Mögen die, die die erzieherische Bedeutung der Bibel leugnen und sagen, die Bibel habe sich überlebt, mögen sie uns ein solches Buch, solche

Erzählungen, die die Naturereignisse erklären, aus der allgemeinen Geschichte oder aus ihrer eigenen Phantasie zusammenstellen, ein Buch, das ebensogut aufgefaßt wird wie die Bibel, dann werden wir ihnen glauben, daß die Bibel sich überlebt habe.

Die Pädagogik dient als Prüfstein für sehr viele Lebenserscheinungen und gesellschaftliche und abstrakte Fragen.

Der Materialismus wird nur dann das Recht haben, sich für den Sieger zu erklären, wenn die Bibel des Materialismus geschrieben sein wird, und wenn man die Jugend nach dieser Bibel erziehen wird. Der Versuch Owens[10] kann nicht als Beweis einer solchen Möglichkeit dienen, wie das Wachsen eines Zitronenbaumes in einem Treibhaus von Moskau kein Beweis dafür ist, daß Bäume auch ohne Sonne und anders als unter freiem Himmel wachsen können.

Ich wiederhole noch einmal meine Überzeugung, die vielleicht aus einer einseitigen Erfahrung entsprungen ist: Ohne Bibel ist die Bildung eines Kindes oder eines Menschen in unserer Gesellschaft ebenso unmöglich wie die Bildung eines Griechen ohne Homer. Die Bibel ist das einzige Buch, das sich für eine elementare Lektüre, für einen Unterricht der Kinder im Lesen eignet. Die Bibel muß nach Form und Inhalt allen Lehrbüchern und Lesebüchern für Kinder zum Muster dienen. Eine volkstümliche Übersetzung der Bibel wäre das beste Volksbuch. Das Erscheinen einer solchen Übersetzung in unserer Zeit würde in der Geschichte des russischen Volkes epochemachend wirken.

Nun noch einige Worte über die Methode des Unterrichts der biblischen Geschichte. Alle kurzen biblischen Geschichten in russischer Sprache halte ich für ein doppeltes Verbrechen: gegen das Heilige und gegen die Poesie. Alle diese Bearbeitungen beabsichtigen eine Erleichterung des Unterrichts in der biblischen Geschichte und erschweren ihn tatsächlich nur.

Man liest die Bibel zu seinem Genuß, wenn man sie zu Hause, den Kopf auf die Hand gestützt, liest; die gekürzten Lehrbücher lernt man auswendig, indem man mit dem Griffel Zeile für Zeile verfolgt. Mehr noch, diese biblischen Geschichten sind nicht bloß langweilig und unverständlich, sie nehmen einem auch die Fähigkeit, die Poesie der Bibel zu verstehen. Ich habe schon oft bemerkt, wie die schlechte, unverständliche Sprache das Verständnis für den inneren Sinn der Bibel unmöglich machte. Unverständliche Worte wie: Kluft, mit Füßen treten usw. prägen sich dem Gedächtnis ebenso ein wie die Vorgänge und lenken die Aufmerksamkeit des Schülers durch ihre Neuheit auf sich. Sie dienen ihnen gleichsam als Zeichen, nach denen sie sich bei ihrer Nacherzählung richten.

Oft spricht ein Schüler nur deswegen, weil er ein Wort gebrauchen will, das ihm gefallen hat, und es fehlt ihm schon die Einfalt, die ihre Aufmerksamkeit nur auf den Inhalt richtet. Ich habe oft bemerkt, daß Schüler aus anderen Schulen die

Schönheit der biblischen Erzählungen weit weniger intensiv und oftmals gar nicht empfanden, da ihnen das Gespür für diese Schönheit durch die Forderung des Auswendiglernens und andere mit ihr verbundene grobe Methoden des Lehrers verlorengegangen waren.

Diese Schüler verdarben sogar ihre jüngeren Mitschüler und Brüder durch die Manier ihres Nacherzählens, die sie aus den kurzen Lehrbüchern der biblischen Geschichte und den dort gebräuchlichen banalen Methoden gelernt hatten. Diese banalen Erzählungen sind durch die schlechten Bücher in das Volk gedrungen, und oft bringen die Schüler seltsame Legenden über die Schöpfung der Welt, über Adam und den Joseph von Ägypten in die Schule mit. Diese Schüler empfinden schon nicht mehr das, was die frischen Gemüter unter den Schülern empfinden, wenn sie die Erzählungen der Bibel anhören, mit bebenden Herzen jedes Wort zu erhaschen suchen und dabei denken, daß sich ihnen sogleich die ganze Weisheit der Welt offenbaren werde.

Ich unterrichte und habe die biblische Geschichte nur nach der Bibel unterrichtet, jeden anderen Unterricht halte ich für schädlich.

Das Neue Testament erzählen wir auch nach den Evangelien und lassen es schriftlich wiedererzählen. Das Neue Testament behalten sie schlechter. Darum muß es häufiger wiederholt werden.

Hier sind ein paar Beispiele aus der Geschichte des Neuen Testaments.

Aus dem Heft des Knaben J. M. über das Abendmahl:

»Einst schickte Jesus seine Jünger in die Stadt Jerusalem und sagte ihnen: »Wenn ihr einen Mann seht, der Wasser trägt, so folgt ihm nach und fragt ihn: Herr, weise uns ein Zimmer, auf daß wir das Passahmahl bereiten können. Er wird es euch zeigen, ihr aber bereitet das Mahl.« Und sie gingen, sahen und taten wie Er gesagt hatte. Gegen Abend ging Jesus selbst mit seinen Schülern dorthin. Während des Mahles legte Jesus Christus seine Kleider ab und umgürtete sich mit einem Handtuch. Dann nahm Er eine Waschschüssel, füllte sie mit Wasser, und trat zu jedem Jünger und wusch ihnen die Füße. Als Er aber zu Petrus kam, und ihm die Füße waschen wollte, da sagte Petrus: »Herr, solltest Du mir die Füße waschen?« Jesus Christus aber sprach zu ihm: »Wenn Ich dir nicht die Füße wasche, dann wirst du nicht mit mir ins Himmelreich kommen.« Da erschrak Petrus und spricht: »Herr, nicht nur die Füße, sondern auch meinen Kopf und den ganzen Leib.« Dann kleidete sich Jesus Christus an, setzte sich an den Tisch, nahm das Brot, segnete es, brach es und gab es seinen Jüngern und sprach: »Nehmet hin und esset, das ist Mein Leib.« Und sie nahmen und aßen. Hierauf nahm Jesus den Kelch mit dem Wein, segnete ihn, reichte ihn seinen Jüngern und sprach: »Nehmet hin und trinket, das ist Mein Blut des Neuen Testamentes.« Und sie nahmen und tranken. Da sprach Jesus Christus: »Einer von euch wird mich verraten.« Die Jünger aber sagten zu ihm: »Herr, bin ich es?« Jesus Christus aber spricht: »Nein.« Darauf sagt Judas: »Herr, bin ich es?«

Jesus Christus aber spricht leise zu ihm: »Du bist es.« Darauf sprach Jesus Christus zu den Jüngern: »Der von euch wird Mich verraten, dem ich ein Stück Brot gebe.« Und Jesus Christus gab das Brot Judas. Da ergriff der Satan Besitz von ihm, daß er sich schämte und hinausging.«

Aus dem Heft des Knaben R.B.:

»Darauf ging Jesus Christus mit seinen Jüngern nach dem Garten Gethsemane, um zu beten, und sprach zu seinen Jüngern: »Wartet auf Mich, und schlaft hier.« Als aber Jesus kam und sah, daß Seine Jünger schliefen, da weckte er sie und sprach: »Konntet ihr nicht eine Stunde auf mich warten?« Und er ging wieder, um zu beten. Und Er betete zu Gott und sprach: »Herr, ist es möglich, daß dieser Kelch von mir gehe?« Und Er betete so lange zu Gott, bis Ihm blutiger Schweiß austrat. Da kam ein Engel vom Himmel geflogen und stärkte Jesus. Und Jesus kehrte zu Seinen Jüngern zurück und sprach zu ihnen: »Was schlaft ihr. Es kommt die Stunde, da des Menschen Sohn in die Hand seiner Feinde gegeben wird» Judas aber sprach zu dem Hohenpriester: »Den ich küssen werde, den greift.« Darauf gingen die Jünger Jesus nach und sahen eine Menge Volkes. Judas aber trat zu Jesus hin und wollte Ihn küssen. Und Jesus spricht zu ihm: »Willst du Mich verraten, indem du Mich küßt?« Zum Volke aber spricht Er: »Wen sucht ihr?« Und sie antworteten Ihm: »Jesus von Nazareth.« Jesus sprach: »Ich bin es.« Bei diesem Worte stürzten sie alle hin.«

Geschichte und Geographie

Als ich das Alte Testament beendet hatte, kam ich naturgemäß auf den Gedanken, auch Geographie und Geschichte zu unterrichten. Einmal, weil diese Fächer in der Elementarschule eingeführt waren und weil ich selbst in diesen Gegenständen unterrichtet worden war, und andererseits, weil die Geschichte der Juden des Alten Testaments die Kinder von selbst vor die Fragen stellte: Wo, wann und unter welchen Bedingungen fanden diese Ereignisse statt? Was ist das: Ägypten, Pharao, der König von Assyrien usw.?

Ich begann, wie man immer zu beginnen pflegt, mit der alten Geschichte. Aber weder Mommsen noch Duncker noch all meine Bemühungen halfen mir, sie ihnen interessant zu machen. Sie kümmerten sich weder um Sesostris, die ägyptischen Pyramiden noch um die Phönizier. Ich hoffte, daß Fragen wie diese: wer die Völker waren, mit denen die Juden zu tun hatten, wo die Juden lebten und hindurchwanderten, sie interessieren würden. Aber die Schüler fühlten kein Bedürfnis, das zu wissen. All diese Pharaonen, dieses Ägypten und Palästina, die da irgendwann und irgendwo existiert haben, stillen kein Bedürfnis. Die Juden — das sind ihre Helden, die anderen sind nur Nebenpersonen, die keine Bedeutung haben. Die Ägypter und Phönizier für die Kinder zu Helden zu machen, das ist mir nicht gelungen, weil es mir an Material dazu fehlte. Wir mögen noch so viel darüber wissen, wie die Pyramiden gebaut wurden, in welcher Lage und in welchem Verhältnis zueinander die Kasten standen — wozu brauchen wir das, wir, die Kinder? In diesen Geschichten gibt es keinen Abraham, Isaak, Jakob, Josef, Simson. Einzelnes aus der alten Geschichte behielten sie, weil es ihnen gefiel, z.B. die Geschichte der Semiramis usw., aber das war ein Zufall, nicht weil es ihnen etwas erklärte, sondern weil es künstlerisch und märchenhaft war. Aber solche Punkte fanden sich selten, das übrige war langweilig und ziellos, und ich mußte den Unterricht in der allgemeinen Weltgeschichte aufgeben.

Mit der Geographie hatte ich den gleichen Mißerfolg wie mit der Geschichte. Ich erzähle hin und wieder bei Gelegenheit etwas aus der griechischen, der englischen, schweizerischen Geschichte, ohne Zusammenhang und nur als lehrreiche und künstlerische Erzählungen.

Nach der allgemeinen Geschichte mußte ich es mit der überall und von allen eingeführten vaterländischen, d.h. russischen Geschichte versuchen, und ich begann mit der traurigen, uns allen bekannten, weder lehrreichen noch künstlerischen russischen Geschichte, wie sie in so vielen Bearbeitungen von der der Ischimowa bis zu der von Wodowosoff vorliegt. Ich begann zweimal mit ihr; das erstemal vor der Lektüre der ganzen Bibel, das zweitemal nach ihr. Im ersten Fall wollten die Schüler die Igor und Olegs usw. absolut nicht behalten, und dasselbe gilt jetzt für die jüngsten Schüler. Die, welche es noch nicht an der Bibel gelernt haben, in den Inhalt einer Erzählung einzudringen und ihn mit eigenen Worten wiederzugeben, die können dieselbe Sache fünfmal hören, ohne etwas von Rurik und Jaroslav zu behalten. Die ältesten Schüler behalten jetzt die russische Geschichte und schreiben sie auf, aber unverhältnismäßig schlechter als die Bibel, auch verlangen sie nach häufigeren Wiederholungen. Wir erzählen nach Wodowosoff und nach der »Normannischen Periode« von Pogodin.

Einer von den Lehrern hörte in seiner Begeisterung nicht auf meinen Rat, ließ die Periode der Teilfürsten nicht aus und drang tief hinein bis in den ganzen Unsinn und die Wirren der Mystislaw[11], Brjatscheslaw und Boleslaw. Ich betrat die Klasse einmal, als die Schüler gerade erzählen sollten. Es ist schwer zu beschreiben, was dabei herauskam. Lange schwieg alles. Die vom Lehrer Aufgerufenen begannen zu sprechen, die einen etwas kühner, andere furchtsamer; einzelne hatten etwas mehr behalten, andere weniger. All ihre geistigen Kräfte waren angespannt, um die »seltsamen« Namen zu behalten, was jedoch jeder dieser Männer getan hatte, war für sie nebensächlich.

»Und nun marschierte — wie heißt er nur — Barikaw — oder so« — begann einer, »gegen — ach, wie war nur sein Name? — Muslaw? Leo Nikolajewitsch?« fragt ein Mädchen. »Mystislaw«, antworte ich. — »Und schlug ihn aufs Haupt«, sagt einer ganz stolz. — »Halt! hier war doch ein Fluß.« — »Sein Sohn aber zog ein Heer zusammen und schlug ihn aufs Haupt — wie hieß er nur? — Ach, man kann sie gar nicht behalten«, sagte ein Mädchen, das ein Gedächtnis hatte wie ein Blinder. »Was für eine seltsame Geschichte!« meinte Sjomka. — »O, diese Mislaws und Tschislaws; wozu braucht man sie, der Teufel mag's wissen!« — »Du darfst die Namen nicht verwechseln, wenn du sie nicht kennst!« — »Kennst du sie etwa? Du bist gar zu klug!« — »Was stößt du mich?« Die unter ihnen, die das Gedächtnis hatten, gaben sich noch einige Mühe und antworteten schließlich richtig, wenn man ihnen einiges vorsprach. Aber alles war so dumm, und es war so traurig, diese Kinder anzusehen, daß der Lehrer und ich uns entschlossen, solche Fehler nicht wieder zu begehen (sie verloren den Kopf wie Hühner, denen man erst Körner und dann plötzlich Sand hinwirft, sie liefen nach allen Seiten, gackerten laut und waren bereit, sich vor Ärger gegenseitig zu kneifen). Wir lassen also die Periode der Teilfürsten aus und fahren im Unterricht der russischen Geschichte fort. Mit welchem Erfolg, davon mögen die Hefte der ältesten Schüler Zeugnis ablegen.

Aus dem Heft des Schülers W. R.: *»Unsere Väter hießen Slawen. Sie hatten weder Könige noch Fürsten. Sie zerfielen in Stämme, die einander überfielen und gegeneinander kämpften. Einst überfielen die Normannen die Slawen, besiegten sie und legten ihnen Tribut auf. Darauf sprachen sie: »Was leben wir so? Wollen wir uns einen Fürsten wählen, damit er über uns herrsche.« Und sie wählten Rurik mit seinen zwei Brüdern Sineús* *und Truwor. Rurik ließ sich in Ladoga nieder, Sineús in Isborsk bei den Kriwitschen, Truwor in Bjeloosero. Hierauf starben die Brüder und Rurik nahm ihre Stelle ein.*

Hierauf zogen zwei nach Griechenland — Askold und Dir; sie kamen nach Kiew und sagen: »Wer herrscht hier?« Die Kiewer sagen: »Hier herrschten drei: Kij, Schtschek und Horiw. — Jetzt sind sie gestorben.« Askold und Dir sagen: »Laßt uns über euch herrschen.« Das Volk war einverstanden und zahlte ihnen Tribut.

Hierauf ließ Rurik Städte und Festungen bauen und sandte Bojaren aus, um Tribut zu erheben, und sie brachten ihm den Tribut heim. Dann beschloß Rurik, Konstantinopel mit Krieg zu überziehen und zog aus mit 200 Schiffen. Als er aber zu der Stadt kam, war der Kaiser gerade nicht anwesend. Die Griechen sandten nach ihm. Das Volk aber betete zu Gott. Dann trug der Erzbischof das Bild der Mutter Gottes hinaus und tauchte es ins Wasser; es erhob sich ein furchtbarer Sturm und jagte alle Schiffe Ruriks auseinander. Und so retteten sich nur sehr wenige. Dann zog Rurik nach Hause und starb dort. Er hatte aber einen Sohn Igor. Da er noch klein war, herrschte an seiner Stelle Oleg. Er wollte Kiew erobern; und er nahm Igor mit sich und fuhr gerade den Dnjepr hinab. Unterwegs eroberte er die Städte Ljubitsch und Smoljensk. Als sie sich Kiew näherten, sandte Oleg seine Gesandten zu Askold und Dir, um ihnen sagen zu lassen, es seien Kaufleute gekommen, die sie sehen wollten; er selbst aber versteckte sein halbes Heer in den Schiffen und ließ die andere Hälfte zurück. Als Askold und Dir mit einem kleinen Gefolge herauskamen, sprang das Heer des Oleg aus den Schiffen und warf sich auf sie. Hierauf hob Oleg den Igor in die Höhe und sagte: »Ihr seid nicht Fürsten und nicht von fürstlichem Stamme, hier ist euer Fürst.« Und Oleg befahl sie zu töten und ließ Kiew erobern. Oleg blieb hier wohnen und machte diese Stadt zur Hauptstadt und nannte sie die Mutter der russischen Städte. Und er ließ Städte und Festungen bauen und sandte Bojaren aus, um Tribut einzusammeln und ihm zu bringen. Dann zog er aus, um gegen die Nachbarstämme zu kämpfen, und er unterwarf viele. Er liebte es nicht, gegen die friedlichen Völker zu kämpfen, sondern kämpfte nur gegen die tapferen. Und er beschloß, gegen Griechenland zu ziehen, und fuhr den Dnjepr hinab. Als er den Dnjepr hinabgefahren war, fuhr er durch das schwarze Meer. Als er sich Griechenland näherte, sprang sein Heer ans Land und begann alles niederzubrennen und zu plündern. Oleg spricht zu den Griechen: »Zahlt uns Tribut, einen Zehner für jedes Schiff.« Sie freuten sich und bezahlten den Tribut. Und Oleg sammelte dreihundert Pud (Pud: etwa 30 Pfund) und zog nach Hause.«

Aus dem Heft des Schülers W. R.: *»Als Oleg gestorben war, folgte ihm Ruriks Sohn Igor. Igor wollte sich verheiraten. Einst streifte er mit seinem Gefolge umher und wollte über den Dnjepr setzen. Plötzlich sieht er eine Jungfrau in einem Boot fahren. Als sie ans Ufer kamen, spricht Igor: »Nimm* *mich auf.« Sie nahm ihn ins Boot. Und Igor heiratete sie. Igor wollte sich auszeichnen. Er sammelte ein Heer und zog in den Krieg; erst den Dnjepr entlang — dann nicht rechts, sondern links, aus dem Dnjepr ins Schwarze Meer und aus dem Schwarzen Meer ins Kaspische Meer. Und Igor schickte Gesandte an den Chan, damit er ihn durch das Feld hindurchziehen lasse; wenn er vom Krieg zurückkehre, wolle er ihm seine halbe Beute überlassen. Und der Chan ließ ihn durch. Als sie sich der Stadt genähert hatten, ließ Igor das Volk ans Land gehen und alles niederbrennen, zerstören und gefangennehmen. Als sie alles vollendet hatten, ruhten sie aus. Und als sie ausgeruht hatten, zogen sie hocherfreut nach Hause. Sie näherten sich der Stadt des Chans und Igor schickte ihm, was er versprochen hatte. Das Volk aber hörte, daß Igor vom Krieg zurückkommt und bat den Chan, er solle ihm erlauben, an Igor Rache zu nehmen, weil Igor das Blut ihrer Blutsverwandten vergossen hatte. Der Chan erlaubte es nicht, aber das Volk hörte nicht auf ihn und zog in den Kampf, und es entstand eine gewaltige Schlacht. Die Russen wurden besiegt, und es wurde ihnen alles abgenommen, was sie erbeutet hatten.«*

Ein lebendiges Interesse fehlt, wie der Leser aus den angeführten Auszügen sehen kann. Die russische Geschichte geht etwas besser als die allgemeine, weil sie sich schon daran gewöhnt haben, das Erzählte aufzufassen und aufzuschreiben, und ferner, weil bei ihr die Frage nach dem Zweck weniger bewußt wird. Das russische Volk ist ihr Held ebenso, wie es das jüdische war. Jenes, weil es das von Gott geliebte Volk war und weil seine Geschichte künstlerisch ist. Dieses, weil das nationale Gefühl für es spricht, obwohl es keinen Anspruch auf ein künstlerisches Interesse erheben kann. Aber dieser Unterricht bleibt darum doch trocken, kalt und langweilig. Leider gibt nur die Geschichte höchst selten einen Anlaß zum Triumph des nationalen Gefühls.

Gestern verließ ich meine Klasse und ging in die Geschichtsstunde, um nach dem Grund der Lebhaftigkeit zu forschen, die aus dem Nebenzimmer bis zu mir drang. Es war die Kulikowsche Schlacht[12]. Alles war in Aufregung: »Das ist eine Geschichte! Fein! Hör doch, Leo Nikolajewitsch, wie er die Tataren heimgeschickt hat! Laß mich erzählen!« — »Nein mich!« riefen die Stimmen durcheinander. »Wie das Blut in Strömen floß!« Fast alle konnten die Geschichte erzählen, und alle waren begeistert.

Geht man jedoch auf eine Befriedigung des nationalen Gefühls aus, was bleibt dann übrig? Das Jahr 1612 und das Jahr 1812. Das ist alles! Wenn man dem nationalen Gefühl genügen will, darf man nicht die ganze Geschichte durchnehmen. Ich kann verstehen, daß man die historische Überlieferung benutzt, um das in den Kindern immer lebendige künstlerische Interesse zu entwickeln, aber das ist nicht die Geschichte. Um Geschichte zu unterrichten, muß in den Kindern zuvor das historische Interesse geweckt werden. Wie aber will man das machen?

Ich habe oft die Ansicht vertreten hören, man müsse den Geschichtsunterricht nicht von vorne, d.h. nicht mit der alten, sondern von hinten, also mit der neuen Geschichte beginnen. Dieser Gedanke ist im wesentlichen richtig. Wie soll man einem Kind von dem Ursprung des russischen Staates erzählen und sein Interesse dafür wecken, wenn es nicht weiß, was der russische Staat und überhaupt was ein Staat ist?

Wer mit Kindern zu tun gehabt hat, muß wissen, daß jedes russische Kind fest davon überzeugt ist, daß die ganze Welt solch ein Rußland ist wie das, in dem es lebt; und ebenso geht es dem französischen und dem deutschen Kind. Woher kommt das Staunen, das sich bei allen Kindern und selbst bei erwachsenen, aber kindlich naiven Leuten einzustellen pflegt, wenn man ihnen sagt, daß die deutschen Kinder deutsch sprechen ... Das historische Interesse erwacht meist nach dem künstlerischen. Uns interessiert die Geschichte von der Gründung Roms, weil wir etwas vom römischen Reich während seiner Blütezeit wissen, so wie uns die Kindheit eines Menschen interessiert, den wir für groß halten.

Der Kontrast zwischen dieser gewaltigen Macht und der unbedeutenden Zahl von Sträflingen bildet das Wesen dieses Interesses. Wir verfolgen die Entwicklung Roms und machen uns dabei ein Bild von seiner Größe auf dem Höhepunkt seiner Geschichte. Uns interessiert die Gründung des moskowitischen Kaiserreichs, weil wir wissen, was das russische Reich ist. Nach meinen Beobachtungen und meiner Erfahrung entsteht der erste Keim eines historischen Interesses auf Grund der Kenntnis der modernen Geschichte, weil man an ihr teilnimmt, d.h. infolge des politischen Interesses, der politischen Meinungen und Streitigkeiten, weil man die Zeitungen liest usw. Daher wird jedem Lehrer, der nachzudenken pflegt, der Gedanke, den Geschichtsunterricht mit der neuesten Geschichte zu beginnen, von selbst kommen.

Ich habe noch in diesem Sommer Versuche in dieser Richtung gemacht, ich habe sie aufgezeichnet und führe hier einen von ihnen an.

Die erste Geschichtsstunde

Ich hatte die Absicht, in der ersten Stunde zu erklären, wodurch sich Rußland von anderen Ländern unterscheidet, seine Grenzen zu beschreiben, eine Charakteristik seiner Staatseinrichtungen zu geben, zu sagen, wer jetzt regiert, wie und wann der Kaiser den Thron bestiegen hat usw.

Der Lehrer: »Wo wohnen wir, in welchem Land?«

Ein Schüler: »In Jasnaja Poljana«.

Ein anderer Schüler: »Auf dem Feld.«

Der Lehrer: »Nein, in welchem Land liegt Jasnaja Poljana und das ganze Gouvernement Tula?«

Der Schüler: »Das Gouvernement Tula ist 17 Werst von uns entfernt; wo es liegt? Ein Gouvernement ist ein Gouvernement.«

Der Lehrer: »Nein. Das ist die Hauptstadt des Gouvernements, ein Gouvernement ist was anderes. Nun also in welchem Erdteil liegt es?«

Ein Schüler (der früher Geographie gelernt hat): »Die Erde ist rund, wie eine Kugel.«

(Mit Hilfe von Fragen wie folgende: In welchem Land früher ein Deutscher wohnte, den sie kannten, oder wohin man komme, wenn man immer in derselben Richtung weiterfahre, wurden die Schüler auf die Antwort geführt, daß sie in Rußland leben. Indessen antworteten einige auf die Frage, wohin man komme, wenn man immer in einer Richtung vorwärts fahre, man werde nirgendwohin kommen. Andere sagten, ans Ende der Welt.)

Der Lehrer (wiederholt die Antwort des Schülers): »Du hast gesagt, daß man in andere Länder kommt; wo hört denn Rußland auf und wo beginnen die anderen Länder?«

Der Schüler: »Wo die Deutschen anfangen.«

Der Lehrer: »Wie! Wenn du in Tula Gustav Inwanowitsch und Karl Fedorowitsch trifft, wirst du dann sagen, du hast Deutsche getroffen und folglich hat ein neues Land angefangen?«

Der Schüler: »Nein, da, wo lauter Deutsche sind.«

Der Lehrer: »Nein, auch in Rußland gibt es solche Länder, wo lauter Deutsche leben. Iwan Fomitsch stammt von dort, diese Länder gehören aber dennoch zu Rußland. Woher kommt das wohl?«

(Schweigen)

Der Lehrer: »Daher, daß sie demselben Gesetz gehorchen wie die Russen.«

Der Schüler: »Wie? Sie gehorchen demselben

Gesetz? Die Deutschen gehen doch nicht in unsere Kirche und fasten nicht.«

Der Lehrer: »Nicht um dieses Gesetz handelt es sich, sie gehorchen demselben Kaiser.«

Der Schüler (der Skeptiker Sjomka): »Seltsam! Warum bekennen sie sich zu einem anderen Gesetz und gehorchen dennoch unserem Kaiser?«

Der Lehrer fühlt sich genötigt, zu erklären, was ein Gesetz ist und fragt, was das heißt: einem Gesetz gehorchen, unter einem Gesetz stehen?

Eine Schülerin (ein selbständiges Mädchen vom Hofgesinde, eilig und furchtsam): »Ein Gesetz annehmen, das heißt — heiraten.«

Die Schüler sehen den Lehrer fragend an, ob das richtig ist.

Der Lehrer beginnt zu erklären, das Gesetz bestehe darin, daß der, welcher stiehlt oder mordet, ins Gefängnis geworfen und bestraft wird.

Der Skeptiker Sjomka: «Ist denn das bei den Deutschen nicht so?«

Der Lehrer: »Das Gesetz besteht ferner darin, daß wir Adlige, Bauern, Kaufleute, Geistliche haben.« (Das Wort »Geistliche« erregt Staunen.)

Der Skeptiker Sjomka: »Und dort gibt es keine?«

Der Lehrer: »In einzelnen Ländern ja, in anderen — nein. Wir haben einen russischen Kaiser, in Deutschland herrscht ein deutscher Kaiser.«

Diese Antwort befriedigt alle Schüler, selbst den Skeptiker Sjomka.

Der Lehrer hält es für nötig, zur Erklärung der Stände überzugehen und fragt, was für Stände sie kennen? Die Schüler beginnen, sie aufzuzählen: »Adlige, Bauern, Priester, Soldaten.« »Und weiter?« fragt der Lehrer. — »Das Gesinde, die Kleinbürger, die Knechte, die den Samowar besorgen.« Der Lehrer fragt nach dem Unterschied dieser Stände.

Die Schüler: »Die Bauern pflügen, das Gesinde dient den Herren, die Kaufleute handeln, die Soldaten dienen, die Knechte besorgen den Samowar, die Priester halten die Messe ab, die Adligen tun nichts.«

Der Lehrer erklärt die wirklichen Unterschiede der Stände, sucht aber vergeblich die Notwendigkeit der Soldaten — wenn man doch mit niemandem Krieg führt und das Heer nur zum Zweck des Schutzes der Staaten gegen Überfälle dient — sowie die Tätigkeit der Adligen im Staatsdienst zu erklären. Der Lehrer bemüht sich, den Unterschied Rußlands zu anderen Staaten auch nach der geographischen Lage zu erklären, er sagt, die ganze Erde sei in verschiedene Staaten geteilt. Die Russen, die Franzosen, die Deutschen haben das ganze Land verteilt und zueinander gesagt: Bis hierher geht mein Besitz und bis hierher meiner, so daß Rußland, wie auch alle anderen Länder, seine Grenzen hat.

Der Lehrer: »Versteht ihr, was Grenzen sind? Sagt mir ein Beispiel einer Grenze.«

Ein Schüler (ein kluger Junge): »Hinter der Turkin-Höhe ist eine Grenze.« (Diese Grenze ist ein steinerner Pfosten, der auf dem Weg von Tula nach Jasnaja Poljana steht und den Tulaschen Kreis bezeichnet.)

Alle Schüler sind mit dieser Definition zufrieden.

Der Lehrer sieht sich genötigt, ihnen die Grenzen an einem ihnen bekannten Ort aufzuzeigen. Er zeichnet den Plan zweier Zimmer und zeigt auf die Grenze, die sie trennt; er bringt ihnen den Plan des Dorfes, und die Schüler entdecken selbst einzelne Grenzen. Der Lehrer erklärt (d.h. es scheint ihm, daß er eine Erklärung gibt), wie das Stück Land, das Jasnaja Poljana heißt, seine Grenzen hat, so habe auch Rußland seine Grenzen. Er schmeichelt sich mit der Hoffnung, daß alle ihn verstanden haben; aber wenn er fragt, wie man erfahren könne, wie weit es von uns bis zur russischen Grenze sei, so antworten die Schüler, ohne lange nachzudenken, das sei sehr leicht, man müsse es nur mit dem Metermaß abmessen.

Der Lehrer: »In welcher Richtung?«

Ein Schüler: »Direkt von hier nach der Grenze zu, und dann muß man aufschreiben, wieviel herauskommt.«

Wir gehen wieder zu Plänen, Zeichnungen und Karten über. Das Bedürfnis nach dem noch mangelnden Begriff eines Maßstabes taucht auf. Der Lehrer schlägt vor, einen Plan des Dorfes, das sich die Straße entlangzieht, aufzuzeichnen. Wir fangen an, auf der schwarzen Tafel zu zeichnen, aber wir können das ganze Dorf nicht aufzeichnen, weil der Maßstab zu groß gewählt ist. Wir wischen die Zeichnung ab und beginnen von neuem zu zeichnen, diesmal bei kleinerem Maßstab auf einer Schiefertafel. Allmählich werden die Begriffe von Maßstab, Plan, Grenze klarer. Der Lehrer wiederholt alles Gesagte und fragt, was Rußland ist und wo seine Grenze ist.

Ein Schüler: »Das Land, in dem wir leben, und in dem Deutsche und Tataren leben.«

Ein anderer Schüler: »Das Land, das unter dem russischen Kaiser steht.«

Der Lehrer: »Wo endigt dies Land?«

Ein Mädchen: »Wo die Heiden, die Deutschen anfangen.«

Der Lehrer: »Die Deutschen sind nicht Heiden. Die Deutschen glauben auch an Christus.« (Erklärung der Religionen und Konfessionen.)

Ein Schüler (eifrig, freut sich offenbar, daß er sich erinnert hat): »In Rußland gibt es Gesetze; der, welcher mordet, wird ins Gefängnis geworfen, und dann gibt es noch allerhand Leute: Geistliche, Soldaten, Adlige.«

Sjomka: »Wer ernährt die Soldaten?«

Der Lehrer: »Der Kaiser. Zu diesem Zweck wird Geld von allen erhoben, weil sie für uns alle dienen.«

Der Lehrer erklärt noch, was der Fiskus ist und läßt sie mit Mühe und Not wiederholen, was von den Grenzen gesagt wurde.

Die Lektion zieht sich etwa zwei Stunden hin; der Lehrer ist überzeugt, daß die Schüler vieles behalten haben, was gesagt wurde, und in derselben Weise verlaufen die folgenden Stunden; erst später überzeugt er sich, daß dieses Verfahren unrichtig, dieses und alles, was er tat, ganz unsinnig war.

Ich verfiel, wie alle, in den Fehler der sokratischen Methode, die in dem deutschen Anschauungsunterricht die höchste Stufe der Absurdität erreicht hat. Ich gab den Schülern in diesen Stunden keine neuen Begriffe und glaubt doch, daß ich es tat; ich erreichte durch meinen moralischen Einfluß bloß, daß die Schüler so antworteten, wie ich es haben wollte. Rasseja*, Russe, blieben nach wie vor die unbewußten Merkmale des Eigenen, des Unsrigen; von etwas Verschwommenem, Unbestimmtem.

Gesetz blieb dasselbe unverstandene Wort. Vor etwa sechs Monaten machte ich diese Versuche und war in der ersten Zeit sehr zufrieden und stolz auf sie. Die, denen ich meine Aufzeichnungen vorlas, sagten, das sei sehr gut und interessant; aber nach drei Wochen, während derer ich nicht selbst in der Schule tätig sein konnte, versuchte ich, das Angefangene fortzusetzen und überzeugte mich, daß alles Vorhergegangene Torheit und Selbstbetrug war. Nicht ein einziger Schüler vermochte mir zu sagen, was eine Grenze, was Rußland, was ein Gesetz ist und welches die Grenzen des Kreises Krapiwensk sind; alles, was sie gelernt hatten, hatten sie vergessen oder wußten sie doch in ihrer Weise. Ich überzeugte mich von meinem Fehler; nur eins blieb für mich unentschieden, ob mein Fehler in der schlechten Unterrichtsmethode oder in dem Gedanken selbst bestand; vielleicht gibt es bis zu einer bestimmten allgemeinen

*So sprechen die Bauern Rossia (Rußland) aus.
Anm. des Übers.

Entwicklungsperiode und ohne Hilfe von Zeitungen und Reisen überhaupt keine Möglichkeit, in einem Kind das historische und geographische Interesse zu erwecken; vielleicht wird jedoch das Mittel, dieses zu erreichen, noch gefunden werden (ich mache immer noch Versuche und suche nach diesem Mittel). Ich weiß nur eins: daß es keinesfalls in der sogenannten Geschichte und Geographie, d.h. in einem Unterricht bestehen wird, der dieses Interesse tötet und nicht weckt.

Ich unternahm noch einige Versuche mit dem Geschichtsunterricht, indem ich mit der Gegenwart begann. Ich erzählte die Geschichte des Krimkrieges, erzählte von der Regierung des Kaisers Nikolaus I. und die Geschichte des Jahres 1812. Dies alles beinahe im Ton eines Märchens, meist mit Abweichungen von der historischen Wahrheit, indem ich alle Ereignisse um eine Persönlichkeit gruppierte. Den größten Erfolg hatte, wie nicht anders zu erwarten war, die Erzählung des Krieges mit Napoleon I.

Diese Stunde blieb eine dauernde Erinnerung in unserem Leben. Ich werde sie nie vergessen. Ich hatte den Kindern schon lange vorher versprochen, daß ich ihnen vom Ende an und der andere Lehrer von Anfang an erzählen würde, und daß wir so einmal zusammentreffen würden. Die Schüler meiner Abendstunde waren fortgelaufen, ich kam in die Stunde der russischen Geschichte, es wurde gerade von Swjatoslaw erzählt. Sie langweilten sich. Auf einer hohen Bank saßen wie immer drei Bauernmädchen in Kopftüchern nebeneinander. Eins von ihnen war eingeschlafen. Mischka stieß mich an: »Sieh mal, unsere Eulen sind eingeschlafen.« Sie sahen wirklich aus wie Eulen. — »Erzähle lieber vom Ende«, sagte jemand, und alle erhoben sich.

Ich setzte mich und begann zu erzählen. Wie immer herrschte in den ersten zwei Minuten Lärm, Geschrei und Unruhe. Einer kroch unter den Tisch, ein anderer auf den Tisch, andere unter die Bänke, wieder andere setzten sich einem Kameraden aufs Knie oder auf den Rücken, dann wurde alles ruhig. Ich begann mit Alexander I., erzählte von der französischen Revolution, von den Erfolgen Napoleons, wie er sich der Staatsgewalt bemächtigte, und vom Krieg, der mit dem Abschluß des Tilsiter Friedens endigte. Als nun Rußland an die Reihe kam, wurden von allen Seiten Äußerungen lebendiger Teilnahme vernehmbar. »Wird er uns auch erobern?« »Alexander wird es ihm schon geben«, sagte einer, der die Geschichte Alexanders schon kannte, aber ich mußte sie enttäuschen — die Zeit war noch nicht gekommen, und es kränkte sie sehr, daß man ihm die Schwester des Kaisers zur Frau geben wollte, und daß Alexander auf der Brücke mit ihm wie mit einem Gleichen sprach. »Warte nur!« sagte Petjka mit einer drohenden Handbewegung. »Erzähle, erzähle!« Als Alexander sich nicht unterwarf, sondern ihm den Krieg erklärte, drückten alle ihren Beifall aus. Und als dann Napoleon mit zwölf Völkern gegen uns ins Feld zog, die Deutschen und Polen gegen uns hetzte, da blieben alle still vor Aufregung.

Ein Freund von mir, ein Deutscher[13], stand im Zimmer. »Also auch Sie gingen gegen uns«, sagte Petjka (der beste Erzähler) zu ihm. — »Schweig doch!« schrien die anderen. Der Rückzug unserer Truppen betrübte die Zuhörer, und man verlangte von allen Seiten Erklärungen für den Grund. Sie tadelten Kutusoff und Barklay. »Er taugt nichts, dein Kutusoff.« — »Warte doch«, sagte ein anderer. »Nun, hat er sich ergeben?« fragte ein dritter. Als die Schlacht von Borodino kam und ich am Ende sagen mußte, daß wir doch nicht gesiegt hatten, da taten sie mir leid — ich merkte, daß es ein starker Schlag für sie alle war. »Wenn wir auch nicht gesiegt haben, so doch sie auch nicht!« Als Napoleon nach Moskau kam und auf die Schlüssel und Huldigungen wartete, da bäumten sie sich alle auf im Bewußtsein ihrer Unbeugsamkeit. Der Brand von Moskau fand natürlich Beifall. Endlich kam der Triumph, der Rückzug. »Als er Moskau verlassen hatte, da trieb ihn Kutusoff fort und schlug ihn«, sagte ich. »Er trat ihn nieder!« verbesserte mich Fritz, der mir ganz rot gegenüber saß und seine dünnen schwarzen Finger vor Aufregung in den Händen zerdrückte. Das war eine Gewohnheit von ihm. Als er das sagte, jubelte das ganze Zimmer auf vor stolzer Freude. Einen Kleinen hätten sie beinahe zerdrückt, und niemand bemerkte es; »So ist's gut, nun, was ist's mit den Schlüsseln?« usw.

Dann fuhr ich fort zu erzählen, wie wir die Franzosen vor uns hertrieben. Es schmerzte sie zu hören, daß jemand an der Beresina[14] sich verspätete und daß wir sie entkommen ließen. Petjka schrie sogar auf: »Ich hätte ihn erschießen lassen, warum verspätete er sich?« Zuletzt taten uns selbst die bösen Franzosen ein wenig leid. Als wir dann die Grenze überschritten und die Deutschen, die erst gegen uns waren, nun zu uns stießen, erinnerte sich jemand des Deutschen, der im Zimmer war. »Wie ist das mit euch? Bald seid ihr gegen uns, wenn ihr aber nicht stark genung seid, geht ihr mit uns?« Und plötzlich erhoben sich alle und schrien auf den Deutschen ein, daß der Lärm bis auf die Straße drang.

Als sie sich beruhigt hatten, fuhr ich fort zu erzählen, wie wir Napoleon bis Paris begleiteten, den rechtmäßigen König einsetzten, Triumphe und Feste feierten, und nur die Erinnerung an den Krimkrieg verdarb alles. »Warte nur«, rief Petjka mit geballten Fäusten, »wenn ich groß werde, will ich es ihnen schon zeigen.« Wenn uns jetzt die Redoute von Schewardin oder der Malachowsche Hügel gegenübergestanden hätte, wir hätten den Feind zurückgeschlagen.

Es war schon spät, als ich meine Erzählung beendigte. Gewöhnlich schlafen die Kinder um diese Zeit. Niemand schlief, selbst den »Eulen« brannten die Augen. Als ich mich von meinem Lehnstuhl erhob, kam Taraska hervorgekrochen und sah mich mit lebhaften und zugleich ernsten Augen an. »Wie bist du hierher gekommen?« »Er war die ganze Zeit dort«, sagte jemand. Man brauchte ihn nicht zu fragen, ob er verstanden habe, man sah es ihm an den Augen an. »Was wirst du erzählen?« fragte ich. »Ich?« — er dachte nach — »ich werde alles erzählen. Ich werde es zu Hause erzählen.« »Ich auch.« — »Auch ich.« »Kommt nichts mehr?« »Nein.« Und alle liefen die Treppe hinab, indem sie den Franzosen Rache schworen, dem Deutschen Vorwürfe machten oder wiederholten, wie Kutusoff ihn zertreten habe.

»Sie haben ganz russisch erzählt«, sagte mir am Abend der Deutsche, auf den sie eingeschrien hatten. »Sie sollten einmal hören, wie man diese Geschichte bei uns erzählt. Sie haben nichts gesagt von den deutschen Freiheitskämpfen.«

Ich war völlig mit ihm einverstanden, daß meine Erzählung nicht Geschichte, sondern ein Märchen war, das sich an das nationale Gefühl des Volkes richtete.

Als Geschichtsunterricht war also auch dieser Versuch ebenso mißlungen wie die ersten Versuche.

Beim Geographieunterricht verfuhr ich ebenso. Zuerst begann ich mit der physischen Geographie. — Ich erinnere mich noch an die erste Stunde. Gleich am Anfang kam ich in Verlegenheit. Es geschah etwas, was ich gar nicht erwartet hatte; ich wußte nämlich selbst nicht, was ich wollte, daß die zehnjährigen Bauernkinder eigentlich wissen sollten. Ich konnte ihnen Tag und Nacht erklären, aber bei der Erklärung von Sommer und Winter geriet ich in Verwirrung. Ich schämte mich meiner Unwissenheit, wiederholte die Sache und fragte dann viele unter meinen gebildeten Bekannten, aber niemand konnte es mir ohne Hilfe des Globus ordentlich erklären, mit Ausnahme solcher, die die Schule erst vor kurzem verlassen hatten, und natürlich der Lehrer. Ich bitte alle Leser, diese Bemerkung nachzuprüfen. Ich behaupte, daß nur einer von hundert Menschen das weiß, obwohl es alle Kinder lernen. Nachdem ich die Sache gründlich durchstudiert hatte, machte ich mich wieder ans Werk und erklärte ihnen den Sachverhalt mit Hilfe einer Kerze und eines Globus, wie mir schien, vorzüglich. Man hörte mir mit großem Interesse und gespannter Aufmerksamkeit zu. (Besonders interessant war es für sie, etwas zu erfahren, woran ihre Eltern nicht glauben, weil sie später damit prahlen konnten.)

Gegen Ende meiner Erklärung von Sommer und Winter unterbrach mich Sjomka, der Skeptiker, der von allen Schülern das beste Auffassungsvermögen hat, mit der Frage: »Wie kann sich denn die Erde bewegen, wenn doch unsere Hütte immer am selben Ort steht? Sie müßte ihren Platz doch auch ändern.« Ich merkte, daß ich dem Klügsten mit meiner Erklärung um tausend Kilometer vorausgeeilt war; was hatten also die weniger aufgeweckten Schüler verstehen können?

Ich ging wieder zurück — erklärte, zeichnete, brachte alle Beweise dafür vor, daß die Erde rund sei: die Rundreisen um die Erde, das Sichtbarwerden eines Mastes vor dem Deck eines Schiffes u.a., und da ich mich mit dem Gedanken tröstete, daß sie es jetzt verstanden hatten, ließ ich sie das Gelernte niederschreiben. Alle schrieben es auf: »Die Erde als Kugel: erster Beweis . . . zweiter

Beweis.« Den dritten Beweis hatten sie vergessen, und sie fragten mich. Man sah, daß es ihnen hauptsächlich darauf ankam, die Beweise zu behalten. Nicht bloß einmal und zehnmal, ich kehrte hundertmal zu diesen Erklärungen zurück, und immer ohne Erfolg. Beim Examen hätten alle Schüler befriedigend geantwortet, und sie antworten auch immer befriedigend; aber ich fühle, daß sie die Sache nicht verstehen, und wenn ich daran dachte, daß ich sie selbst bis zu meinem dreißigsten Jahr nicht verstand, verzieh ich ihnen ihr mangelndes Verständnis.

Wie ich selbst in der Kindheit, so glaubten sie mir jetzt aufs Wort, daß die Erde rund sei usw., und verstanden doch nichts. Es war mir noch leichter, das zu verstecken, was mir meine Amme, als ich noch Kind war, klar zu machen suchte: Am Ende der Welt, dort wo Himmel und Erde zusammenstoßen, am Erdrand sitzen Weiber, die Wäsche im Meer waschen und das Rollholz auf den Himmel legen. Unsere Schüler haben sich längst Begriffe gebildet und behalten sie auch dauerhaft, die denen völlig entgegengesetzt sind, die ich ihnen beibringen möchte. Es ist noch viel Zeit nötig, um die Erklärungen, die sie für die Dinge haben, und ihre Ansichten von der Welt zu zerstören, die noch nie widerlegt wurden, bevor sich das Verständnis für die neue Ansicht einstellt. Die Gesetze der Physik und der Mechanik werden diese alten Ansichten zuerst von Grund auf zerstören. Sie aber haben, so wie wir alle, noch vor der Physik mit der physischen Geographie begonnen. Im

Unterricht der Geographie wie in dem aller anderen Disziplinen macht man gewöhnlich einen groben und verhängnisvollen Fehler: Man überstürzt sich. Wir freuen uns so sehr, weil wir wissen, die Erde sei rund und drehe sich um die Sonne, daß wir uns beeilen, den Schülern unsere Wissenschaft so schnell wie möglich mitzuteilen.

Und doch kommt es nicht darauf an, zu wissen, daß die Erde rund ist, sondern wir müssen den Weg kennen, auf dem wir zu dieser Erkenntnis gelangt sind. Man erzählt den Kindern oft, daß die Sonne so und soviel Millionen Werst von der Erde entfernt sei, und doch wundert und interessiert das ein Kind nicht im geringsten. Es will nur wissen, woher man das weiß. Wer also über diesen Gegenstand durchaus reden will, mag lieber gleich von den Parallaxen erzählen. Denn auch das ist durchaus möglich. Hierauf erzählte ich ihnen längere Zeit von der Kugelgestalt der Erde, und daß das, was ich darüber gesagt hatte, sich auf die ganze Geographie beziehe. Von tausend gebildeten Leuten weiß vielleicht einer, mit Ausnahme der Schüler und Lehrer, wie Sommer und Winter entstehen, oder wo Guadeloupe liegt. Von tausend Kindern begreift nicht ein einziges die Beweise für die Kugelgestalt der Erde und keins glaubt an die Existenz von Guadeloupe, und doch fährt man fort, die Kinder vom einen wie vom anderen überzeugen zu wollen.

Nach der physischen Geographie begann ich mit der Charakteristik der Erdteile. Aber auch hiervon behielten sie nichts, und wenn man sie nach diesen Dingen fragte, dann schrien sie nur durcheinander: Asien, Afrika, Australien! Fragte man sie aber plötzlich: In welchem Erdteil liegt Frankreich (nachdem man ihnen eine Minute vorher gesagt hatte, daß England und Frankreich in Europa liegen), so bekam man unbedingt zur Antwort, Frankreich liegt in Afrika. Man liest in jedem erloschenen Blick, in jedem Ton der Stimme die Frage: Wozu?, wenn man mit dem Unterricht in der Geographie beginnt. Aber diese traurige Frage findet keine Antwort. Wie in der Geschichte, so kam mir auch bei der Geographie der so natürliche Gedanke, vom Ende aus anzufangen; es ist ja auch Sitte geworden, mit dem Schulzimmer und dem eigenen Dorf zu beginnen. Ich hatte diese Versuche in Deutschland gesehen und begann nun auch, durch den Mißerfolg des gewöhnlichen Geographie-Unterrichts mutlos gemacht, mit der Beschreibung des Zimmers, des Hauses, des Dorfes. Wie das Zeichnen von Plänen, so sind auch solche Übungen nicht ohne Nutzen. Es ist aber völlig uninteressant zu wissen, was für ein Land hinter unserem Dorf liegt, weil eben alle wissen, daß dort der Ort Tjeljatenki liegt. Was aber hinter dieser Ortschaft liegt, ist ebensowenig interessant, weil dahinter wahrscheinlich ein ebensolches Dorf wie Tjeljatenki liegt und dieses Tjeljatenki mit seinen Feldern ganz uninteressant ist.

Ich versuchte noch, ihnen geographische Karten von Moskau, Kiew usw. vorzuführen, aber all dieses wollte in ihrem Kopf keinen Zusammenhang eingehen, und sie verfielen unwillkürlich darauf, auswendig zu lernen. Ich versuchte, mit ihnen Karten zu zeichnen. Das beschäftigte sie auch einige Zeit lang und bildete eine Stütze für ihr Gedächtnis. Aber wiederum erhob sich die Frage: Wozu braucht man solche Gedächtnisstützen? Ich versuchte noch, ihnen von den Polar- und Äquinoktialländern zu erzählen. Sie hörten mir mit Vergnügen zu und konnten das Mitgeteilte auch nacherzählen. Aber sie behielten von allem nur das, was daran nicht geographisch war.

Auch an dem Zeichnen von Plänen des Dorfes interessierte sie nur der Prozeß des Zeichnens selbst, nicht aber die Geographie. Auch das Kartenzeichnen beschäftigte sie nur als Zeichnen und nicht als Geographie. Die Erzählungen von Tieren, Wäldern, Eisbergen und Städten interessierten als Märchen und nicht als Geographie. Die Geographie war und blieb ein Auswendig-Memorieren. Von allen neuen Lehrbüchern — denen von Grube, Biernatzky[15] usw. — war kein einziges interessant. Ein lange vergessenes Büchlein, das einige Ähnlichkeit mit einem Geographie-Handbuch hatte, wurde mit mehr Liebe gelesen als die andern, und meiner Meinung nach ist es das beste Muster für die Methode, wie man Kinder für das Studium der Geographie vorzubereiten und in ihnen das geographische Interesse zu wecken hat. Dieses Buch stammt von Parley[16], und die russische Übersetzung datiert aus dem Jahre 1837. Dieses Buch wird gern gelesen, kann aber wohl eher dem Lehrer als Leitfaden dienen, um danach zu erzählen, was er von jedem Land und von jeder Stadt weiß. Die Kinder erzählen das Gelesene nach, aber sie behalten nur selten einen Namen oder eine Stelle auf der Karte, die sich auf die beschriebenen Ereignisse bezieht. Im Gedächtnis bleiben allein diese Ereignisse haften. Diese Stunde gehört übrigens zu der Kategorie von Gesprächen, von denen wir an geeigneter Stelle reden werden. Indessen haben die Schüler in der letzten Zeit trotz der Kunst, mit der in diesem Buch das Einpauken unnützer Namen maskiert ist und trotz der großen Vorsicht, mit der wir es gebrauchten, gemerkt, daß man sie nur mit Geschichten unterhält. Und so kommt es, daß sie einen wahren Widerwillen gegen diese Stunde haben.

Ich kam schließlich zu der Überzeugung, daß durchaus keine Notwendigkeit besteht, die langweilige russische Geschichte zu kennen, und daß selbst die Kenntnis von Namen wie Cyrus, Alexander von Mazedonien, Cäsar und Luther gar keine Bedeutung für die Entwicklung eines Kindes haben. Alle diese Personen und Ereignisse interessieren den Lernenden nicht nach ihrer geschichtlichen Bedeutung, sondern nach dem Maße der künstlerischen Art ihrer Tätigkeit, nach dem Maße ihrer künstlerischen Darstellung durch den Geschichtsschreiber, oder eigentlich nicht durch den Geschichtsschreiber, sondern durch die volkstümliche Überlieferung.

Die Geschichte des Romulus und Remus interessiert nicht deshalb, weil dieses Brüderpaar das mächtigste Reich der Welt gegründet hat,

sondern nur darum, weil die Geschichte, wie sie
von der Wölfin gesäugt wurden usw. usw., unter-
haltend, eigenartig und schön ist. Die Geschichte
der Gracchen beschäftigt uns, weil sie ebenso
künstlerisch ist wie die Geschichte Gregors VII.
und des gedemütigten Kaisers; nur daher vermö-
gen wir uns für sie zu interessieren. Aber die
Geschichte der Völkerwanderung ist langweilig
und zwecklos, weil ihr Inhalt ebenso wenig künst-
lerisch ist wie die Geschichte der Buchdrucker-
kunst, so sehr wir uns auch bemühen, den Schüler
davon zu überzeugen, daß sie eine Epoche in der
Geschichte bildet und daß Gutenberg ein großer
Mensch ist. Man braucht nur recht unterhaltend
zu erzählen, wie die Streichhölzer erfunden wur-
den, und die Schüler werden nie zugeben, daß der
Erfinder der Streichhölzer ein weniger bedeuten-
der Mensch sei als Gutenberg.

Kurz gesagt: Für ein Kind wie für einen Schü-
ler und überhaupt für einen Menschen, der zu
leben beginnt, existiert ein historisches, geschwei-
ge denn ein allgemein menschliches Interesse kei-
neswegs. Er kennt nur ein künstlerisches Interes-
sc. Man sagt, daß mit der Durcharbeitung der
Materialien einmal eine künstlerische Darstellung
aller geschichtlichen Perioden möglich sein wird.
— Ich kann das nicht einsehen. Einen Thiers oder
Macaulay kann man Schülern ebensowenig in die
Hand geben wie einen Tacitus oder Xenophon.
Um die Geschichte populär zu machen, bedarf es
nicht einer äußeren künstlerischen Form, sondern
die geschichtlichen Vorgänge müssen selbst le-

bendig gemacht werden, wie das mitunter durch die Sage, mitunter durch das Leben selbst, mitunter durch die großen Denker und Künstler geschieht.

Den Kindern gefällt die Geschichte nur dann, wenn ihr Inhalt künstlerisch gestaltet ist. Ein historisches Interesse gibt es für sie nicht und kann es nicht für sie geben, und daher gibt es und kann es keine Geschichte für Kinder geben. Die Geschichte dient nur zuweilen als künstlerisches Material der Entwicklung. Solange aber das historische Interesse noch nicht gereift ist, kann es keinen Geschichtsunterricht geben. Berté und Kaidanow[17] bleiben trotz allem die einzig brauchbaren Lehrbücher. Die alte Anekdote, die Geschichte der Meder, ist dunkel und sagenhaft. Man kann nichts mehr aus dieser Geschichte für die Kinder machen, die noch kein historisches Interesse besitzen. Die entgegengesetzten Versuche, die Geschichte und Geographie künstlerisch und interessant zu machen, die biographischen Darstellungen von Grube und Biernatzky befriedigen weder die künstlerischen noch die historischen Anforderungen, verstoßen gegen die Forderung der Folgerichtigkeit, befriedigen das historische Interesse nicht und wachsen durch Schilderung von Einzelheiten bis zu unmöglichen Dimensionen an.

Ebenso verhält es sich mit der Geographie. Als man Mitrophanuschka veranlassen wollte, Geographie zu lernen, da sagte seine Mutter: Wozu soll er alle Länder lernen? Der Kutscher wird ihn schon dahin fahren, wohin er will. Etwas Entscheidenderes ist noch nie gegen die Geographie gesagt worden, und alle gelehrten Welten sind nicht imstande, etwas gegen diese unumstößliche Argumentation zu sagen. Ich meine das ganz ernsthaft. Wozu brauche ich die Lage des Flusses und der Stadt Barcelona zu kennen, wenn ich während 33 Jahren meines Lebens dieses Wissen auch nicht ein einziges Mal gebraucht habe?

Die Entwicklung meiner geistigen Kräfte aber könnte die schönste malerische Beschreibung Barcelonas und seiner Bewohner, wie ich glaube, kaum fördern: Wozu brauchen Sjomka und Fedka etwas vom Marienkanal und von den anderen Wasserwegen zu wissen, wenn sie, wie man annehmen muß, nie dorthin kommen werden; wenn aber Sjomka einmal dorthin kommt, so ist es ganz nebensächlich, ob er was darüber gelernt hat oder nicht; er wird diesen Wasserweg durch die Praxis schon kennenlernen, und zwar sehr gut kennenlernen.

Was aber kann die Kenntnis der Tatsache zur Entwicklung seiner geistigen Kräfte beitragen, daß der Flachs die Wolga hinabgeht, während der Teer die Wolga hinaufgeht, daß es eine Station Dubowka gibt, daß eine gewisse unterirdische Schicht bis dort und dorthin reicht, daß die Samojeden mit Rentieren fahren usw.? Ich kann es mir wenigstens nicht vorstellen. Ich habe eine ganze Welt von mathematischen, naturwissenschaftlichen, sprachlichen und poetischen Kenntnissen, die ich aus Mangel an Zeit nicht alle mitteilen kann, ich weiß eine ganze Menge Fragen aus der mich umgebenden Erscheinungswelt, auf die der Schüler eine Antwort fordert und die ich mir erst selbst beantworten muß, ehe ich ihm Bilder der nordischen Eisfelder, der tropischen Länder, der Berge Australiens und der Flüsse Amerikas aufzeichne.

In der Geschichte und Geographie lehrt die Erfahrung dasselbe und bestätigt überall unseren Gedanken. Überall geht der Geographie- und Geschichtsunterricht schlecht; zum Examen lernt man Berge, Städte, Flüsse, Kaiser und Könige auswendig; die einzigen erträglichen Lehrbücher bleiben noch Arsenjew[18] und Obodowsky, Kaidanow, Smaragdow[19] und Berté, und überall klagt man über den Unterricht in diesen Fächern, man sucht nach Neuem und findet es nicht. Es ist merkwürdig, daß der Widerspruch zwischen den Forderungen des Geographieunterrichts und dem Geist der Schüler in der ganzen Welt anerkannt ist, und daher erfindet man tausend geistreiche Mittel (wie die Sydowsche Methode), um den Kindern das Behalten der Namen zu erleichtern; aber der einfachste Gedanke, daß man diese Geographie und all diese Worte gar nicht zu wissen braucht, will niemandem in den Kopf.

Alle Versuche, die Geographie mit der Geologie, Zoologie, Botanik, Ethnographie und was weiß ich womit sonst, oder die Geschichte mit der Biographie zu verbinden, bleiben leere Träume, die nur schlechte Bücher hervorbringen, wie etwa das von Grube, die weder für Kinder noch für

Jugendliche, noch für Lehrer, noch für das Publikum überhaupt brauchbar sind. In der Tat, wenn die Verfasser solcher angeblich neuer Lehrbücher der Geographie und Geschichte es sich überlegten, was sie eigentlich wollen und selbst den Versuch machten, diese Bücher beim Unterricht anzuwenden, so müßten sie sich von der Unmöglichkeit ihres Unternehmens überzeugen. Erstens würde die Geographie in Verbindung mit den Naturwissenschaften und der Ethnographie eine Wissenschaft von gewaltigem Umfang bilden, zu deren Studium ein ganzes Menschenleben kaum ausreichen würde, und außerdem wäre es eine Wissenschaft, die noch weniger für Kinder paßt und noch trockener wäre als die Geographie allein. Zweitens werden sich selbst nach tausend Jahren kaum ausreichende Materialien für ein solches Lehrbuch finden.

Wenn ich im Krapiwenskschen Kreise Geographie unterrichte, werde ich den Schülern eine ausführliche Beschreibung der Flora, Fauna und der geologischen Struktur der Erdschichten am Nordpol geben, sowie genaue Kenntnisse über die Bewohner und den Handel des Königreichs Bayern mitteilen, weil ich das Material für diese Tatsachen haben werde; ich werde ihnen dagegen nichts vom Belewschen und Efremoffschen Kreis sagen können, weil mir das Material über sie fehlen wird. Die Kinder aber und der gesunde Menschenverstand verlangen eine gewisse Harmonie und Ordnung im Unterricht. Es bleibt also nichts anderes übrig, als nach der Geographie von Obodowsky auswendig lernen zu lassen, oder überhaupt keine Geographie zu unterrichten. Ebenso wie für die Geschichte erst ein geschichtliches Interesse geweckt werden muß, muß für die Geographie erst ein geographisches Interesse geweckt werden. Das geographische Interesse aber erwacht nach meinen Beobachtungen an Hand des naturwissenschaftlichen Studiums oder durch Reisebeschreibungen, hauptsächlich aber, in 99 von 100 Fällen, durch letztere.

Wie das Lesen von Zeitungen, vor allem aber von Biographien, und die Teilnahme am politischen Leben des Vaterlands für die Geschichte, so bilden die Reisebeschreibungen für die Geographie meist den ersten Schritt zum Studium dieser Wissenschaft. Das eine wie das andere ist einem jeden Menschen in unserer Zeit äußerst leicht zugänglich, und daher müssen wir uns um so weniger davor fürchten, uns von dem alten Aberglauben des Geschichts- und Geographieunterrichts loszusagen. Das Leben selbst in unserer Zeit ist in dieser Hinsicht so lehrreich, daß auch dann, wenn die geographischen und historischen Kenntnisse in der Tat für die allgemeine Entwicklung so notwendig wären, wie es uns vorkommt, das Leben diesen Mangel schon von selbst ausfüllen würde.

Und wahrlich, wenn man sich von dem alten Aberglauben frei macht, dann ist es gar nicht so schrecklich, anzunehmen, es könnten Menschen heranwachsen, die in ihrer Kindheit nichts darüber lernen, wer Jaroslaw, wer Otto, was Estremadura ist usw. Man hat doch aufgehört, die Astrologie, die Rhetorik, die Poetik zu lehren, man hört auf, Latein zu lehren, und die Menschheit wird nicht dümmer. Es entstehen neue Wissenschaften, in unseren Tagen beginnt man schon die Naturwissenschaften zu popularisieren; lassen wir doch die alten Wissenschaften, oder richtiger, die Grenzen der Wissenschaften fallen und zugrunde gehen, die mit dem Entstehen neuer Wissenschaften ihr Daseinsrecht verloren haben.

Ein Interesse daran wecken, zu wissen, wie die Menschheit in den verschiedenen Staaten lebt und lebte, sich bildete und entwickelte, ein Interesse an der Erkenntnis der Gesetze, die den Fortschritt des Menschengeschlechts beherrschen, oder ein Interesse an der Erkenntnis der Gesetze der Natur auf dem ganzen Erdball und an der Verteilung der Menschen auf ihrer Oberfläche — das ist etwas ganz anderes. Vielleicht ist die Weckung eines solchen Interesses sehr nützlich, aber zur Verwirklichung dieses Zieles führen weder Segure noch Thiers, noch Obodowskys und Grube. Ich kenne zwei Faktoren, die zu diesem Ziel führen: das künstlerische Gefühl für die Poesie und den Patriotismus. Um beide zur Entwicklung zu bringen, fehlt es noch an Lehrbüchern, und solange noch keine vorhanden sind, müssen wir weiter suchen, oder aber wir werden unsere Zeit und Kraft nur verschwenden und die junge Generation verunstalten, indem wir sie Geographie und Geschichte lernen lassen, weil wir selber Geographie und Geschichte lernen mußten. Ich sehe die

Notwendigkeit gar nicht ein, vor der Universität Geographie und Geschichte zu unterrichten, ich finde, daß es nur schadet. Und was weiter kommt, weiß ich nicht.

Die Künste

Mein Bericht über den Unterricht in der Schule von Jasnaja Poljana im November und Dezember führt mich jetzt zu zwei Lehrgegenständen, die einen ganz anderen, von allen anderen Fächern verschiedenen Charakter tragen, es sind dies die Künste: Zeichnen und Singen.

Hätte ich nicht die Überzeugung, daß ich nicht weiß, was man lehren soll und warum man das eine lehrt und das andere nicht, so hätte ich mich selbst fragen müssen: Ist es für Bauernkinder, die genötigt sind, ihr ganzes Leben in der Sorge um das tägliche Brot zu verbringen, von Nutzen, eine Kunst zu lernen? Wozu brauchen sie diese? 99 Prozent werden die Frage verneinend beantworten, und so ist es in der Tat. Und man kann auch nicht anders antworten. Wenn die Frage so gestellt wird, fordert der gesunde Menschenverstand eine solche Antwort: Er soll doch nicht Künstler werden, sondern den Acker pflügen. Wenn er künstlerische Bedürfnisse hat, wird er nicht imstande sein, die harte, ununterbrochene Arbeit zu leisten, die ihm auferlegt ist und die er leisten muß, wenn der Staat überhaupt bestehen soll. Wenn ich sage »er«, so meine ich ein Kind des Volkes. In der Tat, dies ist ein Unsinn, aber ich freue mich über diesen Unsinn, schrecke nicht vor ihm zurück, sondern suche seine Ursachen zu entdecken. Es gibt noch einen anderen, größeren Unsinn. Dieses selbe Kind des Volkes, ein jedes Kind aus dem Volke, hat dieselben Rechte — was sage ich, es hat größere Rechte auf die Freuden und Genüsse der Kunst als ein Kind der glücklicheren Stände, die nicht zu dieser unermüdlichen Arbeit gezwungen sind und alle Bequemlichkeiten des Lebens genießen.

Dem Kind das Recht vorenthalten, sich an der Kunst zu erfreuen, mir, dem Lehrer, das Recht streitig zu machen, es in das Reich dieser edelsten Genüsse einzuführen, nach dem sein ganzes Wesen mit allen Kräften der Seele strebt, das ist ein noch größerer Unsinn. Wie sollen diese beiden widersinnigen Gedanken versöhnt werden? Das ist nicht Lyrik, wie man sie mir gelegentlich meiner Beschreibung des Spaziergangs in Nr.1 vorgeworfen hat, das ist nur Logik. Jegliche Art von Versöhnung ist etwas Unmögliches und nur Selbstbetrug.

Man pflegt zu sagen und wird mir erwidern: Wenn es schon einen Zeichenunterricht in der Volksschule geben soll, so muß das ein Zeichnen nach der Natur, ein technisches Zeichnen sein, das einen praktischen Nutzen fürs Leben hat; das Zeichnen einer Sichel, einer Maschine, eines Gebäudes; Zeichnen als ein Hilfsmittel für das Zeichnen auf dem Reißbrett. Diese verbreitete Ansicht teilte auch der Lehrer der Schule von Jasnaja Poljana, dessen Bericht wir hier vorführen. Aber gerade die Erfahrung, die wir mit einem solchen Zeichenunterricht gemacht haben, hat uns von der Verkehrtheit und Unrichtigkeit dieses technischen Programms überzeugt. Die Mehrzahl aller Schüler war nach einem viermonatigen, vorsichtigen und ausschließlich technischen Zeichnen, bei dem jegliches Nachzeichnen von Menschen, Tieren und Landschaften ausgeschlossen war, sehr bald gegen das Zeichnen technischer Gegenstände abgekühlt und fühlte in so hohem Maße das Bedürfnis nach künstlerischem Zeichnen, daß sie eigene, geheim gehaltene Hefte einführten, in denen sie Menschen und Pferde mit vier Beinen, die alle von einem Punkt ausgingen, zeichneten. Und ebenso verhält es sich mit der Musik.

Das gewöhnliche Programm der Volksschulen sieht nur den Chorgesang, d.h. also den Kirchengesang vor, sowie — und das ist nur ein langweiliges und für die Kinder äußerst qualvolles Auswendiglernen — die Übung, gewisse Laute hervorzubringen. Das heißt: Die Kinder werden als bloße Kehlköpfe betrachtet und auch so behandelt, die die Orgelpfeifen ersetzen sollen, oder das Gefühl für die Schönheit wird nur so weit entwikkelt, daß es seine Befriedigung in der Balalaika, der Harmonika und in einem geschmacklosen Lied findet, was ein Pädagoge ablehnt und wozu er die Schüler nicht anleiten mag. Eins von beiden: Entweder die Kunst ist überhaupt schädlich und unnütz, eine Ansicht, die durchaus nicht so absurd ist, wie sie einem zuerst erscheint; oder aber jeder Mensch ohne Unterschied des Standes und Berufs hat ein Anrecht auf sie und die Berechtigung, sich ihr völlig hinzugeben, aus dem einfachen Grund, weil die Kunst keine Mittelmäßigkeit duldet.

Nicht darin liegt der Unsinn; er liegt in der Fragestellung selbst: Haben die Kinder des Volkes ein Recht auf die Kunst? Diese Frage kommt der Frage gleich: Haben die Kinder des Volkes ein Recht, Fleisch zu essen, d.h. ihre menschlichen Bedürfnisse zu befriedigen? Nicht das ist die Frage, sondern ob das Fleisch, das wir dem Volk vorsetzen oder vorenthalten, gut oder schlecht ist. Ebenso schließe ich daraus, daß ich dem Volk gewisse Kenntnisse mitteile, die in unserem Machtbereich liegen, und die schlechte Wirkung beobachte, die sie ausüben, nicht, daß das Volk schlecht ist, weil es diese Kenntnisse nicht annehmen will, auch nicht, daß es noch nicht reif genug ist, um sie anzunehmen und ebenso zu verwerten, wie wir es tun — ich schließe daraus nur, daß die Kenntnisse selbst nicht gut, nicht natürlich sind, und daß es darum unsere Aufgabe ist, gemeinsam mit dem Volk andere Kenntnisse zu erarbeiten, welche uns allen: der Gesellschaft und dem Volk, organisch und angemessen sind.

Ich schließe daraus, daß diese Künste und Wissenschaften zwar unter uns wohnen und uns schädlich vorkommen, daß sie aber nicht im Volk Fuß fassen können und daß sie ihm nur darum schädlich erscheinen, weil diese Künste und Wissenschaften nicht die sind, die das Volk braucht, sondern weil wir selbst sie nur genießen können, weil wir verdorben sind. Denn Leute, die fünf Stunden lang in der vergifteten Luft einer Fabrik oder eines Wirtshauses sitzen können, ohne Schaden zu nehmen, leiden nicht unter der Luft, die einen neu eintretenden, noch frischen Menschen töten würde.

Man wird mir einwenden: Wer behauptet denn, daß die Künste und Wissenschaften unserer gebildeten Stände unecht sind? Wie kann man daraus, daß das Volk sie nicht annehmen will, schließen, sie seien unecht? All diese Fragen lassen sich sehr einfach beantworten, weil wir Tausende, sie aber eine Million sind.

Ich fahre nun in meinem Vergleich mit einer physiologischen Tatsache fort. Ein Mensch kommt aus der frischen Luft in ein vollgerauchtes, stickiges und niedriges Zimmer. All seine Lebensfunktionen stehen noch auf der Höhe, sein Organismus wird noch ernährt durch ein großes Quantum Sauerstoff, das ihm durch die Atmung in der reinen Luft zugeführt wurde. Doch nun beginnt er bei derselben Wirksamkeit seines Organismus in der vergifteten Luft dieses Zimmers zu atmen. Sein Blut nimmt große Mengen schädlicher Gase auf. Der Organismus wird schwächer (oft stellt sich eine Ohnmacht oder sogar der Tod ein), und doch atmen Hunderte von Leuten nach wie vor in der stickigen Luft, weil all ihre Funktionen abgeschwächt sind, weil sie, mit anderen Worten, abgestumpft sind und weniger intensiv leben.

Man kann mir darauf erwidern: Diese Menschen leben so gut wie jene, und wer will entscheiden, wessen Leben normaler und besser ist? Weil ein Mensch, der aus einer stickigen Atmosphäre in die reine Luft hinaustritt, mitunter von einer Ohnmacht befallen wird, so kann ebensogut der entgegengesetzte Fall eintreten. — Die Antwort ist leicht: Man braucht nicht Physiologe zu sein, jeder Mann mit etwas gesundem Menschenverstand wird darauf entgegnen: Wo leben die Menschen intensiver, in der freien Luft oder in der verpesteten Atmosphäre eines Gefängnisses? — und er wird im Sinne der Mehrheit handeln. Der Physiologe aber beobachtet die Intensität der Lebensfunktionen dieser beiden Menschen und erklärt, daß die Kräfte und die Ernährung bei dem höher und vollständiger sind, der in reiner Luft lebt.

Dasselbe Verhältnis besteht zwischen den Künsten der sogenannten gebildeten Gesellschaft und den künstlerischen Bedürfnissen des Volkes, ich meine die Malerei, die Plastik, die Musik und die Poesie. Ein Bild von Iwanoff wird im Volk höchstens Bewunderung wegen der technischen Meisterschaft, nie aber ein poetisches oder religiöses Gefühl erregen, während dieses poetische Gefühl schon durch einen Öldruck des Johann von Nowgorod oder des »Teufels in der Waschkumme« * erregt wird.

Die Venus von Milo wird nur berechtigten Abscheu vor ihrer Nacktheit und der Schamlosigkeit der Frau erwecken. Ein Quartett von Beethoven aus der letzten Epoche wird ihnen nur als ein unangenehmes Geräusch erscheinen, das nur deshalb interessiert, weil einer auf einer großen, ein

---

* Wir bitten den Leser, auf dieses häßliche Bild zu achten, das sich durch eine außerordentliche Kraft des poetisch-religiösen Gefühls auszeichnet und sich zu der modernen russischen Malerei ebenso verhält wie die Kunst eines Fra Beato Angelico zu der Schule Michelangelos.

anderer auf einer kleinen Geige spielt. Das vollkommenste Erzeugnis unserer Poesie, ein lyrisches Gedicht von Puschkin, wird ihnen wie leeres Gerede vorkommen und sein Inhalt wie eine nichtige Banalität.

Führt ein Kind des Volkes in diese Welt ein! Es liegt in eurer Macht, es zu tun, und ihr tut es auch wirklich mit Hilfe der ganzen Hierarchie der Lehrinstitute, der Akademien und Kunstschulen. Ihr könnt es dahin bringen, daß es das Bild von Iwanoff, die Venus von Milo, das Quartett von Beethoven und das Gedicht von Puschkin genießen, und zwar ehrlich genießen lernt. Aber indem es in diese Welt hineintritt, wird es nicht mehr mit der ganzen Lunge atmen, und die frische Luft wird es schmerzhaft und feindlich berühren, wenn es wieder aus eurer Welt heraustritt.

Wie in der Frage der Atmung der gesunde Menschenverstand und die Physiologie übereinstimmen, so führen auch in der Frage nach den Künsten die gesunde Vernunft und die Pädagogik zu demselben Resultat (freilich nicht die Pädagogik, welche Programme verfaßt und welche allgemeine Gesetze und Methoden der Bildung zu entdecken sucht). Sie werden uns lehren, daß der besser lebt, der nicht in der Kunstsphäre unserer gebildeten Klasse lebt, und daß die Ansprüche, die man an die Kunst stellt, und die Befriedigung, die sie gewährt, im Volk vollkommener und berechtigter sind als bei uns.

Der gesunde Menschenverstand sagt das nur deshalb, weil er eine gewaltige und nicht nur durch ihre Zahl bedeutende und glückliche Mehrheit außerhalb dieses Milieus leben sieht. Der Pädagoge beobachtet die geistigen Funktionen von Menschen unserer Welt. Außerhalb ihrer sieht er nur Menschen, die in ein verpestetes Zimmer kommen, d.h. also bei der Weitergabe unserer Kunst an die junge Generation, und er schließt aus den Ohnmachtsanfällen und dem Abscheu, die noch frische Naturen bei dem Eintritt in diese künstliche Atmosphäre befällt und aus der Schwächung ihrer geistigen Funktionen, daß die Ansprüche des Volkes an die Kunst mehr Berechtigung haben als die Forderungen einer korrupten Minderheit unter den sogenannten gebildeten Klassen.

Ich habe das an den zwei Gebieten der Kunst beobachtet, die ich am besten kenne und eine Zeitlang leidenschaftlich liebte, an der Musik und der Poesie. Und es ist furchtbar, es auszusprechen: Ich kam zur Überzeugung, daß alles, was wir in diesen zwei Kunstgattungen geleistet haben, sich in eine falsche und einseitige Richtung bewegt, die keine Bedeutung und keine Zukunft hat und die ganz nichtssagend ist im Vergleich zu den Forderungen und selbst den Produkten jener Kunst, von der wir Beispiele im Volk selber finden. Ich kam zu der Überzeugung, daß ein lyrisches Gedicht wie z.B. das: »Ich denk' des seligen Augenblicks« oder ein musikalisches Kunstwerk wie die letzte Sinfonie von Beethoven durchaus nicht so absolut und für alle Zeiten und Völker schön sind wie etwa das Lied von »Hans dem Kellermeister«

und der Gesang »Längs dem Mütterchen, der Wolga«. Puschkin und Beethoven gefallen uns nicht darum, weil in ihren Werken die absolute Schönheit sich offenbart, sondern weil wir ebenso verdorben sind wie Puschkin und Beethoven, und weil Puschkin und Beethoven gleichermaßen unserer unsinnigen Empfindlichkeit und Schwäche sehr schmeicheln. Wie oft hört man das schon trivial gewordene Paradoxon, daß zum Verständnis des Schönen eine gewisse Vorbereitung gehört! Wer hat das gesagt und wodurch ist das bewiesen? Da ist nur ein Ausweg, ein Hintertürchen für ein unrettbare Situation, die uns in eine falsche Richtung und zur Monopolisierung unserer Kunst durch eine einzige Klasse geführt hat. Warum versteht jeder ohne Vorbereitung die Schönheit der Sonne, die Schönheit eines menschlichen Angesichts, die Schönheit einer Volksmelodie oder einer Handlung der Liebe und Selbstverleugnung?

Ich weiß, daß für die Mehrheit der Leser alles Gesagte als leeres Geschwätz, als ein Gerede ohne Hand und Fuß erscheinen wird, aber die Pädagogik, die freie Pädagogik klärt auf Grund ihrer Erfahrung viele Fragen und führt sie auf Grund wiederholter Beobachtung derselben Erscheinung aus dem Reich der Betrachtungen und Träume in das Feld der Sätze hinüber, die durch Tatsachen bewiesen werden. Ich habe mich jahrelang vergebens bemüht, den Schülern die poetischen Schönheiten Puschkins und unserer ganzen Literatur zu vermitteln, dasselbe macht eine unzählbare Menge von Lehrern nicht bloß in Rußland, und wenn diese Lehrer auf die Resultate ihrer Bestrebungen achten und aufrichtig sind, werden sie zugeben müssen, daß die wichtigste Folge der Entwicklung dieses poetischen Gefühls seine Abtötung ist, und daß es die allerpoetischsten Naturen sind, die den größten Widerwillen gegen solche Erklärungen äußern. Ich habe mich, wie gesagt, jahrelang abgequält und konnte nichts erreichen, und doch hätte ich nur zufällig einmal die Sammlung von Rybnikoff aufzumachen brauchen, ein Buch, in dem die poetischen Bedürfnisse der Schüler volle Befriedigung fanden, eine Befriedigung, die ich bei dem ruhigen und vorurteilslosen Vergleich eines beliebigen Liedes mit den besten Gedichten Puschkins für durchaus gerechtfertigt halten muß. Ebenso ging es mir mit der Musik, über die ich noch einiges zu sagen habe.

Ich versuche, alles Gesagte noch einmal zusammenzufassen. Bei der Frage, ob die Künste (Beaux arts) für das Volk notwendig sind, werden die Pädagogen gewöhnlich verlegen und geraten in Verwirrung. (Nur Plato hat diese Frage kühn und entschieden verneint.) Gewöhnlich erhält man die Antwort, sie sind notwendig, aber mit gewissen Einschränkungen; es würde einen Schaden für die gesellschaftliche Ordnung bedeuten, wollte man einem jeden Menschen die Möglichkeit geben, Künstler zu werden. Man sagt, gewisse Künste und eine gewisse Stufe ihrer Ausübung können nur in einer ganz bestimmten Klasse der Gesellschaft existieren. Man sagt, die Künste müßten ihre eigenen und ausschließlichen Diener haben, die sich ihrem Dienst allein widmen. Es wird behauptet, die großen Talente müßten die Möglichkeit haben, das Milieu des Volkes zu verlassen, um der Kunst allein zu dienen. Das ist das größte Zugeständnis, das die Pädagogik dem Recht des einzelnen, seinen Beruf frei zu wählen, macht. Auf die Verwirklichung dieser Ziele ist das Bestreben aller Pädagogen in Sachen Kunst gerichtet. Ich halte das alles für unrichtig, ich glaube, daß das Bedürfnis nach künstlerischem Genießen, das Bedürfnis, der Kunst zu dienen, in jeder menschlichen Persönlichkeit liegt, zu welcher Art und zu welchem Kreis sie auch immer gehört, daß dieses Bedürfnis rechtmäßig ist und darum befriedigt werden muß. Da ich diesen Satz für ein Axiom halte, meine ich, wenn sich auch Unannehmlichkeiten und Schwierigkeiten beim Kunstgenuß und seiner Ermöglichung für einen jeden Menschen einstellen, so liegt die Ursache dieser Unannehmlichkeiten nicht in der Art der Mitteilung, nicht in dem Umstand, daß die Kunst unter wenigen oder nur einzelnen verbreitet und auf sie beschränkt ist, sondern im Charakter und in der Kunstrichtung selbst, an der wir immer zweifeln und Kritik üben müssen, einmal, um der Jugend nichts Falsches aufzudrängen, und sodann, um dieser Jugend die Möglichkeit zu geben, etwas nach Form und Inhalt Neues hervorzubringen.

Ich führe nun den Bericht des Lehrers während der beiden Monate November und Dezember an. Diese Unterrichtsmethode scheint mir empfehlenswert zu sein nach den Mitteln, durch die die technischen Schwierigkeiten in einer für die Schüler unmerklichen und heiteren Weise hinweggeräumt wurden. Die Frage nach der Kunst selbst bleibt unberührt, weil der Lehrer sogleich bei Beginn des Unterrichts diese Frage in dem Sinn entschieden hatte, daß es für Bauernkinder unnütz sei, Künstler zu sein.

Zeichnen

Als ich vor neun Monaten mit dem Zeichenunterricht begann, hatte ich noch keinen bestimmten Plan, weder in bezug auf die Anordnung des Lehrstoffs noch in bezug auf die Anleitung der Schüler. Ich besaß weder Zeichnungen noch Modelle, außer einigen illustrierten Alben, die ich übrigens während meines weiteren Unterrichts nicht benutzte, weil ich mich auf jene einfachsten Hilfsmittel beschränken wollte, die man in jeder Volksschule jederzeit finden kann. Eine angestrichene Holztafel, Kreide, Schiefertafeln und viereckige, hölzerne Stäbchen von verschiedener Länge, wie man sie bei mathematischem Anschauungsunterricht zu benutzen pflegt; das waren alle unsere Unterrichtsmittel, die uns übrigens nicht daran hinderten, alles abzuzeichnen, was uns unter die Hände kam.

Keiner von den Schülern hatte früher zeichnen gelernt, sie brachten nichts mit als ihr Urteilsvermögen, dem ich völlige Freiheit der Äußerung ließ und aus dem ich ihre Forderungen kennen lernen wollte, um dann erst einen bestimmten Lehrplan aufzustellen. Zuerst bildete ich aus vier Stäbchen ein Quadrat und versuchte herauszufinden, ob die Knaben ohne vorhergehende Anleitung dieses Quadrat nachzeichnen konnten. Nur sehr wenige Knaben zeichneten ganz unregelmäßige Quadrate, indem sie die Stäbchen, aus denen das Quadrat gebildet war, durch Linien andeuteten. Ich war damit vollkommen zufrieden. Für die schlechtesten Zeichner zeichnete ich ein Quadrat auf die Tafel; dann bildeten wir in derselben Weise ein Kreuz und zeichneten es ab.

Ein unbewußtes, angeborenes Gefühl ließ die Kinder meist das richtige Verhältnis der Linien finden, obwohl sie diese Linien selbst recht schlecht zeichneten. Ich hielt es nicht für notwendig, bei jeder Figur auf die Genauigkeit und Korrektheit der geraden Linien zu achten, um sie nicht unnütz zu quälen, und war schon zufrieden, wenn sie den Umriß der Figur richtig zeichneten. Ich beabsichtigte, den Knaben zuerst einen rechten Begriff vom Verhältnis der Linien nach Größe und Richtung zu geben, und legte weniger Wert auf die Fähigkeit, möglichst korrekte Linien zu ziehen.

Das Kind begreift zunächst das Verhältnis zwischen einer langen und einer kurzen Linie, den Unterschied zwischen einem rechten und einem gestreckten Winkel, und lernt erst später, eine einigermaßen genaue gerade Linie zu ziehen.

Allmählich gingen wir in den folgenden Stunden zu der Zeichnung der Winkel über, die wir aus den viereckigen Stäbchen bildeten, und formten hierauf die verschiedenartigsten Figuren.

Die Schüler achteten gar nicht auf die Dicke der Stäbchen, d.h. sie vernachlässigten die dritte Dimension, und wir zeichneten hier nur die Vorderseite der betrachteten Gegenstände.

Die Schwierigkeit, bei unseren unzulänglichen Materialien eine klare Vorstellung von der Lage und dem Verhältnis der Formen zu gewinnen, nötigte mich mitunter, die Figuren auf die Tafel zu malen. Oft verband ich das Zeichnen nach der Natur mit dem Zeichnen nach Vorlagen, indem ich die Kinder irgend einen Gegenstand abzeichnen ließ; konnten die Kinder den Gegenstand nicht zeichnen, dann malte ich ihn selbst an die Tafel.

Das Abzeichnen der Figuren von der Tafel geschah in folgender Weise: Ich zeichnete zuerst eine horizontale Linie, und auf ihr eine vertikale, teilte sie durch Punkte in eine Anzahl von Teilen und ließ die Schüler diese Linie abzeichnen. Hierauf zog ich mehrere andere, lotrechte oder schräge Linien, die in einem bestimmten Verhältnis zu den ersten standen, und teilte sie in dieselben Einheiten. Hierauf verband ich die Teilpunkte durch gerade Linien oder Bögen und stellte so eine symmetrische Figur her, die von den Knaben während ihres Entstehens abgezeichnet wurde. Dies schien mir einerseits deshalb von Nutzen zu sein, weil die Knaben auf diese Art den ganzen Entstehungsprozeß der Figur anschaulich auffassen lernten, und zweitens, weil sie durch dieses Abzeichnen von der Tafel die Verhältnisse der Linien weit besser begriffen als durch ein Kopieren der Vorlagen. Bei einem solchen Verfahren besteht allerdings nicht die Möglichkeit eines einfachen Abzeichnens, denn die Figur muß wie ein Naturobjekt in verkleinertem Maßstab wiedergegeben werden.

Es ist fast völlig unnütz, ein großes, ganz ausgeführtes Bild oder eine Figur aufzuhängen, weil der Anfänger dadurch nur in Verlegenheit kommt und sich ebensowenig zu helfen weiß, als wenn er sich einem Naturobjekt gegenübersieht. Die Entstehung einer Figur vor seinen Augen hat dagegen eine große Bedeutung. Hier sieht der Schüler das Gerüst der Zeichnung, gleichsam das Skelett, das sich später mit dem Leib umkleidet. Die Schüler wurden immer angeregt, die Linien und ihr Verhältnis zueinander, wie ich es abbildete, zu kritisieren. Ich zeichnete oftmals absichtlich falsch, um zu prüfen, wie weit sie sich schon ein Urteil über die Korrektheit der Linien und ihr Verhältnis gebildet hatten. Ferner fragte ich die Knaben, wenn ich eine Figur zeichnete, wo ich nach ihrer Meinung noch eine Linie ziehen mußte, und forderte einzelne von ihnen auf, selber Figuren auszudenken und zu zeichnen.

Damit erweckte ich in den Knaben nicht nur eine lebhafte, sondern auch eine freiwillige Teilnahme an der Komposition und Entwicklung der Figur, und das wiederum unterdrückte in den Knaben die Frage nach dem Warum, die sich ein jedes Kind beim Zeichnen nach einer Vorlage naturgemäß zu stellen pflegt.

Das leichtere oder schwerere Verständnis, das größere oder geringere Interesse der Kinder waren die Hauptfaktoren, die auf den Gang und die Methode des Unterrichts einwirkten, und oft mußte ich alle Vorbereitungen für die Zeichenstunde wieder fallen lassen, weil die Knaben sich langweilten oder sich befremdet fühlten.

Bisher ließ ich nur symmetrische Figuren abzeichnen, weil ihr Bildungsgesetz sehr leicht und einleuchtend ist. Später forderte ich die besten meiner Schüler zur Probe auf, selbst Figuren zu erfinden und an die Tafel zu malen. Obwohl nun fast alle in derselben Weise zeichneten, war es doch interessant zu beobachten, wie ein gewisser Wettstreit unter ihnen entstand, wie sie einander beurteilten, und wie ein jeder unter ihnen eine eigenartig konstruierte Figur entwarf. Viele von diesen Zeichnungen entsprachen dem individuellen Charakter der einzelnen Schüler ganz genau. Jedes Kind hat ein gewisses Streben nach Selbständigkeit, das man unter keinen Umständen durch den Unterricht ersticken sollte, und das sich besonders lebhaft in dem Unwillen beim Abzeichnen nach Vorbildern äußert. Durch die erwähnten Methoden wurde diese Selbständigkeit nicht nur nicht unterdrückt, vielmehr entwickelte und befestigte sie sich nur noch mehr.

Wenn der Schüler in der Schule nicht selbst etwas schaffen lernt, so wird er auch im Leben immer nur andere nachahmen und kopieren, da es nur wenig Menschen gibt, die, wenn sie einmal das Kopieren gelernt haben, noch dazu fähig sind, zu einer vollständigen Anwendung ihrer Kenntnisse zu gelangen.

Ich bevorzugte beim Abzeichnen die natürlichen Formen und wechselte häufig die Gegenstände, z.B. Blätter von charakteristischer Form, Blumen, Küchengeschirr oder andere Utensilien des täglichen Lebens, Werkzeuge usw. Besonders bemühte ich mich zu vermeiden, daß eine gewisse Routine oder Manier in unserem Zeichnen einriß.

Mit der größten Vorsicht ging ich an die Erklärung der Schatten und Schattierungen, weil der Anfänger leicht durch diese die Schärfe und Genauigkeit der Figur verwischt und sich leicht an ein unordentliches Geschmiere gewöhnt.

Auf diese Weise erreichte ich es, daß mehr als 30 Schüler im Laufe weniger Monate einen ziemlich gründlichen Begriff vom Verhältnis der Linien in verschiedenen Gegenständen und Figuren erhielten und lernten, die Figuren durch genaue und scharfe Linien darzustellen.

Die Kunst des mechanischen Linienzeichnens entwickelte sich allmählich ganz von selbst. Am schwierigsten war es, die Schüler an eine gewisse Sauberkeit und Peinlichkeit in der Behandlung der Hefte und an die Reinheit des Zeichnens selbst zu gewöhnen. Die Bequemlichkeit, die Zeichnung auf einer Schiefertafel gleich abwischen zu können, erschwerte mir meine Aufgabe nicht wenig. Ich gab den besten und talentiertesten Schülern Hefte und erreichte dadurch eine größere Reinlichkeit im Zeichnen. Denn hierbei ist das Auswischen und Radieren erschwert, und sie gewöhnen sich so an eine größere Akkuratesse in der Behandlung des Zeichenmaterials. In kurzer Zeit lernten die Schüler den Zeichenstift sicher und sauber führen, so daß sie bald nicht bloß geradlinige Figuren, sondern auch willkürliche und komplizierte Gebilde aus krummen Linien korrekt und reinlich ausführen konnten.

Ich ließ einige unter den Schülern die Figuren der anderen kontrollieren, wenn sie ihre eigenen beendigt hatten, und diese Lehrtätigkeit spornte die Schüler mächtig an; denn dadurch kamen sie sogleich in die Lage, das Gelernte anwenden zu können.

In der letzten Zeit beschäftigte ich mich mit den ältesten Schülern mit dem Abzeichnen von Gegenständen in verschiedener Lage und in perspektivischen Verkürzungen, wobei ich mich durchaus nicht immer an die so bekannte Methode von Dupuis hielt.

Singen

Voriges Jahr kamen wir einmal vom Baden. Wir waren alle sehr fröhlich. Ein Bauernjunge, derselbe, den der Knabe vom Hofgesinde zum Bücherdiebstahl verführt hatte, ein kräftiger Bursche mit starken Backenknochen und Sommersprossen, mit krummen, nach innen gebogenen Beinchen und den Manieren eines erwachsenen und würdigen Bauern, aber eine begabte, starke und aufgeweckte Natur, lief voraus und setzte sich in einen Wagen, der vor uns herfuhr. Er nahm die Zügel in die Hand, rückte die Mütze auf die Seite, spie aus und stimmte ein langgedehntes Bauernlied an. Und wie er sang, mit wieviel Gefühl, mit welchem Schwung! Hin und wieder stieß er einen lustigen Schrei aus.

Die Kinder fingen an zu lachen: »Sjomka, Sjomka, hört doch, wie der fein singt.« Sjomka blieb ganz ernst. »Unterbrich mich nicht«, sagte er während einer Pause mit einer besonderen und verstellten heiseren Stimme und fuhr ganz ernst und würdig fort, zu singen. Zwei von den musikalischen Knaben sprangen zu ihm auf den Wagen und begannen ihm zu sekundieren, bis sie den richtigen Ton trafen. Der eine sang bald die Oktave, bald die Sexte, der andere die Terz, und es machte sich vorzüglich. Bald schlossen sich auch andere Knaben an und stimmten das Lied an: »Unter diesem Apfelbaum« usw. Sie fingen an zu schreien, machten viel Lärm, ohne doch was Schönes zuwege zu bringen. An diesem Abend begann der Gesangsunterricht. Jetzt, nach acht Monaten, fingen wir das »Der Engel rief zur Gnadenvollen«[20], zwei Cherubimsgesänge, die Nummern vier und sieben[21], die ganze gewöhnliche Messe und zwei Chorgesänge. Die besten Schüler (es sind ihrer nur zwei) schreiben die Melodie der Gesänge nach, die sie kennen, und lesen schon beinahe Noten. Aber auch jetzt noch ist alles, was sie singen, bei weitem nicht so schön wie jenes Lied, das sie angestimmt hatten, als wir vom Baden kamen. Ich sage das alles nicht mit einem Hintergedanken, nicht, um irgend etwas zu beweisen, ich sage nur, was ist.

Jetzt will ich nur vom Unterricht erzählen, mit dem ich verhältnismäßig zufrieden bin.

In der ersten Stunde teilte ich alle Kinder in drei Stimmen ein, und wir sangen folgende Akkorde:

Das gelang uns sehr bald. Ein jeder sang, was er wollte, versuchte es mit dem Sopran und ging dann in den Tenor über, so daß die besten den ganzen Akkord do, mi, sol und einzelne auch alle drei kennenlernten. Sie benannten die Noten nach der französischen Bezeichnung. Der eine sang mi, fa, fa, mi, ein anderer do, do, re, do usw. »Hör mal, wie das klappt, Leo Nikolajewitsch«, sagten sie, »es klingt einem noch im Ohr. Weiter, weiter!«

Wir sangen diese Akkorde in der Schule, auf dem Hof, im Garten, und wenn wir nach Hause gingen, bis tief in die Nacht hinein und mochten gar nicht aufhören, so freuten wir uns über unseren Erfolg.

Am anderen Tag versuchten wir es mit der Tonleiter, und die Talentiertesten nahmen sie ganz durch, die Schlechtesten kamen nur bis zur Terz. Ich schrieb die Noten auf Linien im Altschlüssel, der am symmetrischsten ist, und nannte sie bei ihrem französischen Namen. Die nächsten sechs Stunden verliefen ebenso lustig, wir sangen noch neue Mollakkorde und Übergänge in die Durakkorde: »Herr erbarme dich«, »Ehre sei dem Vater und dem Sohne« und ein dreistimmiges Liedchen mit Klavierbegleitung. Die eine Hälfte der Stunde wurde hiermit ausgefüllt, die andere mit dem Gesang der Tonleiter und der Übungen, welche die Schüler selber erfanden: do, mi, re, fa, mi, sol, oder do re, re mi, mi fa, oder do mi, re do, do re fa mi re usw.

Sehr bald merkte ich, daß die Noten auf den Linien nicht anschaulich genug sind, und ich sah mich genötigt, sie durch Ziffern zu ersetzen. Außerdem sind die Ziffern bequemer für die Erklärung der Intervalle und die Veränderungen der Tonika. Nach sechs Stunden griffen einige schon die Intervalle, die ich ihnen nannte, indem sie sie nach einer vorgestellten Tonleiter aufsuchten. Besonders gefiel eine Quartenübung: do fa re sol usw. aufwärts und abwärts. Das fa (die Subdominante) fiel allen durch seine Kraft besonders auf.

»Ist das famos, dieses fa«, sagte Sjomka, »das schneidet sich ja förmlich ins Ohr ein!«

Die Unmusikalischen blieben allmählich weg. Mit den Musikalischen sang ich oft drei bis vier Stunden hintereinander. Ich versuchte, ihnen nach der allgemein gebräuchlichen Methode einen Begriff vom Takt beizubringen, aber das erwies sich als so schwer, daß ich genötigt war, den Takt von der Melodie zu trennen. Ich schrieb die Töne erst ohne Takt, nahm sie mit ihnen durch, schrieb dann den Takt, das heißt die Zeitmaße ohne die Töne auf, analysierte einen einzelnen Takt durch Klopfen auf den Tisch und vereinigte erst dann beide Prozesse.

Nach einigen Stunden kam ich, als ich mir Rechenschaft darüber ablegte, was ich tat, zu der Überzeugung, daß meine Unterrichtsmethode fast die von Chevet war, dessen Methode ich in der Praxis in Paris kennengelernt hatte, und die ich bloß deshalb nicht gleich angenommen hatte, weil es eben eine Methode war. Allen denen, die sich mit Gesangsunterricht abgeben, ist dieses Werk nicht genug zu empfehlen, dieses Werk, auf dessen Umschlag mit großen Buchstaben geschrieben steht: »Repoussé à l'unanimité« und das jetzt in Zehntausenden von Exemplaren in ganz Europa verbreitet ist.

Ich habe in Paris wunderbare Beispiele einer erfolgreichen Anwendung dieser Methode beim Unterricht von Chevet selbst gesehen. Ein Auditorium von 500 bis 600 Männern und Frauen, die bisweilen 40-50 Jahre alt waren, sangen unisono und à libre ouvert alles, was ihnen der Lehrer vorlegte. Bei der Methode von Chevet gibt es viele Regeln, Übungen und vorgeschriebene Verfahrensweisen, die gar keine Bedeutung haben und deren jeder kluge Lehrer, wenn es darauf ankommt, auf dem Schlachtfeld, d.h. während des Unterrichts, zu Hunderten und selbst Tausenden erfinden kann. So gibt es zum Beispiel eine sehr komische, vielleicht auch bequeme Art, den Takt ohne Noten zu lesen. Der Schüler spricht beim 4/4 Takt ta-fa-te-fe, bei 3/4 ta-te-ti, bei 8/8 ta-fa-te-fe-te-re-li-ri. Das alles ist sehr interessant, als eine Möglichkeit unter vielen, die Musik zu lehren, und als geschichtliche Voraussetzung einer gewissen Schule der Musik; aber diese Regeln sind nicht absolut und ergeben noch keine Methode. Darin besteht die Quelle aller Fehler in bezug auf die Methoden.

Aber Chevet hat noch eine Reihe von Gedanken, die sich durch ihre außerordentliche Einfachheit auszeichnen, von denen drei das Wesen seiner Methode ausmachen. Der erste ist zwar eine ältere Idee, die Jean Jacques Rousseau schon in seinem Dictionnaire de musique ausgesprochen hat; sie besteht darin, die musikalischen Zeichen durch Ziffern auszudrücken. Was die Gegner dieser Schreibart auch sagen mögen, ein jeder Gesangslehrer kann diesen Versuch machen und wird sich stets von dem ungeheuren Vorzug der Ziffern vor den Notenlinien für das Lesen wie für das Schreiben überzeugen. Ich lehrte 10 Stunden lang nach Notenlinien und schrieb nur einmal mit Ziffern, wobei ich ihnen sagte, daß dies dasselbe sei. Seitdem bitten mich die Schüler immer, mit Ziffern zu schreiben und schreiben auch selbst so. Der zweite vortreffliche Gedanke, der ausschließlich von Chevet stammt, besteht darin, Töne und Takte gesondert zu behandeln. Wenn man diese Unterrichtsmethode auch nur ein einziges Mal angewendet hat, wird man überzeugt sein, daß das, was zuvor als unüberwindliche Schwierigkeit erschien, plötzlich so leicht wird, daß es einen nur wundert, daß dieser einfache Gedanke niemandem schon früher eingefallen ist. Wieviel Qualen blieben den armen Kindern erspart, die in den bischöflichen Kapellen und in anderen Chören das »Aufsteige mein Gebet«[22] lernen müssen, wenn die Dirigenten nur diese einfache Sache versuchen wollten, den Schüler noch vor dem Gesang mit dem Finger oder mit einem Stäbchen den Takt des Notensatzes klopfen zu lassen, den er singen sollte; und zwar muß er vier Schläge auf eine ganze, einen auf eine Viertel- und auf zwei Achtelnoten klopfen usw., dann denselben Satz, ohne auf den Takt zu achten, singen, dann wieder einen Takt und schließlich das Ganze singen.

Es stände z.B. geschrieben:

Der Schüler singt zuerst ohne Takt do, re, mi, fa, sol, mi, re, do. Dann singt der Schüler nicht, sondern klopft nach der ersten Note des ersten Taktes einmal auf den Tisch: eins, zwei, drei, vier, beim dritten Teil klopft er zweimal und sagt: eins, zwei, und dann noch einmal und sagt: drei, vier, usw. Dann singt er dasselbe nach dem Takt und klopft, während die anderen Schüler laut dazu zählen. Das ist meine Methode, die man ebensowenig wie die von Chevet für alle Fälle vorschreiben kann und die vielleicht sehr bequem ist, obwohl man wahrscheinlich noch viele andere weit bequemere finden kann. Worauf es hierbei allein ankommt, ist , daß man das Studium des Taktes von dem der Töne trennt; das angewandte Verfahren aber kann wahrscheinlich in unendlicher Weise variiert werden. Der dritte große Gedanke Chevets endlich besteht darin, die Musik und ihren Unterricht populär zu machen. Seine Unterrichtsweise erreicht dieses Ziel vollkommen. Und dies ist nicht nur ein frommer Wunsch Chevets oder eine Vermutung von mir, sondern es ist eine Tatsache. Ich habe in Paris Hunderte von Arbeitern mit schwieligen Händen auf den Bänken sitzen sehen, neben sich die Werkzeuge, mit denen sie aus der Werkstätte kamen, die nach Noten sangen, sich für die Gesetze der Musik interessierten und sie auch verstanden. Wenn ich diese Arbeiter ansah, war es mir leicht, mir an ihre Stelle russische Bauern zu denken. Wenn Chevet nur russisch spräche, so würden sie ebensogut singen lernen und alles, was er über die allgemeinen Gesetze der Musik sagt, ebensogut verstehen. Wir hoffen, ein anderes Mal ausführlicher auf Chevet zurückzukommen, vor allem aber auf die Bedeutung der populären Musik und des Gesanges, im besonderen für die Wiedererweckung dieser im Niedergang befindlichen Kunst.

Ich wende mich nun der Beschreibung des Unterrichtsverlaufes in unserer Schule zu. Nach sechs Stunden waren die Böcke von den Schafen gesondert, und es blieben nur noch die musikalisch Begabten, die Musikliebhaber, übrig. Wir gingen nun zu den Moll-Tonleitern und zur Erklärung der Intervalle über. Die Schwierigkeit bestand nur darin, die kleine Sekunde zu finden und sie von der großen zu unterscheiden. Das fa hatte man schon kräftig gefunden, das do erwies sich als ebenso schreiend, und daher brauchte ich ihnen nichts darüber zu sagen, sie fühlten die Note selbst heraus, in die sich die kleine Sekunde auflösen mußte, und daher hörten sie auch die kleine Sekunde selbst. Wir fanden sehr bald auch, daß die Dur-Tonleiter aus der Folge zweier großer und einer kleinen, dreier großer und einer kleinen Sekunde besteht. Hierauf sangen wir »Ehre sei dem Vater« in Moll, fanden gefühlsmäßig die Tonleiter, die man die Moll-Tonleiter nennt und entdeckten, daß sie aus einer großen, einer kleinen, zwei großen, einer kleinen, einer übermäßigen und einer kleinen Sekunde besteht. Dann zeigte ich ihnen, daß man die Tonleiter von jeder Note aus schreiben und singen könne, und daß man, wenn es keine große oder kleine Sekunde gibt, dorthin, wo es nötig ist, ein Kreuz oder ein b schreiben kann.

Zur Bequemlichkeit schrieb ich ihnen folgende chromatische Tonleiter auf:

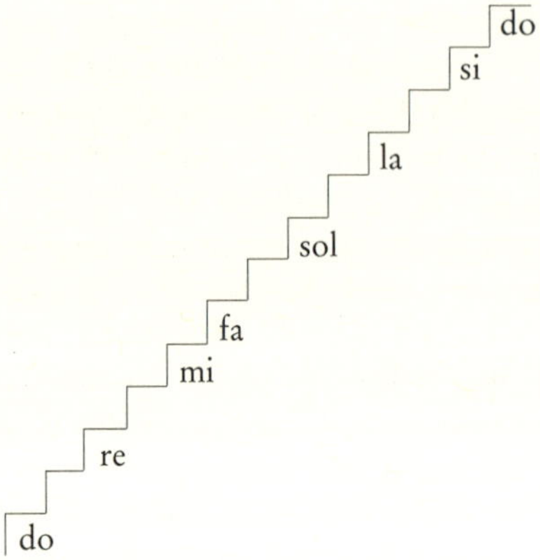

Nach dieser Skala ließ ich sie alle möglichen Dur- und Moll-Tonleitern von jeder beliebigen Note aus schreiben. Bei diesen Übungen unterhielten sie sich ausgezeichnet, und die Erfolge waren so außerordentlich, daß sich oftmals zwei Schüler in den Zwischenstunden damit beschäftigten, Melodien aufzuschreiben, die ihnen bekannt waren. Diese Schüler summen häufig die Melodie gewisser Lieder, die sie nicht beim Namen nennen können, und summen sie fein und zart. Was aber die Hauptsache ist, sie singen am liebsten zu zweien und lieben es durchaus nicht, wenn viele ein Lied zusammen und nicht im Takt singen oder richtiger schreien.

Wir hatten im ganzen Winter wohl mehr als zwölf Stunden. Unser Ehrgeiz aber verdarb uns unser Gesangstudium. Die älteren, wir Lehrer und die Schüler selbst, wollten das ganze Dorf überraschen und in der Kirche singen. Wir bereiteten eine Messe und die Cherubims-Hymnen von Bortjansky[23] vor. Man hätte meinen sollen, daß dies den Kindern mehr Spaß machen müßte, und obgleich der Wunsch, zur Kirche zu fahren, sie begeisterte, obwohl sie die Kunst liebten, obwohl wir Lehrer diesen Gegenstand bevorzugten und sie nicht dazu nötigten, stimmte es mich dennoch traurig, zu beobachten, wie mitunter irgend ein Knirps Kirjuscha in zerrissenen Fußklappen seine Partie übte: »Geheimnisvoll daaaargesteellllet«, wie er zehnmal dasselbe wiederholen mußte, endlich die Geduld verlor, wie er mit der Hand auf die Noten schlug und behauptete, daß er richtig sänge. Wir fuhren einmal zur Kirche und hatten Erfolg. Die Begeisterung war gewaltig, aber der Gesang hatte gelitten. Die Schüler langweilten sich von jetzt an in der Stunde, suchten ihr fern zu bleiben, und erst zu Ostern gelang es uns, einen neuen Chor zu bilden. Unsere Sänger wurden bald den bischöflichen ähnlich, die zwar häufig gut singen, aber gerade infolge ihrer Kunstfertigkeit alle Lust zum Singen verloren haben, und keine Note zu lesen vermögen, obwohl sie sich einbilden, es zu können. Ich habe oft gesehen, wie Sänger, die eine solche Schule verlassen, selbst Gesangstunden geben wollen, ohne eine Ahnung von den Noten zu haben, und sich als völlig unfähig erweisen, sobald man etwas zu singen beginnt, was ihnen noch nicht ins Ohr geschrien wurde.

Aus den geringen Erfahrungen, die ich während meines Musikunterrichts unter dem Volk gesammelt habe, gewann ich folgende Überzeugung:

1. daß die Bezeichnung der Noten durch Ziffern das bequemste Verfahren ist;

2. daß man am besten Takt und Ton im Unterricht gesondert behandelt;

3. daß es notwendig ist, wenn der Musikunterricht bei den Kindern Erfolg haben und Spuren hinterlassen soll, ihn künstlerisch zu gestalten, und nicht bloß eine äußere Kunstfertigkeit im Singen und Spielen zu erzielen.

Ein vornehmes Fräulein kann man vielleicht Etuden von Burgmüller spielen lassen, aber Bauernkinder soll man lieber gar nicht unterrichten, als ihnen mechanische Fertigkeiten beibringen;

4. daß nichts dem Musikunterricht so sehr schadet, als das, was allerdings einer Kenntnis der Musik ähnlich zu sein scheint, nämlich Aufführungen von Chören bei Examen, Theatervorstellungen und in der Kirche;

5. daß das Ziel des Musikunterrichts im Volk nur darin bestehen kann, ihm die Kenntnis der allgemeinen Gesetze der Musik, die wir besitzen, mitzuteilen, nicht aber in der Übertragung des schlechten Geschmacks, den wir in uns entwickelt haben, auf das Volk.

Einiges über die Volksbildung

Ich glaube, ein jeder von uns ist schon einmal auf widerwärtige und unsinnige Erscheinungen gestoßen, hinter denen er dann irgend ein Prinzip entdeckte, das für so bedeutsam gehalten wurde und das diese Erscheinungen so verdunkelte, daß wir in jungen, ja selbst in reiferen Jahren noch uns zu fragen begannen, ob denn diese Erscheinungen wirklich so absurd sind, und ob wir uns nicht täuschen. Und da wir uns weder davon überzeugen konnten, daß diese häßlichen Dinge gut seien, noch auch davon, daß die Unterstützung dieses wichtigen Prinzips unberechtigt oder daß dieses Prinzip nur ein Wort sei, so blieben wir in bezug auf diese Erscheinung in einem zwiespältigen, unentschlossenen Zustand.

In einer solchen Geistesverfassung befand ich mich und befinden sich, wie ich glaube, viele von uns in bezug auf das die Pädagogik verdunkelnde Prinzip der Entwicklung in Verbindung mit der Frage nach dem Lesen und Schreiben. Aber die Volksbildung liegt mir zu sehr am Herzen, ich habe mich zuviel mit ihr beschäftigt, als daß ich lange in diesem Schwanken verharren könnte. Die unsinnigen Erscheinungen einer scheinbaren Entwicklung konnte ich nicht gut nennen, aber ebensowenig konnte ich mich davon überzeugen, daß die Entwicklung eines Schülers etwas Schlechtes sei, und daher begann ich danach zu forschen, worin eigentlich die Entwicklung besteht. Ich halte es nicht für unnütz, die Schlüsse mitzuteilen, zu denen ich auf Grund meiner Forschungen über diese Sache geführt wurde. Um zu zeigen, was man unter dem Wort »Entwicklung« zu verstehen pflegt, will ich die Lehrbücher der Herren Bunakow und Ewtuschewsky nehmen, da es zwei neue Werke sind, die alle Ergebnisse der deutschen Pädagogik benutzen, die für die Volksschullehrer bestimmt und von den Anhängern der phonetischen Methode zum Leitfaden für ihre Schule ausersehen sind.

Dort, wo Herr Bunakow darüber spricht, nach welchen Prinzipien die Wahl einer oder der anderen Methode für den Unterricht im Lesen und Schreiben erfolgen müsse, sagt er weiter: »Nein, ein Urteil über die Lehrmethode auf Grund eines so kurzsichtigen und schwankenden Prinzips (d.h. wie die Erfahrung) ist zu zweifelhaft. Nur eine theoretische Grundlage, die auf dem Studium der menschlichen Natur fußt, kann einem Urteil in dieser Sphäre Halt geben, es von allerhand Zufälligkeiten unabhängig machen und in genügendem Maße vor groben Fehlern sichern. Will man daher eine entscheidende Wahl unter den besten Unterrichtsmethoden im Lesen und Schreiben treffen, so muß man auf Grund der vorhergehenden Betrachtung seinen Standpunkt zunächst auf theoretischem Boden einnehmen, dessen allgemeine Bedingungen erst der einen oder anderen Methode einen wirklichen Anspruch darauf geben, vom Gesichtspunkt der Pädagogik aus für befriedigend zu gelten. Diese Bedingungen sind folgende:

1. Es muß eine Methode sein, die die geistigen Kräfte des Kindes entwickelt, damit die Fähigkeit zum Lesen und Schreiben zugleich mit der Entwicklung und Kräftigung des Denkens erworben werde.

2. Sie muß in den Unterricht das persönliche Interesse hineintragen, um dieses Interesse zum Hebel der Lehre zu machen und nicht einen abstumpfenden Zwang.

3. Sie muß einen Prozeß der Selbstbildung darstellen, indem sie die Selbsttätigkeit des Kindes erweckt, erhält und lenkt.

4. Sie muß auf die Eindrücke des Gehörs als des Sinnesorgans gegründet sein, das der Empfänglichkeit für den Sprachsinn dient.

5. Sie muß die Analyse mit der Synthese vereinigen, indem sie mit der Zerlegung eines zusammengesetzten Ganzen in seine einfachen Teile beginnt und sodann zur Komposition der einfachen Elemente bis zu einem zusammengesetzten Ganzen fortschreitet«. *

---

* »Familie und Schule«. 1872. J. P. Die Muttersprache als Lehrgegenstand usw., R. Bunakow, pag. 35.

Das also sind die Bedingungen, auf die die Lehrmethode gegründet werden muß. Ich will hier nicht aus Widerspruchsgeist, sondern der Klarheit und Einfachheit halber bemerken, daß die beiden letzten Sätze vollkommen überflüssig sind. Denn ohne Verbindung der Analyse mit der Synthese kann es nicht bloß keine Lehre, sondern überhaupt keine Tätigkeit des Denkens geben. Und jeglicher Unterricht außer dem für Taubstumme geschieht durch den Gehörsinn. Diese zwei Bedingungen sind nur wegen der Schönheit und Kompliziertheit des Stils angeführt, eine Erscheinung, die man in pädagogischen Betrachtungen häufig antrifft und die gar keine Bedeutung hat; die drei ersten Punkte aber scheinen ein Programm zu geben, das vollkommen richtig und vernünftig ist. Und ein jeder wird natürlich den Wunsch haben, zu erfahren, welche Garantie dafür besteht, daß diese Methode der Entwicklung dienen, das persönliche Interesse der Schüler wekken und einen Prozeß der Selbstbildung darstellen wird.

Auf die Frage, warum diese Methode all diese Eigenschaften in sich vereinigt, finden wir weder in den Büchern der Herren Bunakow und Jewtuschewski noch in den pädagogischen Schriften der Begründer dieser pädagogischen Schule eine Antwort, es sei denn allerhand nebelhafte Betrachtungen von der Art, daß jeder Unterricht sich auf eine Vereinigung von Analysis und Synthesis und unbedingt auf den Gehörsinn gründen müsse usw., oder aber man findet, wie bei Herrn Jewtuschewski, eine Betrachtung darüber, wie die Wahrnehmung, die Empfindung, die Vorstellung und der Begriff beim Menschen zustande kommen, man findet eine Regel wie die, daß man vom Gegenstand ausgehen und den Schüler zum Denken führen müsse, nicht aber von einem Gedanken ausgehen dürfe, der in seinem Bewußtsein noch keinen Anknüpfungspunkt habe usw.

Auf solche Betrachtungen folgt immer der Schluß, daß folglich das vom Herrn Pädagogen vorgeschlagene Verfahren zu der einzigen wahren Entwicklung führe, die erforderlich ist. Herr Bunakow zeigt, nachdem er die angeführte Definition einer guten Methode gegeben hat, wie man die Kinder lehren müsse und sagt, nachdem er alle Verfahrensweisen dargestellt hat, die meiner Überzeugung nach zu völlig entgegengesetzten Zielen und nur nicht zur Entwicklung führen, geradeheraus und ganz entschieden*:

»Vom Standpunkt der oben aufgestellten Grundsätze für die Bewertung einer zureichenden Methode des Unterrichts im Lesen und Schreiben weist das von uns soeben in den Grundzügen geschilderte Verfahren folgende hervorragende Eigenschaften und Besonderheiten auf:

1. Als phonetische Methode behält es alle charakteristischen Eigentümlichkeiten jeder phonetischen Methode bei: Es geht vom gehörten Eindruck aus, indem es sogleich das richtige Verhältnis zur Sprache herstellt, fügt erst dann die gesehe-

* A. o. a. O. pag. 41.

nen Eindrücke hinzu und unterscheidet so deutlich den Laut, das Material vom Buchstaben, d.h. seiner Darstellung.

2. Als eine Methode, die das Lesen mit dem Schreiben verbindet, beginnt es mit der Zerlegung und geht zur Zusammensetzung fort, indem es auf diese Weise die Analyse mit der Synthese vereinigt.

3. Als Methode, die von der Untersuchung der Gegenstände zum Studium der Worte und Laute fortschreitet, nimmt es den natürlichen Weg, befördert es die richtige Bildung der Vorstellungen und Begriffe und wirkt so auf die Entwicklung aller Seiten der kindlichen Natur ein: Es regt die Kinder zur Beobachtung, zum Ordnen der Beobachtungen, zu ihrer Wiedergabe in Worten an, entwickelt die Sinnesorgane, den Verstand, die Einbildungskraft, das Gedächtnis, die Sprache, die Konzentration, die eigene Tätigkeit, die Gewohnheit gemeinschaftlichen Arbeitens, die Liebe zur Ordnung.

4. Als Methode, die alle geistigen Kräfte des Kindes in einer ihrem Grade entsprechenden Weise beschäftigt, trägt es ein persönliches Interesse in den Unterricht hinein, indem es in den Kindern die Liebe und Lust zum Lernen weckt und das Lernen in einen Prozeß des Selbstunterrichts verwandelt.«

Und genau dasselbe sagt Herr Jewtuschewski. Warum das aber alles so ist, das bleibt dem unverständlich, der nach wirklichen Gründen sucht und sich nicht von Worten wie Psychologie, Didaktik, Methodik, Heuristik usw. beeindrucken läßt. Ich rate allen, die keine Neigung zur Philosophie und daher keine Lust dazu haben, all diese Folgerungen der Pädagogen selbst zu prüfen, sich durch diese Worte nicht verblüffen zu lassen und überzeugt zu sein, daß alles, was unklar ist, ungeeignet ist, die Grundlage für irgend etwas, geschweige denn für eine so wichtige und einfache Sache wie die Volksbildung abzugeben.

Alle Pädagogen dieser Schule, besonders aber ihre Begründer, die Deutschen, gehen von dem falschen Gedanken aus, daß all die Fragen, die für sämtliche Philosophen von Platon bis auf Kant Fragen blieben, von ihnen endgültig gelöst worden sind, so gründlich gelöst sind, daß der Prozeß, durch den der Mensch sich Eindrücke, Empfindungen, Vorstellungen, Begriffe, Schlüsse erwirbt, von ihnen bis ins feinste analysiert ist, daß die Bestandteile dessen, was wir Seele oder das Wesen des Menschen nennen, von ihnen untersucht und geordnet sind, und zwar so gründlich, daß auf dieser so festen Grundlage des Wissens ein von Irrtümern völlig freies Gebäude der Pädagogik errichtet werden kann.

Diese Einbildung ist so seltsam, daß ich es nicht für notwendig halte, sie zu widerlegen, um so mehr, als ich das schon in meinen früheren pädagogischen Aufsätzen getan habe. Ich will hier nur soviel sagen, daß die philosophischen Betrachtungen, welche die Pädagogen dieser Schule ihrer Theorie zugrunde legen, weder absolut wahr sind noch auch mit der wahren Philosophie etwas gemein haben, sie haben nicht einmal einen klaren und bestimmten Ausdruck gefunden, über den sich alle Pädagogen einig sind.

Aber vielleicht beruft sich nur die Theorie der Pädagogen der neuen Schule mit Unrecht auf die Philosophie; kann sie darum nicht doch an sich selbst manche Vorzüge haben? Wir wollen daher einmal zusehen, worin diese Theorie eigentlich besteht. Herr Bunakow sagt: »Man muß diesen kleinen Wilden (d.h. den Schülern) die Hauptregeln des Schulunterrichts beibringen und ihnen die Grundbegriffe zu Bewußtsein bringen, auf die sie schon bei den ersten Schritten, in den ersten Stunden beim Zeichnen, Lesen, Schreiben, beim ganzen Elementarunterricht überhaupt stoßen müssen; solche Begriffe sind z.B. die rechte und die linke Seite, rechts und links, oben, unten, neben, zunächst, in der Nähe von, vorwärts, rückwärts, nahe, weit, vor, hinter, über, unter, schnell, langsam, laut, leise usw.

So einfach diese Begriffe auch sein mögen, es ist mir aus meiner Praxis bekannt, daß selbst Stadtkinder aus wohlhabenden Familien oft in die Elementarschule kommen, ohne rechts und links unterscheiden zu können. Ich glaube, ich brauche mich hier nicht noch darüber zu verbreiten, wie wichtig die Klärung dieser Begriffe für die Kinder des Dorfes ist, und jeder, der die Dorfschule kennt, weiß das nicht schlechter als ich.« *

* A. o. a. O. pag. 18.

Und Herr Jewtuschewsky sagt*: »Ohne auf das weite Gebiet der Streitfrage über die angeborenen Fähigkeiten des Menschen einzugehen, sehen wir nur das eine, daß ein Kind keine angeborenen Vorstellungen und Begriffe von vielen Gegenständen haben kann — diese muß man erst bilden und von der Kunst ihrer Bildung durch den Erzieher und Lehrer hängt ihre Richtigkeit und Dauerhaftigkeit ab. In der Sorge für das Wachstum der Seele eines Kindes muß man weit vorsichtiger sein als in der Pflege seines Leibes. So genau die Speise für den Körper und die verschiedenen Leibesübungen der Quantität wie der Qualität nach im Verhältnis zum Lebensalter des Menschen reguliert werden müssen, um so vorsichtiger muß man in der Wahl der Nahrung und der Übungen des Geistes sein. Ein schlecht gelegter Grund wird immer nur eine schwankende Stütze für das auf ihm errichtete Gebäude sein.«

Herr Bunakow ** gibt folgende Anleitung für die Einführung in die Begriffe: »Der Lehrer kann das Gespräch nach eigenem Gutdünken beginnen: Der eine fragt vielleicht den Schüler nach seinem Namen, ein anderer erkundigt sich danach, was auf seinem Hof vorgeht, ein dritter fragt den Schüler, woher er gekommen sei, wo er wohne, was zu Hause geschehe, und geht erst dann zu dem eigentlichen Gegenstand über. Wo sitzt du jetzt? Warum bist du hierher gekommen? Was

---

* Die Methodik der Arithmetik, pag. 8.

** A. o. a. O. pag. 18-19.

werden wir in diesem Zimmer machen? Wir werden in diesem Zimmer lernen. Also wollen wir es die Lernstube nennen. Seht einmal alle nach, was ihr unter den Füßen habt. Seht nach, aber sprecht es nicht aus, der wird es sagen, den ich danach frage; also sage, was siehst du unter deinen Füßen? — Wiederholt jetzt alles, was wir über dieses Zimmer erfahren und gesagt haben. In welchem Zimmer sitzen wir? Was hat das Zimmer für Teile? Was bemerken wir an den Wänden? Was steht auf dem Fußboden?

Der Lehrer setzt zugleich eine bestimmte Ordnung fest, wie sie für eine erfolgreiche Durchführung des Gespräches notwendig ist: Jeder hat nur dann zu antworten, wenn er gefragt wird. Alle haben zuzuhören und müssen imstande sein, sowohl die Worte des Lehrers als auch die der Kameraden zu wiederholen; der Wunsch zu antworten, wenn sich der Lehrer mit einer Frage an alle wendet, wird durch Aufheben der linken Hand geäußert. Die Worte dürfen nicht zu schnell, aber auch nicht zu langsam, laut, deutlich und richtig, in korrekter und klarer Sprache ausgesprochen werden und so durch die Sache selbst den Unterschied zwischen leise und laut, deutlich und richtig, langsam und schnell zum Ausdruck bringen. Der Lehrer hat darauf zu achten, daß alle Kinder an der gemeinsamen Arbeit teilnehmen. Zu diesem Zweck muß er bald einen, bald den anderen, bald die ganze Klasse im Chor die Antworten anderer Schüler wiederholen lassen. Vor allem aber muß er die Matten, Zerstreuten und Unartigen aufmuntern: Die ersten kann er durch häufigere Fragen anspornen, die zweiten zur Konzentration auf den Gegenstand der gemeinsamen Tätigkeit aufmuntern, die dritten muß er zu zügeln wissen. In der ersten Zeit ist es notwendig, daß die Kinder vollständige Antworten geben, d.h. solche, in denen sich die Frage wiederholt: Wir sitzen im Klassenzimmer (und nicht kurz »im Zimmer«); oben über meinem Kopf sehe ich die Decke; auf der linken Seite sehe ich drei Fenster usw.«

Herr Jewtuschewsky* empfiehlt, die Stunden, in denen die Zahlen von 1 bis 10 behandelt werden, deren es 120 geben muß und die ein ganzes Jahr dauern sollen, folgendermaßen zu beginnen:

»Eins. Der Lehrer zeigt den Schülern einen Würfel und fragt: »Wieviele Würfel habe ich?« Dann nimmt er mehrere Würfel in die andere Hand und fragt: »Und wieviele habe ich in dieser Hand?« — »Viele, mehrere!« »Nennt mir in dieser Klasse einen Gegenstand, von dem es mehrere gibt: die Bank, das Fenster, das Heft, die Wand, die Bleifeder, der Griffel, der Schüler usw. Jetzt nennt mir einen Gegenstand, der in der Klasse nur einmal vorhanden ist: Die Wandtafel, der Ofen, die Tür, die Decke, der Fußboden, das Heiligenbild, der Lehrer usw. Wenn ich diesen Würfel in die Tasche stecke, wieviele Würfel behalte ich dann in der Hand? Keinen. Und wieviele muß ich in die Hand nehmen, um wieder soviele zu bekommen, wie vorher? Einen? Wie hat man es zu

* pag. 121.

verstehen, wenn man sagt: Peter ist einmal gefallen? Wie oft ist Peter gefallen? Ist er auch früher schon einmal gefallen? Warum also heißt es einmal? Weil nur von diesem einen Fall die Rede ist, und weil die anderen nicht erwähnt werden. Jetzt nehmt eure Tafeln (oder Hefte) und zieht einen Strich von dieser Länge (der Lehrer zieht hierbei auf der Wandtafel eine Linie von einem oder zwei Zentimetern, oder er zeigt den Schülern auf dem Lineal ein Stück von dieser Länge). Seht sie an, wieviele Linien sind übrig geblieben? Keine einzige. Zeichnet jetzt mehrere solche Linien. Es wäre unnatürlich, noch andere Übungen mit der Zahl eins zu erfinden, um die Kinder mit ihr bekannt zu machen. Es genügt schon, die Vorstellung von der Eins in ihnen zu wecken, die sie zweifellos schon hatten, ehe sie in die Schule gingen.«

Weiter folgen bei Herrn Bunakow Übungen über die Wandtafel und bei Herrn Jewtuschewsky Übungen über die Zahl vier und ihre Zerlegung. Ehe wir nun auf die Untersuchung der Theorie über die Einführung in die Begriffe eingehen, erhebt sich unwillkürlich die Frage: Täuscht sich nicht diese Theorie überhaupt über ihre Aufgabe? Ist der Zustand des pädagogischen Materials, mit dem wir es zu tun haben, auch richtig bestimmt? Das erste, was uns dabei auffällt, ist das furchtbare Verhältnis zu diesen nur in der Phantasie existierenden Kindern, wie ich für meinen Teil ähnliche im gesamten russischen Reich nicht gefunden habe. Diese Gespräche und die Kenntnisse, welche ihnen mitgeteilt werden, beziehen sich auf Kinder unter zwei Jahren, denn zweijährige Kinder wissen schon alles das, was sie aus diesen Gesprächen erfahren und nach den Antworten, mit denen man rechnet, beziehen sie sich höchstens auf Papageien. Ein jeder Schüler von sieben, acht, neun Jahren wird nichts von diesen Fragen verstehen, gerade weil er dies alles schon weiß und gar nicht begreifen kann, wovon die Rede ist.

Die Forderung solcher Gespräche beweist entweder nur die völlige Unkenntnis oder das Nichtkennenwollen der Entwicklungsstufe, auf der sich die Schüler befinden. Vielleicht wissen die Kinder der Hottentotten, der Neger, vielleicht wissen auch einige deutsche Kinder das nicht, was man ihnen durch solche Gespräche beibringen will. Aber die russischen Kinder, außer etwa denen, die bei ihrer Geburt sterben, wissen alle, wenn sie in die Schule kommen, nicht nur, was oben, was unten, was eine Bank, ein Tisch, was eins, was zwei usw. ist, nach meiner Erfahrung können alle Bauernkinder, die von ihren Eltern in die Schule geschickt werden, ihre Gedanken gut und richtig ausdrücken, einen fremden Gedanken klar auffassen (wenn er russisch ausgedrückt ist), und sie können alle bis zwanzig zählen; wenn sie Babki* spielen, zählen sie nach Paaren und halben Dutzenden, und sie wissen, wieviel Babki sie haben, und wieviel Paare in einem halben Dutzend enthalten sind. Sehr oft kamen die Schüler zu mir in die Schule, brachten eine Rechenaufgabe über

* Ein russisches Spiel mit Knochen.

Gänse mit und erklärten sie mir. Aber selbst wenn man annehmen könnte, daß die Kinder diese Begriffe, die die Pädagogen ihnen durch diese Gespräche vermitteln wollen, nicht kennen, so kann ich nicht finden, daß die von ihnen gewählten Mittel richtig sind.

Herr Bunakow hat z.B. ein Lesebuch geschrieben. Diese Buch soll zugleich mit den Gesprächen dem Sprachunterricht der Kinder dienen. Ich habe das Buch durchgesehen und gefunden, daß es überall dort, wo es nicht aus Auszügen aus anderen Büchern besteht, eine Reihe grober Verstöße gegen die Sprache enthält. Herr Bunakow verwechselt* das Wort für Mähmaschine oder für Sensenverkäufer mit dem, das den Mäher bezeichnet. Er bildet einen falschen Kosenamen von Fuchs, der vielmehr eine Abkürzung des Namens Elisabeth ist.

Hier begegnen wir den unbekannten Worten pekarka (soll heißen Bäckerin), istopka (soll heißen Heizerin). Hier kommt die Redewendung vor: das Flüßchen rollt durch das Feld, die Menschen vergnügen sich allerseits, wie sie verstehen, der Bäcker und der Schuster sind Leute der Arbeit, der Schlund ist ein Teil des Mundes usw.

Derselben Unkenntnis der Sprache begegnet man auch bei Herrn Jewtuschewsky: Der Verkäufer fragt (statt verlangt, fordert) drei Kopeken für

* Es folgt eine Reihe unrussischer Ausdrücke und Wendungen, deren Fehlerhaftigkeit sich nur durch Umschreibung ausdrücken läßt.

den Apfel, und das Mädchen besitzt, oder ein Bauer hat drei Pferde, er spannte sie an Fuhren, an jede Fuhre je eins und fuhr ins Feld nach Heu. Auf wievielen Fuhren brachte er Heu vom Feld ein? Erstens ist die Wendung »an die Fuhre spannen« nicht schön und zweitens wird jeder Knabe ein Rätsel darin sehen, wie es der Bauer gemacht hat, Heu auf Fuhren heimzubringen, und doch will Herr Jewtuschewsky mit Hilfe von Aufgaben Begriffe bilden, dann aber muß man vor allem darauf achten, daß das Werkzeug der Mitteilung der Begriffe, die Sprache, richtig sei.

Das bisher Gesagte bezieht sich auf die Form, durch die die Entwicklung vermittelt werden soll; achten wir jetzt auf den Inhalt. Herr Bunakow schlägt Fragen wie die folgenden vor: Wo kann man eine Katze sehen, wo eine Elster, wo finden wir Land, wo eine Bremse oder eine Zieselmaus, womit sind die Zieselmaus, die Elster und die Katze bedeckt? Aus welchen Teilen besteht ihr Leib? (Die Zieselmaus ist das Lieblingstier der neueren Pädagogik, wahrscheinlich weil kein Knabe in Mittelrußland dieses Tier kennt.)*

Es versteht sich von selbst, daß der Lehrer den Kindern nicht immer gerade diese Fragen stellt, die das von ihm aufgestellte Programm der Stunde ausmachen; oft wird es nötig, die kleinsten und am wenigsten entwickelten Schüler durch eine Reihe von Fragen auf die Beantwortung der im Programm vorgesehenen Fragen hinzuführen, indem

---

* Bunakow pag. 22.

man ihre Aufmerksamkeit auf die Seite des Gegenstands lenkt, die im gegebenen Augenblick die wichtigste ist, und indem man sie veranlaßt, sich an gewisse Punkte, an vergangene Beobachtungen zu erinnern. So z.B. braucht der Lehrer nicht sofort zu fragen: Wo kann man eine Bremse sehen, sondern er kann sich an den einen oder anderen Schüler mit der Frage wenden, ob er eine Bremse gesehen hat, wo er sie gesehen hat, und erst dann die Angaben mehrerer Schüler zusammenstellen, um die Antwort auf die erste Frage des Programms zu finden.

Bei ihren Antworten auf die Fragen des Lehrers werden die Schüler oft allerhand Bemerkungen einflechten, die nicht unmittelbar zur Sache gehören. Es sei z.B. davon die Rede, aus welchen Teilen die Elster bestehe. Der eine wird etwa bemerken, daß die Elster springt, ein anderer, daß sie komisch schreit, ein dritter, daß sie stiehlt; der Lehrer lasse sie ruhig reden und aussprechen, was sich in ihrem Gedächtnis und in ihrer Phantasie regt. Es ist Sache des Lehrers, ihre Aufmerksamkeit im Sinne des Programms zu konzentrieren. Diese Bemerkungen und Zusätze der Kinder aber kann er ruhig zur Kenntnis nehmen, um sie für die Ausarbeitung des übrigen Teils des Programms zu verwerten.

Bei der Betrachtung eines neuen Gegenstandes kommen die Kinder bei jeder nur möglichen Gelegenheit auf die schon betrachteten Gegenstände zurück. So fragt der Lehrer, wenn sie es sich gemerkt haben, daß die Elster mit Federn bedeckt ist: »Ist die Zieselmaus auch mit Federn bedeckt, womit ist sie bedeckt, womit ist sie bedeckt, und womit ist das Huhn bedeckt, und das Pferd, und die Eidechse?« Wenn sie bemerken, daß die Elster zwei Beine hat, fragt der Lehrer: »Und wieviele Beine hat der Hund, der Fuchs, das Huhn, die Bremse? Was für zweibeinige Tiere kennt ihr noch, und was für vierbeinige und sechsbeinige?«

Unwillkürlich fragt man sich: Wissen die Kinder oder wissen die Kinder das nicht, was ihnen in diesem Gespräch so schön klar gemacht wird? Wenn die Schüler das alles wissen, so werden sie es bei Gelegenheit: auf der Straße oder zu Hause, mit einem Wort da, wo sie es nicht nötig haben, die linke Hand zu erheben, wahrscheinlich schöner und in einer besseren russischen Sprache sagen, als man es hier von ihnen verlangt. Sie werden keinesfalls sagen, daß das Pferd mit Fell bedeckt ist, und wenn das so ist, wozu zwingt man sie, die Antworten gerade so zu geben, wie der Lehrer sie haben will? Wenn sie es aber nicht wissen (was, wenn wir die so beliebte Zieselmaus ausnehmen, nicht vorausgesetzt werden kann), so erhebt sich die Frage: Nach welchem Prinzip wird sich der Lehrer bei der Aufstellung seines mit solcher Wichtigkeit eingeführten Programms in dieser Frage richten?

Ist dieses Prinzip die Wissenschaft der Zoologie oder der Logik, oder ist es die Rhetorik, oder ist es überhaupt keine Wissenschaft, sondern nur der Wunsch, sich über das Sichtbare in den Gegenständen zu unterhalten? Im letzteren Fall muß man einwenden, daß es in den Gegenständen so viel Sichtbares gibt und daß es so mannigfaltig ist, daß es eines Leitfadens bedarf, um zu wissen, wovon man reden soll; beim Anschauungsunterricht aber gibt es keinen solchen Leitfaden und kann es ihn auch nicht geben.

Man teilt alles menschliche Wissen nur deshalb ein um die Kenntnisse besser sammeln, miteinander in Zusammenhang bringen und sie anderen mitteilen zu können, und diese Rubriken nennt man Wissenschaften. Außer den wissenschaftlichen Abgrenzungen kann man von den Dingen sagen, was man will, und zwar jeden Unsinn, wie wir das auch sehen. Jedenfalls wird das Resultat einer solchen Unterhaltung nur sein, daß man den Kindern befiehlt, die Worte des Lehrers von der Zieselmaus auswendig zu lernen oder ihre eigenen Worte zu ändern, in eine gewisse Ordnung zu bringen (die nicht einmal immer richtig ist), sie zu behalten und zu wiederholen. Daher leiden alle Übungen derartiger Lehrbücher, die den Zweck haben, die Kinder zu entwickeln, einerseits an einer vollkommenen Willkür, andererseits an dem Fehler, überflüssig zu sein. Als Beispiel will ich eine Geschichte aus den Übungen des Herrn Bunakow anführen, die einzige, wie ich glaube, die nicht aus anderen Büchern übernommen ist. (Leseübungen von R. Bunakow, III. Buch):

»Ein Bauer klagte einem Jäger sein Leid: Der Fuchs hatte ihm zwei Hühner und eine Ente gestohlen. Er fürchte sich gar nicht vor dem Hofhund Fips, welcher an seiner Kette dasitzt und die ganze

Nacht bellt und heult. Er habe schon eine Falle mit einem gebratenen Stück Fleisch gestellt. Am Morgen sieht er an den frischen Spuren im Schnee, daß der rote Gauner in der Nähe des Hauses war und doch nicht in die Falle gehen wollte. Der Jäger hörte die Erzählung des Bauern an und sagte: Gut, wir wollen einmal sehen, wer von uns der Klügere ist! Den ganzen Tag über ging der Jäger mit seiner Flinte und dem Hund der Spur nach, um auszukundschaften, auf welchem Weg der Fuchs zum Haus kommt. Den Tag über schläft der Gauner in seiner Höhle und ahnt nichts Böses — das muß man ausnutzen: Der Jäger grub also auf dem Weg eine Grube, bedeckte sie ganz mit Brettern, Erde und Schnee und legte in einiger Entfernung ein Stück Fleisch von einem gefallenen Pferd hin. Abends setzte er sich mit geladener Flinte in sein Versteck, und zwar so, daß er alles sehen und seine Flinte bequem anlegen konnte — so saß er da und wartete. Bald dunkelte es. Der Mond ging auf. Vorsichtig, sich nach allen Seiten umsehend, kam der Fuchs aus seinem Loch gekrochen, hob seine Nase und schnupperte. Sofort roch er den Geruch des Pferdefleisches und lief in schnellem Trab zu dem Ort, wo es lag. Plötzlich aber blieb er stehen und spitzte die Ohren: er sah, daß ein Erdhaufen an einer Stelle lag, wo gestern keiner gelegen hatte. Dieser Haufen beunruhigte ihn und machte ihn nachdenklich, er machte einen großen Umweg, schnupperte, horchte, setzte sich und betrachtete das Fleisch lange aus der Ferne, so daß unser Jäger nicht auf ihn schießen konnte, weil es zu weit war.

Lange dachte der Fuchs nach und lief dann plötzlich ganz schnell zwischen dem Haufen und dem Fleisch durch. Unser Jäger nahm sich in acht und schoß nicht. Er begriff, daß der Gauner ausforschte, ob nicht jemand hinter dem Haufen sitzt; hätte er auf den laufenden Fuchs geschossen, so hätte er ihn wahrscheinlich nicht getroffen und ihn ebensowenig mehr gesehen wie seine Ohren. Jetzt aber war der Fuchs beruhigt, der Haufen schreckte ihn nicht mehr; sicheren Schrittes näherte er sich dem Fleisch und fraß es mit Hochgenuß. Der Jäger aber legte vorsichtig an, zielte, ohne sich zu beeilen, um keinen Fehlschuß zu tun. Paff! — Der Fuchs sprang auf vor Schmerz und fiel tot nieder.«

Hier ist alles willkürlich: es ist willkürlich, daß der Fuchs den Bauern im Winter eine Ente stehlen konnte, daß Bauern den Füchsen Fallen stellen, daß der Fuchs am Tag in seiner Höhle schläft, während der Fuchs nur nachts schläft; willkürlich ist diese Grube, die aus einem unbekannten Grund im Winter gegraben und mit Brettern bedeckt wird, und deren Zweck man nicht einsieht. Es ist willkürlich, daß der Fuchs Pferdefleisch frißt, was er niemals tut, willkürlich diese scheinbare List des Fuchses, der an dem Jäger vorbeiläuft, willkürlich dieser Erdhaufen und dieser Jäger, der nicht schießt, um keinen Fehlschuß zu tun, mit einem Wort, alles von Anfang bis Ende ist nichts als ein absoluter Unsinn, den jeder Bauernknabe dem Verfasser der Geschichte nachweisen könnte, wenn es ihm erlaubt wäre, ohne Handaufheben zu reden.

Weiter läßt Herr Bunakow in seinem Buch eine Reihe von angeblichen Übungen folgen, die darin bestehen, daß man fragt: Wer bäckt, wer hackt Holz, wer schießt, und der Schüler antworten muß, der Bäcker, der Holzhacker, der Schütze, während er mit demselben Recht antworten könnte, daß die Mutter backt, das Beil hackt und der Lehrer schießt, wenn er eine Flinte hat. (Übungsbuch von Bunakow, III. Buch, S. 10.) Ebenso willkürlich ist es, daß der Schlund ein Teil des Mundes ist usw. usw.

Auch alle anderen Übungen sind vollständig überflüssig, wie z.B. die folgenden: Die Enten fliegen, und was tun die Hunde? oder: Die Linde und die Birke sind Bäume, und was ist das Pferd? Außerdem muß noch folgendes bemerkt werden: Wenn derartige Gespräche mit den Schülern auch wirklich wie Gespräche geführt werden (was niemals geschieht), d.h. wenn es den Schülern erlaubt ist, zu reden und zu fragen, was sie wollen, so gerät der Lehrer, wenn er die einfachsten Gegenstände wählt (in Wahrheit sind es die schwierigsten), auf Schritt und Tritt in Verlegenheit, einesteils aus Unwissenheit, andererseits weil ein Narr mehr fragen kann, als zehn Weise beantworten können.

Beim Arithmetikunterricht, der auf demselben pädagogischen Prinzip beruht, geschieht genau dasselbe. Entweder es wird den Schülern etwas gelehrt, was sie schon wissen, oder es werden ihnen ganz willkürliche und grundlose Kombinationen bestimmter Art mitgeteilt. Die angeführte Übung und alle Übungen, die bis zur Zahl zehn gehen, sind nur Mitteilungen dessen, was ein jedes Kind weiß. Wenn die Schüler oft auf solche Fragen nicht antworten, so kommt es nur daher, daß die Frage zuweilen an und für sich (wie z.B. in der Aufgabe mit den Fuhren) schlecht oder doch für die Kinder unverständlich ausgedrückt ist. Die Schwierigkeit, die die Kinder in der Antwort auf derartige Fragen finden, rührt aus derselben Quelle her wie der Umstand, daß ein Kind nur selten auf die Frage: Noah hatte drei Söhne, Sem, Ham und Japhet, wer war ihr Vater? die richtige Antwort findet.

Die Schwierigkeit ist hier nicht mathematischer, sondern syntaktischer Art, und sie besteht darin, daß die Frage und die Formulierung der Aufgabe nicht dasselbe Subjekt aufweisen. Und wenn sich nun zu der syntaktischen Schwierigkeit die Unfähigkeit des Verfassers der Aufgaben gesellt, sich russisch auszudrücken, so wird die Schwierigkeit für den Schüler außerordentlich groß, und doch ist sie gar nicht mathematisch. Es soll einmal ein beliebiger Mensch folgende Aufgabe des Herrn Jewtuschewsky verstehen: Ein Knabe hatte vier Nüsse, ein anderer fünf. Der zweite gab dem ersten alle seine Nüsse, und dieser gab einem dritten drei Nüsse. Die übrigen aber verteilte er unter drei andere Kameraden. Wieviel Nüsse erhielt jeder von den letzteren? Spricht man diese Aufgabe so aus: Ein Knabe hatte vier Nüsse. Man gab ihm noch fünf. Er verschenkte drei Nüsse und will die übrigen unter drei Freunde verteilen. Wieviel kann er einem jeden von ihnen geben?

— so wird sie ein Knabe von fünf lösen. Denn das ist eigentlich gar keine Aufgabe, und die Schwierigkeit kann nur durch eine schlechte Fragestellung oder durch ein mangelhaftes Gedächtnis entstehen. Und diese syntaktische Schwierigkeit, die von den Kindern nur nach langen schweren Übungen überwunden wird, veranlaßt den Lehrer zu dem Glauben, daß er die Kinder etwas Positives lehrt, während er ihnen nur beibringt, was sie schon wissen. Und es ist ebenso willkürlich, wenn den Kindern in der Arithmetikstunde allerhand Kombinationen und Zerlegungen von Zahlen nach einer bestimmten Methode und Ordnung beigebracht werden, die nur in der Phantasie des Lehrers begründet ist.

Herr Jewtuschewsky schreibt: *

»Die Zahl vier«.

»1. Bildung der Zahl. Der Lehrer stellt auf dem oberen Rand der Tafel drei Würfel nebeneinander auf: 1, 1, 1. Wieviele Würfel sind das? Dann fügt er einen vierten Würfel hinzu. Und wieviele sind es jetzt? 1, 1, 1, 1. Wie erhält man also vier Würfel aus drei und einem? Man muß zu drei Würfeln einen hinzufügen, daneben stellen.

2. Zerlegung in Faktoren. Wie kann man vier Würfel erhalten? oder: Wie kann man vier Würfel zerlegen? Vier Würfel kann man in je zwei und zwei zerlegen: 1, 1; 1, 1. Vier Würfel kann man

---

* Die Methode der Arithmetik, von W. Jewtuschewsky. 1873. pag. 128.

erhalten aus einem, einem, einem und noch einem; oder indem man viermal je einen Würfel nimmt: 1, 1, 1, 1. Vier Würfel kann man zerlegen in drei und einen: 1, 1, 1; 1. Man kann sie erhalten aus einem, einem und zweien: 1; 1, und 1, 1. Kann man vier Würfel noch in irgend einer Weise zerlegen? Die Schüler überzeugen sich, daß es keine andere von diesen verschiedene Art der Zerlegung mehr gibt und geben kann. Wenn die Schüler die vier Würfel noch in folgender Weise zerlegen: in einen, zwei und einen, oder in zwei, einen und einen, oder in einen und drei, so kann der Lehrer leicht zeigen, daß diese Zerlegungen nur Wiederholungen von schon vollzogenen Zerlegungen, nur in anderer Ordnung, sind.

Bei der Vorführung einer neuen Methode der Zerlegung, die den Schülern vorgeschlagen wird, stellt der Lehrer jedesmal die Würfel auf dem Tafelrande so nebeneinander, wie das hier dargestellt ist. So stehen in unserem Fall auf dem oberen Tafelrand vier Würfel nebeneinander, darunter zwei und zwei, unter diesen vier getrennte Würfel in einiger Entfernung voneinander, noch weiter unten drei und einer, und schließlich ganz unten einer, einer und zwei.

3. Zerlegung nach einer bestimmten Ordnung. Es ist leicht möglich, daß die Kinder die Zerlegung einer Zahl nach einer bestimmten Ordnung gleich finden werden; aber auch dann ist die dritte Übung nicht überflüssig. Zur Feststellung der Ordnung, nach der die Zerlegung geschehen soll, werden der Klasse folgende Fragen vorgelegt: Ihr habt jetzt vier Würfel aus je zweien, aus einzelnen Würfeln und aus dreien zusammengestellt, in welcher Ordnung werden wir die Würfel am besten auf die Tafel stellen? Womit sollen wir die Zerlegung der vier Würfel beginnen? Mit der Zerlegung in einzelne Würfel. Wie erhält man vier Würfel aus einzelnen Würfeln? Man muß viermal je einen nehmen. Wie erhält man vier Würfel aus je zweien, aus Würfelpaaren? Man nimmt zwei Paare, zweimal je zwei Würfel. Wie zerlegt man dann weiter vier Würfel? Man kann sie aus dreien gewinnen, dazu nimmt man drei und einen, oder einen und drei. Es wird so den Schülern klar, daß die letzte Zerlegung, d.h. 1+1+2, nicht unter die vorgeschriebene Ordnung paßt und nur eine Variation einer der ersten drei Verfahrensweisen ist.«

Warum läßt Herr Jewtuschewsky diese letzte Zerlegung nicht gelten? Warum soll dic Ordnung gelten, die Herr Jewtuschewsky fordert? — Das ist alles nur Willkür und Phantasie. Im Grunde begreift jeder denkende Mensch, daß es nur eine grundlegende Art der Zerlegung und Zusammensetzung, eine Methode in der ganzen Mathematik gibt. Das ist die folgende: 1+1=2, 2+1=3, 3+1=4 usw., dieselbe, welche die Kinder zu Hause lernen, und die man einfach mit den Worten bezeichnet: »bis zehn, bis zwanzig usw. zählen«. Dieses Verfahren kennt jeder Schüler, und welche Zerlegung Herr Jewtuschewsky auch vornehmen mag, jede von ihnen wird nur durch die erstere erklärt. Ein Knabe, der bis vier zählen kann, betrachtet die Vier schon als ein Ganzes, ebenso wie die Drei, die

Zwei und die Eins. Also weiß er doch, daß die Vier durch stetige Hinzufügung von Einern entstanden ist. Ebenso weiß er, daß vier durch eine zweimalige Hinzufügung einer Eins zur Zwei entsteht, da er weiß, daß zweimal eins zwei ist. Was also lernen die Kinder hier? Entweder etwas, was sie schon wissen, oder das Zählverfahren, das sie nach der Meinung des Lehrers auswendig können sollen.

Vor einigen Tagen war ich Zeuge einer Mathematikstunde nach der Methode von Grube. Ein Schüler wurde gefragt: Wieviel macht acht und sieben? — Er beeilte sich und sagte: sechzehn. Sein Nachbar beeilte sich auch und sagte, ohne die linke Hand zu heben: Acht und acht sind sechzehn und eins weniger macht fünfzehn. Der Lehrer unterbrach ihn streng und ließ den zuerst Gefragten erst je eins zu acht hinzufügen, bis er zu fünfzehn gelangte, obwohl der Knabe schon lange wußte, daß er sich geirrt hatte. In dieser Schule wurde die Zahl fünfzehn durchgenommen, die Zahl sechzehn aber sollte unbekannt sein.

Ich fürchte, daß alle, die meine langen Widerlegungen der Methoden des Anschauungsunterrichts und des Arithmetikunterrichts nach Grube lesen, sagen werden: Ja, wovon ist denn hier eigentlich die Rede? Ist es denn nicht klar, daß das alles ein Unsinn ist, den man doch nicht erst zu kritisieren braucht? Was hat es für einen Wert, die Fehlschlüsse und Fehlgriffe irgend eines Bunakow und Jewtuschewsky zu registrieren und etwa zu kritisieren, was überhaupt unter aller Kritik ist? Ich dachte früher selbst so, indessen überzeugte ich mich durch die Beobachtung dessen, was in der pädagogischen Welt geschieht, daß Bunakow und Jewtuschewsky nicht etwa unbekannte Leute, sondern Autoritäten für unsere Pädagogen sind, und daß das, was sie vorschlagen, schon in unseren Schulen zur Ausführung kommt. In den verborgensten Winkeln kann man schon Lehrer und besonders Lehrerinnen finden, die Lehrbücher von Jewtuschewsky und Bunakow vor sich liegen haben und direkt nach ihnen fragen, wieviel eine Feder und eine Feder ist und womit das Huhn bedeckt ist. Ja, das wäre sehr lächerlich, wenn es nur die Phantasie eines Theoretikers und nicht eine Anweisung für die praktische Tätigkeit wäre, eine Anweisung, der schon viele folgen, und wenn es sich hier nicht um eins der wichtigsten Dinge im menschlichen Leben, um die Erziehung der Kinder handelte. Ich hätte gelacht, wenn ich das bloß als eine theoretische Phantasie gelesen hätte, aber als ich erfuhr und mich davon überzeugte, daß das mit den Kindern geschieht, da wurde ich traurig und fing an, mich zu schämen.

Die Pädagogen dieser Schule machen schon in theoretischer Beziehung, abgesehen davon, daß sie die Aufgaben des Unterrichts falsch bestimmen, einen entscheidenden Fehler, weil sie die Bedingungen jeglichen Unterrichts außer acht lassen, ob dieser Unterricht sich nun auf einer höheren oder niederen Stufe der Wissenschaft bewegt, ob er in der Universität oder in der Volksschule stattfindet. Die wesentlichen Bedingungen des Schulunterrichts bestehen darin, daß aus einer unendlichen Anzahl mannigfaltiger Erscheinungen die gleichartigen ausgesucht und daß ihre Gesetze den Schülern mitgeteilt werden.

So teilt man dem Schüler beim Sprachunterricht die Sprachgesetze, bei der Mathematik die Gesetze der Zahlen mit. Der Sprachunterricht besteht in der Mitteilung der Gesetze der Zerlegung und Wiedervereinigung der Redeteile, Worte, Silben und Laute, und diese Gesetze bilden den Gegenstand der Lehre. Der Unterricht in der Mathematik besteht in der Mitteilung der Gesetze der Zusammensetzung und Zerlegung der Zahlen (ich bitte zu beachten: nicht in dem Prozeß der Zusammensetzung und Zerlegung der Zahlen, sondern in der Mitteilung der Gesetze dieser Zusammensetzung und Zerlegung). So besteht das erste Gesetz darin, daß man eine Mehrheit von Einern als Einheit anderer Art betrachten kann, es ist dasselbe, was jedes Kind tut, wenn es sagt: zwei und eins ist drei. Es betrachtet die Zwei als eine Art Einheit. Auf diesem Gesetz beruhen die folgenden Gesetze der Zählung, die Addition und die ganze Mathematik. Aber willkürliche Reden von der Bremse, dem Füchschen usw. oder Aufgaben im Bereich der Zahlen von eins bis zehn sowie alle nur möglichen Zerlegungen der Zahlen können keinen Gegenstand des Unterrichts bilden, da sie erstens die Grenzen des Gegenstandes überschreiten und zweitens nicht von den Gesetzen der Zahlen handeln.

So stellt sich mir die theoretische Seite der Sache dar; aber die theoretische Kritik kann sich oft irren, und daher will ich versuchen, meine Schlüsse mit den praktischen Daten zu vergleichen. G. P. hat uns ein Beispiel für die praktischen Erfolge des Anschauungsunterrichts und der Mathematik nach der Methode von Grube gegeben. Einem der älteren Knaben wurde gesagt: Lege die Hand unter das Buch, um zu zeigen, daß er die Begriffe auf und unter kennengelernt hat, und ein kluger Knabe legte die Hand auf das Buch, obwohl man ihm gesagt hatte, er solle sie unter das Buch legen, obwohl er (wovon ich überzeugt bin), schon mit drei Jahren wußte, was auf und unter bedeutet.

Solche Beispiele habe ich oft gesehen, und sie beweisen deutlicher als alles, wie unnütz, fremdartig und, ich möchte sagen, beschämend dieser Anschauungsunterricht für russische Kinder ist. Ein russisches Kind kann und will nicht glauben (dazu hat es zuviel Achtung vor dem Lehrer und vor sich selber), daß man es im Ernst fragt, ob die Decke oben oder unten ist, und wieviele Beine es hat.

In der Arithmetik haben wir auch gesehen, daß Schüler, die noch keine Zahl schreiben konnten und die sich während des ganzen Unterrichts nur im Addieren der Zahlen bis Zehn im Kopf übten, während einer halben Stunde stets falsche Antworten auf Fragen gaben, die ihnen der Lehrer über die Zahlenverhältnisse innerhalb der Grenzen von eins bis zehn vorlegte. Folglich hat das

Kopfrechnen zu gar nichts geführt, und die syntaktische Schwierigkeit, die für sie in der Entwirrung einer schlecht gestellten Frage liegt, besteht nach wie vor in demselben Maß wie früher. Somit haben die praktischen Resultate der Prüfungen, die stattfanden, den Nutzen der auf Entwicklung abzielenden Bestrebungen nicht bestätigt. Aber ich will absolut exakt und gewissenhaft verfahren. Vielleicht bringt die Methode der Entwicklung, die sich zunächst nicht so sehr auf das Lernen wie auf die Analyse dessen bezieht, was die Schüler schon wissen, ihre Resultate erst später.

Vielleicht bemächtigt sich der Lehrer zuerst durch die Analyse des Geistes der Schüler und führt sie dann leicht und sicher weiter, vielleicht leitet er sie aus dem engen Bereich der Beschreibungen des Tisches und des Zählens von zwei und eins in das wahre Gebiet des Wissens hinüber, in dem sich die Schüler nicht auf das Studium dessen beschränken, was sie schon wissen, sondern bereits Neues kennenlernen und dieses Neue auf eine neue, leichtere und vernünftigere Art kennenlernen.

Diese Vermutung wird auch dadurch bestätigt, daß alle deutschen Pädagogen und ihre Anhänger, zu denen auch Herr Bunakow gehört, direkt sagen, daß der Anschauungsunterricht eine Einführung in die Heimatkunde und Naturkunde sein soll. Aber wir würden in dem Lehrbuch des Herrn Bunakow vergeblich danach suchen, wie diese Heimatkunde unterrichtet werden soll, wenn man unter diesem Wort irgendwelche wirklichen

Kenntnisse und nicht die Beschreibung der Hütte oder des Vorhauses verstehen will, was die Kinder wiederum schon wissen. Herr Bunakow sagt auf Seite 200, nachdem er kurz erklärt hat, wie man zu lehren habe, wo die Decke und wo der Ofen ist, ganz kurz: »Jetzt müßte man zur dritten Stufe des Anschauungsunterrichts übergehen, deren Inhalt ich folgendermaßen definiert habe: Studium der Gegend, des Kreises, der Provinz, des ganzen Vaterlandes, mit seinen natürlichen Produkten und seiner Bevölkerung in allgemeinen Zügen als Abriß der Vaterlandskunde und Anfang der Naturwissenschaft vorwiegend auf Grund von Lektüre, die sich auf die Beobachtungen der beiden ersten Stufen stützt und so den geistigen Horizont der Schüler und die Sphäre ihrer Vorstellungen und Begriffe erweitert.« Schon aus dieser Definition ist ersichtlich, daß hier die Anschaulichkeit eine Ergänzung zu der mit Erklärungen verbundenen Lektüre und zu der Erzählung des Lehrers bilden soll, folglich bezieht sich auch, was von den Übungen des dritten Jahres gesagt wird, mehr auf die zweite Übung, die zu dem Unterrichtsgegenstand gehört, den man die Muttersprache zu nennen pflegt, auf die mit Erklärungen verbundene Lektüre.

Wir wenden uns nun dem dritten Jahre zu, der mit Erklärungen verbundenen Lektüre, aber auch da finden wir absolut nichts, was uns Aufschlüsse über die Mitteilung neuer Kenntnisse gibt, außer etwa, daß wir erfahren, es sei gut, diese und jene Bücher zu lesen, und beim Lesen diese und jene

Fragen zu stellen. Diese Fragen sind sehr seltsam (wenigstens für mich), wie z.B. die Aufgabe, die Aufsätze über das Wasser von Uschinski und Aksakow miteinander zu vergleichen und die Zumutung, die Schüler sollen erklären, daß Aksakow das Wasser als eine Naturerscheinung, Uschinski aber als eine Substanz betrachte usw. Wir begegnen also auch hier derselben Erscheinung: Dem Schüler werden Ansichten, Einteilungen des Lehrers (und meist noch dazu falsche) aufgedrängt, und es fehlt jedes Wort, jede Andeutung darüber, wie nun eigentlich die neuen Kenntnisse den Schülern mitgeteilt werden sollen.

Es ist uns unbekannt, was unterrichtet werden soll, Naturkunde oder Geographie? Wir erfahren nichts, außer daß gelesen wird und daß Fragen gestellt werden wie die, welche ich anführte. Bei dem anderen Teil des Sprachunterrichts, der Grammatik und Orthographie, würden wir ebenso vergeblich nach einer neuen Unterrichtsmethode suchen, die sich auf die vorhergehende Entwicklung stützt. Es ist immer dieselbe alte Grammatik von Perewlewsky, die mit philosophischen Definitionen beginnt, dann zur syntaktischen Analyse übergeht und allen neuen grammatischen Lehrbüchern und so auch dem des Herrn Bunakow zum Leitfaden dient.

Auch in der Mathematik würden wir vergeblich auf der Stufe, wo der wirkliche Mathematikunterricht beginnt, nach etwas Neuem suchen, was das Lernen erleichtert und was sich auf die gesamte Entwicklung stützt, die die Schüler auf

Grund zweijähriger Übungen mit Zahlen bis zu zwanzig erlangt haben sollten. Da, wo wir in der Arithmetik wirklich auf Schwierigkeiten stoßen, wo man dem Schüler den Gegenstand allseitig erkären muß, wie bei der Numerierung, der Addition, der Subtraktion, Division und Multiplikation der Brüche, finden wir auch nicht die Spur von einer Vereinfachung oder einer neuen Erklärung, sondern nur Auszüge aus alten Arithmetikbüchern.

Der Charakter dieses Unterrichts bleibt sich überall gleich. Die ganze Aufmerksamkeit wird darauf gerichtet, dem Schüler etwas beizubringen, was er schon weiß. Und weil der Schüler weiß, was ihm beigebracht werden soll, und auf Wunsch des Lehrers das, was man von ihm verlangt, leicht in jeder gewünschten Ordnung und Reihenfolge hersagt, deshalb scheint es dem Lehrer, daß er etwas lehrt, daß die Fortschritte der Schüler groß sind, und der Lehrer bewegt sich höchst befriedigt auf demselben Fleck, ohne im geringsten darauf zu achten, was die größte Schwierigkeit beim Unterricht ausmacht, nämlich wie man es anstellt, Neues zu lehren. Daher kommt es, daß unsere pädagogische Literatur eine Überfülle von Lehrbüchern des Anschauungsunterichts und anderer Unterrichtsgegenstände aufweist. So gibt es Lehrbücher, wie man Kindergärten einrichten soll (eins der absurdesten Produkte der neuen Pädagogik), Bilder, Lesebücher, in denen immer dasselbe wiederholt wird, dieselben Geschichten vom Fuchs, vom Auerhahn usw., dieselben Gedichte, die aus irgend einem Grund in Prosa und in verschiedenen Anordnungen aufgeschrieben und von allen möglichen Erklärungen begleitet sind.

Aber wir besitzen nicht einen einzigen Aufsatz, der sich für Kinder zum Lesen eignet, keine einzige russische oder slawische Grammatik, nicht ein slawisches Wörterbuch, nicht ein Lehrbuch der Arithmetik, der Geographie oder der Geschichte für die Volksschule. Alle Kräfte sind darauf gerichtet, Lehrbücher zu verfassen, um die Kinder etwas zu lehren, was man ihnen in der Schule weder beibringen kann noch soll, und was alle Kinder im Leben selbst lernen. Und es ist begreiflich, daß solche Bücher in unendlicher Zahl erscheinen können. Denn es kann nur eine Grammatik und Arithmetik geben, aber Übungen und Betrachtungen der Art, wie ich sie aus Bunakow angeführt habe, und die Möglichkeiten der Zerlegung von Zahlen nach der Weise von Jewtuschewsky sind unendlich. Die Pädagogik befindet sich in der Lage einer Wissenschaft, die davon handelt, wie der Mensch gehen muß. Gäbe es eine solche Wissenschaft, so würden die Menschen Regeln suchen, wie man die Kinder belehren und ihnen vorschreiben soll, einen Muskel zu kontrahieren, einen anderen auszustrecken usw. usw. Diese Situation der neuen Pädagogik entspringt unmittelbar aus zwei ihrer Grundlagen. Die erste liegt in dem Satz, daß das Ziel der Schule die Entwicklung und nicht die Wissenschaft ist. Die zweite erklärt, daß die Entwicklung und die Mittel zu ihrer Verwirklichung theoretisch bestimmt werden können. Daraus geht ganz notwendig der traurige und oftmals lächerliche Zustand hervor, in dem sich heute die Schule befindet. Die Kräfte werden umsonst verschwendet, das Volk, das heute nach Bildung dürstet wie dürres Gras nach Wasser, sie gerne annehmen würde und nach ihr verlangt, erhält einen Stein statt Brot und gerät in Verlegenheit: Hat es sich geirrt, als es sich nach der Bildung wie nach einem hohen Gut sehnte, oder stimmt etwas nicht mit dem, was man ihm anbietet? Daß es sich so verhält, daran kann kein Mensch zweifeln, der die moderne Theorie der Schule und ihre wirkliche Lage im Volk kennenlernt. Und doch erhebt sich unwillkürlich die Frage: Wie ist es möglich, daß ehrliche, gebildete Menschen, die ihren Beruf lieben und nach dem Guten streben, zu denen sich die große Mehrzahl meiner Gegner rechnet, in eine so schlimme Lage und in so verhängnisvolle Irrtümer geraten konnten? Diese Frage beschäftigte mich lange, und ich will versuchen, die Antworten mitzuteilen, die ich darauf gefunden habe.

Die Sache hat viele Gründe. Die natürlichste Ursache, die die Pädagogik auf den falschen Weg geführt hat, auf dem sie sich heute befindet, ist die Kritik des Alten, eine Kritik um der Kritik willen, ohne Aufstellung neuer Prinzipien an Stelle derer, die man kritisiert. Es ist allen bekannt, daß die Kritik eine leichte Sache und daß sie völlig unfruchtbar und oft schädlich ist, wenn nicht neben der Ablehnung einer Sache auch die Prinzipien aufgezeigt werden, auf Grund deren man etwas verurteilt. Wenn man sagt, etwas sei schlecht, weil es mir nicht gefällt, oder weil alle es sagen, daß es schlecht sei, oder selbst darum, weil es wirklich schlecht ist und ich doch nicht weiß, wie es besser gemacht werden kann, so ist eine solche Kritik immer unfruchtbar und schädlich. Die Anschauungen der Pädagogen der neuen Schule gründen sich vor allem auf die Kritik der alten Methoden. Selbst heute noch, wo es doch nicht mehr erlaubt sein sollte, einen zu schlagen, der am Boden liegt, kann man in jedem Lehrbuch hören und lesen, es sei schädlich, ohne Verständnis zu lesen, man dürfe die Definition der Zahlen und die Operationen mit den Zahlen nicht auswendig lernen, ein sinnloses Auswendiglernen sei schädlich; es bringe nur Schaden, die Operationen mit Tausendern zu lernen, wenn man noch nicht zwei und drei addieren kann usw. Der wichtigste Ausgangspunkt ist die Kritik alter Methoden und die Entdeckung neuer, die den alten möglichst entgegengesetzt sind, keinesfalls aber die Aufstellung neuer pädagogischer Prinzipien, aus denen wirklich neue Verfahrensweisen hervorgehen können.

Es ist sehr leicht, die gebräuchliche Methode des Unterrichts im Lesen und Schreiben, die im Auswendiglernenlassen ganzer Seiten aus dem Psalter oder beim Arithmetikunterricht im Einpauken einer Definition besteht, was eine Zahl sei usw., zu kritisieren. Ich will bloß bemerken, daß es heute nur noch wenig Sinn hat, diese Methoden anzugreifen, und daß es kaum mehr Lehrer gibt, die sie verteidigen, und daß ferner, wenn man mir bei der Kritik dieser Erscheinungen zu verstehen geben will, daß ich ein Verteidiger der alten Lehrmethoden sei, dies bloß daher rührt, daß meine Opponenten infolge ihrer Jugend nicht wissen, daß ich schon vor zwanzig Jahren, soweit es in meiner Kraft und in meinem Vermögen stand, diese alten pädagogischen Methoden bekämpft und für ihre Aufhebung gestritten habe.

Man entdeckte also, daß die alten Unterrichtsmethoden nichts wert sind, und ohne neue Grundlagen gefunden zu haben, begann man, nach neuen Methoden zu suchen. Daher sage ich, daß, solange man noch keine neuen Grundlagen geschaffen hat, es nur zwei feste Fundamente für die Pädagogik gibt: 1. Die Bestimmung eines Kriteriums, was man lehren soll und 2. eines Kriteriums, wie man lehren muß, d.h. eines Maßstabes dafür, daß die erwählten Gegenstände die notwendigsten sind und daß die erwählte Methode die beste ist.

Noch niemand hat diese Grundlagen beachtet, und jede Schule suchte zu ihrer Rechtfertigung allerhand quasi-philosophische Betrachtungen zu finden. Aber gerade diese theoretische Grundlage, wie sich Herr Bunakow aus Versehen ganz richtig ausdrückt, kann nicht zur Grundlage dienen. Denn die ganz gleiche theoretische Grundlage hatte auch das alte Lehrverfahren.

In Wirklichkeit aber ist die dringendste Frage der Pädagogik, die ich vor fünfzehn Jahren vergebens in ihrer ganzen Bedeutsamkeit zu stellen versucht habe: Wie soll man wissen, was und wie man lehren soll? ganz unberührt geblieben. Und so geschah es, daß, als es klar wurde, daß das alte Verfahren nichts taugt, man nicht danach zu suchen begann, wie man erfahren solle, was die bessere Methode sei; vielmehr ging man sogleich daran, eine andere, der alten möglichst entgegengesetzten Methode zu entdecken. Man tat das, was ein Mann tut, in dessen Hause es im Winter kalt ist, und der, ohne danach zu forschen, warum es kalt ist und wie dem Unglück abzuhelfen sei, auf die Suche nach einem neuen Hause geht, das dem ersten möglichst wenig gleich sieht. Ich war damals im Ausland und erinnere mich, wie ich überall in Europa wandernde Apostel traf, die nach einem neuen Glauben suchten, d.h. Beamte des Ministeriums, die die deutsche Pädagogik studierten.

Wir haben die Verfahrensweisen des Unterrichts von unseren nächsten Nachbarn, den Deutschen, übernommen, erstens weil wir immer am meisten geneigt sind, die Deutschen nachzuahmen, und zweitens weil das die allerkomplizierteste und schlaueste Methode war; wenn man schon etwas Fremdes annimmt, so muß es natürlich das allerletzte, modernste und schlaueste sein, drittens endlich besonders deswegen, weil diese Methoden unseren alten am meisten entgegengesetzt waren. Die neuen Methoden wurden also von den Deutschen entlehnt, und nicht allein und für sich, sondern mit ihren theoretischen Grundlagen, d.h. mit der quasi-philosophischen Rechtfertigung dieser Verfahrensweisen. Und diese theoretische Grundlage erwies und erweist noch immer recht gute Dienste. Sobald die Eltern oder überhaupt Menschen von gesundem Verstand, die sich mit der Sache der Volksbildung beschäftigen, einen Zweifel darüber äußern, ob diese Methoden auch wirklich gut sind, so erhalten sie sofort die Antwort: »Und der berühmte Pestalozzi, Diesterweg, Deutsch, Wurst, die Methodik, die Heuristik, Didaktik, der Konzentrismus — gelten sie nichts?« Und die Kühnen machen eine abwehrende Handbewegung und sagen: »Gott mit ihnen; wir wissen es besser.«

In diesen deutschen Methoden lag noch ein großer Vorteil für den Lehrer (ein Grund, weswegen man so zäh an ihnen hängt), daß sich nämlich der Lehrer bei ihnen nicht so sehr anzustrengen, sondern nur weiter zu studieren braucht, und daß er es nicht nötig hat, an sich selbst und an den Unterrichtsmethoden zu arbeiten.

Die längste Zeit über lehrt der Lehrer nach diesen Methoden Dinge, die die Schüler schon wissen, und er tut es noch dazu nach einem Lehrbuch, und daher hat er es leichter. Und ohne es zu wissen, hängt der Lehrer, dank einer eingeborenen menschlichen Schwäche, an dieser Bequemlichkeit und Leichtigkeit, die mit dem Verfahren verbunden sind. Es ist doch angenehm, die feste Überzeugung zu haben, daß man etwas lehrt und eine wichtige und moderne Sache tut, es ist doch angenehm, den Kindern aus Büchern von der Zieselmaus oder davon zu erzählen, daß ein Pferd vier Beine hat, oder Würfel zu je zwei und drei zusammenzufügen und zu fragen, wieviel zwei und zwei ergibt; wenn es aber notwendig wäre, statt von der Zieselmaus irgend etwas wirklich Unterhaltendes zu erzählen oder vorzulesen, einen Abriß der Grammatik, der Geographie, der biblischen Geschichte oder der vier Grundrechenarten zu geben, so würde der Lehrer sofort dazu geführt werden, an sich zu arbeiten, vieles lesen und seine Kenntnisse auffrischen zu müssen.

So also wurde die alte Methode kritisiert und verworfen und eine neue von den Deutschen entlehnt. Dieses Verfahren ist unserem russischen und jedem pedantischen Wesen feindlichen Geist so fremd, seine absurden Seiten springen für uns so sehr in die Augen, daß diese Methode, wie man meinen sollte, in Rußland nie Eingang finden konnte, und doch wird sie angewandt, obwohl freilich nur in kleinem Maßstab, aber sie wird angewandt und bringt in gewisser Hinsicht wirklich bessere Resultate als die alte, kirchliche Methode. Das kommt daher, daß diese Methode bei uns aus der Kritik der alten Verfahrensweisen hervorgegangen ist (auch in Deutschland ist sie ursprünglich so entstanden), und daher sind in ihr alle Mängel des alten Verfahrens vermieden, obwohl freilich durch den extremen Gegensatz gegen das Alte, der mit jener besonderen, den Deutschen eigenen Pedanterie bis zum äußersten getrieben wurde, neue Mängel hervorgetreten sind, und vielleicht größere als die früheren.

Früher lehrte man bei uns lesen, indem man an den Konsonanten ganz unnütze Silben anhängte (be, buki, we, wedi — uki, edi) und im Deutschen es, em, de, ce usw. sprechen ließ, d.h. bald von vorn, bald hinten einen Vokal hinzusetzte, und darin lag die Schwierigkeit. Jetzt ist man in das entgegengesetzte Extrem verfallen, indem man den Konsonanten ohne Verbindung mit einem Vokal sprechen lassen will, was doch offenbar unmöglich ist. In der Grammatik von Uschinsky (Uschinsky ist bei uns der Vater der Lautiermethode) sowie in allen Lehrbüchern der Lautiermethode werden bei der Darstellung der Grammatik die Konsonanten folgendermaßen definiert: Ein Konsonant ist ein Laut, den man nicht allein und gesondert aussprechen kann.* Und dieser Laut wird dem Schüler zuerst beigebracht. Als ich die Bemerkung machte, daß sich b nicht allein aussprechen lasse, sondern immer etwas wie bö oder bü herauskäme, sagte man mir, das käme daher, daß es nicht alle verstehen, und es bedürfe einer großen Kunst, einen Konsonanten auszusprechen. Und ich habe es selbst erlebt, wie der Lehrer, wenn der Schüler nach meinem Begriff ganz befriedigend und kurz b sprach, ihn zehnmal verbesserte, bis er soviel wie möglich von den mitklingenden Lauten wegließ. Und mit diesen b, s, mit den Lauten, die sich nicht aussprechen lassen, wie Uschinsky erklärt, oder zu deren Aussprache es einer besonderen Virtuosität bedarf, beginnt man den Unterricht im Lesen nach pedantischen deutschen Lehrbüchern.

---

* Rodnoje Slowo (Wort der Heimat), 3. Jahrgang

Früher ließ man ohne jeden Sinn Silben auswendig lernen (das war schlecht), ganz im Gegensatz dazu schreibt die neue Manier vor, die Silben überhaupt nicht zu trennen, was in einem langen Wort ganz unmöglich ist und was in Wirklichkeit niemals gemacht wird. Ein jeder Lehrer, der nach der Lautiermethode unterrichtet, fühlt die Notwendigkeit, den Schüler auf dem einen Teil des Wortes ausruhen und ihn besonders aussprechen zu lassen. Früher las man den durch seinen hohen und tiefen Sinn für die Kinder ganz unverständlichen Psalter (was schlecht war); im Gegensatz dazu läßt man heute ganz sinnlose Sätze lesen und jedes leicht verständliche Wort erklären oder ein unverständliches auswendig lernen. In der alten Schule sprach der Lehrer gar nicht mit den Schülern, jetzt ist es Vorschrift, daß der Lehrer mit den Schülern redet, was ihm gerade in den Sinn kommt, entweder was sie schon wissen, oder was sie nicht zu wissen brauchen.

In der Mathematik lernte man früher die Definition der vier Grundrechenarten auswendig, jetzt beschäftigt man sich überhaupt nicht mehr mit ihnen, da man nach Herrn Jewtuschewsky erst im dritten Jahr zum Zählen übergeht, und da man der Ansicht ist, die Schüler müßten ein ganzes Jahr lang bis zehn zählen lernen. Früher ließ man die Kinder Operationen an großen abstrakten Zahlen ausführen, ohne auf die andere Seite der Mathematik, die Lösung von Aufgaben (Aufstellung von Gleichungen) zu achten. Jetzt lehrt man die Kinder Aufgaben lösen, Gleichungen mit kleinen

Zahlen ansetzen, ehe sie noch zählen können und die vier Grundrechenarten beherrschen; und doch zeigt jedem Lehrer die Erfahrung, daß die Schwierigkeit, die im Ansatz einer Gleichung und in der Lösung von Aufgaben liegt, nur durch die allgemeine Entwicklung, die das Leben und nicht die Schule ermöglicht, überwunden wird. Man machte die richtige Beobachtung, daß es kein besseres Mittel für den Schüler gibt, wenn ihm der Ansatz einer Aufgabe mit größeren Zahlen Schwierigkeiten macht, als ihn dieselbe Aufgabe mit kleinen Zahlen lösen zu lassen. Ein Schüler, der es im Leben gelernt hat, Aufgaben mit kleinen Zahlen gefühlsmäßig zu lösen, ist sich des Verfahrens der Lösung bewußt, und er wendet dieses Verfahren auf größere Zahlen an.

Die neueren Pädagogen, die das bemerkt haben, suchen nun die Schüler nur Aufgaben mit kleineren Zahlen lösen zu lassen, d.h. sie wollen etwas lehren, was gar nicht Sache des Unterrichts, sondern des Lebens ist. Im Unterricht der Grammatik ist die neue Schule auch ihrem Ausgangspunkt, der Kritik des alten und dem Übergang zum völlig entgegengesetzten Verfahren treu geblieben. Früher lernte man die Definitionen der Redeteile auswendig und ging von der Etymologie zur Syntax über; jetzt beginnt man nicht bloß mit der Syntax, sondern auch mit der Logik, die man den Kindern beibringen will. In der Grammatik des Herrn Bunakow, die ein Auszug aus der Grammatik von Perewlewsky bis auf die Beispiele, die dort angeführt sind, ist, beginnen die grammatischen Übungen mit der syntaktischen Analyse, die besonders in der russischen Sprache so außerordentlich schwierig und selbst schwankend ist, da sie sich den klassischen Formen der Syntax nie ganz fügt. Die neue Schule hat somit einige Mängel beseitigt, von denen die wichtigsten die Weglassung des angehängten Vokals und das Auswendiglernen der Definitionen ist; darin liegt ihr Vorzug vor der alten Methode, und so erbringt sie im Lesen und Schreiben zuweilen bessere Resultate; dafür aber hat sie neue Mängel eingeführt, die darin bestehen, daß der Inhalt des Gelesenen völlig sinnlos ist, und daß die Arithmetik als besonderer Gegenstand überhaupt nicht mehr unterrichtet wird.

In der Praxis (wobei ich mich auf alle Schulinspektoren, die Mitglieder des Schulrats, die die Schulen besuchen, sowie auf alle Lehrer berufe) ereignet sich in einer großen Zahl von Schulen, wo diese deutsche Methode Vorschrift ist, mit nur wenigen Ausnahmen folgendes: Die Kinder lernen nicht nach der Lautiermethode, sondern nach der Buchstabiermethode; sie sprechen den Konsonanten nicht b, sondern bü oder wö aus und teilen die Worte in Silben. Der Anschaungsunterricht liegt ganz darnieder, die Arithmetik desgleichen, und die Kinder haben nichts zu lesen. Die Lehrer gehen, ohne daß es ihnen bewußt wird, von ihren theoretischen Forderungen ab und passen sich den Forderungen des Volkes an. Die praktischen Resultate, die sich überall wiederholen, müßten doch, wie man meinen sollte, die

Unrichtigkeit der Methode beweisen, aber in den Kreisen der Pädagogen, wenigstens derer, die Lehrbücher verfassen und Regeln vorschreiben, herrscht eine so gründliche Unkenntnis des Volkes oder doch der Wille, das Volk und seine Forderungen nicht zu kennen, daß das Verhältnis der Tatsachen zu diesen Methoden den Gang ihrer Tätigkeit nicht im mindesten stört. Es ist schwer, sich die Ansicht vom Volk auch nur vorzustellen, die in den Kreisen dieser Pädagogen herrscht und aus der diese Methode und alle anderen Unterrichtsweisen entsprungen sind. Herr Bunakow führt mit großer Naivität zum Beweis dafür, wie wichtig der Anschauungsunterricht und die Entwicklung der Kinder für die russische Schule ist, die Worte Pestalozzis an: »Möge jemand«, sagt er, »der unter dem einfachen Volk gelebt hat, meine Worte widerlegen, daß es nichts Schwereres gibt, als diesen Wesen irgend einen Begriff mitzuteilen. In Wahrheit widerspricht dem auch niemand. Die schweizerischen Priester bestätigen das, wenn das Volk zu ihnen kommt, um zu lernen, es nicht versteht, was man zu ihm sagt, und die Priester verstehen nicht, was das Volk zu ihnen redet. Die Bewohner der Städte, die auf das Dorf ziehen, wundern sich über die Unfähigkeit der Dorfbewohner, sich auszudrücken. Es vergehen Jahre, ehe die Dienstboten auf dem Dorf es lernen, sich mit ihren Herren zu verständigen.« Dieses Verhältnis des einfachen Mannes zu den gebildeten Ständen in der Schweiz wird zur Grundlage desselben Verhältnisses bei uns genommen.

Ich halte es für überflüssig, mich über etwas zu verbreiten, was jedem bekannt ist, daß nämlich in ganz Deutschland das Volk eine besondere Sprache spricht, die man Plattdeutsch nennt, und daß in der deutschen Schweiz sich dieses Plattdeutsch von der deutschen Sprache besonders weit entfernt hat, daß dagegen in Rußland wir oft schlecht sprechen, das Volk aber immer gut spricht, und daß es daher für Rußland weit wichtiger wäre, die Worte Pestalozzis auf den Standpunkt eines Bauern anzuwenden, der über unsere Lehrer spricht. Ein Bauer und ein Bauernknabe werden ganz zu Recht behaupten, daß es sehr schwer zu verstehen ist, was diese Wesen (womit er die Lehrer meint) reden.

Die Unkenntnis des Volkes ist in der Welt dieser Pädagogen so vollkommen, daß sie kühn behaupten, in die Bauernschule oder in die Dorfschule kämen Wilde, die sie dann mit derselben Kühnheit darüber belehren, was oben und was unten ist, daß die Klassentafel auf einem Gestell steht und daß sich unter ihr ein Kreidekästchen befindet. Sie wissen nicht, daß, wenn die Schüler den Lehrer fragen würden, sich sehr viele Gegenstände finden würden, die der Lehrer nicht kennt; es könnte z.B. jeder Knabe sagen, aus welchem Holz die Wandtafel sei, wenn man die Farbe von ihr abkratzt, ob es Fichten-, Linden- oder Espenholz ist, was der Lehrer nicht entscheiden könnte. Über eine Katze oder ein Huhn wird ein Bauernknabe immer mehr und Besseres zu erzählen wissen als der Lehrer, weil er sie häufiger und genauer beobachtet hat. Statt der Aufgabe von den Fuhren kennt der Knabe Aufgaben über Raben, Vieh und Gänse (über die Raben kennt er folgende Aufgabe: Es flog eine Schar von Raben über Eichen hin. Wenn sich zwei Raben auf jede Eiche setzen, so ist ein Rabe zu wenig, setzt sich ein Rabe auf jede Eiche, so ist eine Eiche zu wenig. Wieviel Raben und wieviel Eichen waren es? — Eine Aufgabe über Vieh: Man soll für 100 Rubel 100 Stück Vieh kaufen, Kälber für 50 Kopeken, Kühe für 3 Rubel und Ochsen für 10 Rubel das Stück. Wieviel Kälber, Kühe und Ochsen muß man also kaufen?).

Die Pädagogen der deutschen Schulen ahnen gar nicht, wieviel Helligkeit, wieviel echte Lebensklugheit, wieviel Abscheu gegen alles Falsche und wieviel Spott über alles Unechte in einem russischen Bauernjungen stecken, und wagen es nur deshalb mit solcher Kühnheit (was ich selbst gesehen habe), im Kreuzfeuer von 40 Paar klugen Kinderaugen zum Spott der Schüler ihre Scherze vorzubringen. Und daher wird ein wirklicher Lehrer, der das Volk kennt, der die Schüler kennt, mit denen er es zu tun hat, trotz den strengsten Vorschriften, die Bauernkinder zu lehren, was oben, was unten und daß zwei und drei fünf ist, nicht imstande sein, dies zu tun.

Die Hauptgründe, die uns in einen so seltsamen Irrtum verstrickt haben, sind also folgende: 1. Unsere Unkenntnis des Volkes; 2. die Leichtigkeit, das zu lehren, was die Schüler schon wissen, die uns unwillkürlich besticht; 3. unsere Neigung, alles von den Deutschen zu entlehnen, und 4. die

Kritik am Alten ohne Entdeckung neuer Grundlagen. Diese letzte Ursache hat die Pädagogik der neuen Schule dazu geführt, daß trotz des großen äußerlichen Unterschiedes zwischen der alten und neuen Methode beide in ihren Grundlagen und darum in ihren Unterrichtsweisen und Resultaten völlig identisch sind. Bei beiden Methoden besteht die wichtigste Grundlage darin, daß der Unterrichtende fest und unerschütterlich weiß, was und wie er lehren soll, und diese Kenntnis schöpft er nicht aus den Forderungen des Volkes und aus der Erfahrung, sondern er hat ein für allemal entschieden, was und wie er lehren soll, und so lehrt er denn auch.

Der Pädagoge der alten Schule, die ich der Kürze halber die kirchliche nennen will, weiß auch fest und unerschutterlich, daß man nach dem Gebetbuch und nach dem Psalter unterrichten, auswendig lernen lassen muß und keine Neuerungen in seinen Verfahrensweisen gestatten darf, und ebenso fest und unerschütterlich weiß der Lehrer der neuen, deutschen Schule, daß man nach Herrn Bunakow und Jewtuschewsky unterrichten, mit den Worten (uss — Schnurrbart und ossa — Bremse) beginnen, danach fragen muß, was oben und unten ist, die Geschichte von der geliebten Zieselmaus erzählen muß und keine Abweichungen von den Methoden zulassen darf. Beide fußen auf der festen Überzeugung, daß ihnen die besten Methoden bekannt sind, und aus der Gleichheit der Grundlagen ergibt sich auch die fernere Verwandschaft. Der Lehrer der kirchlichen Leseunterrichtsmethode wird, wenn man ihm gegenüber bemerkt, daß die Kinder bei seiner Unterrichtsweise langsam und mit Mühe lesen und schreiben lernen, antworten, es handle sich nicht um Lesen und Schreiben, sondern um die göttliche Lehre, worunter er das Studium der kirchlichen Bücher versteht. Und dasselbe wird ihnen der Lehrer der russischen Sprache sagen, der nach der deutschen Methode unterrichtet. Er wird antworten (und alle sagen und schreiben es), daß es nicht auf den möglichst schnellen Erwerb der Fähigkeit zu lesen, zu schreiben und zu rechnen ankommt, sondern lediglich auf die Entwicklung. Beide sehen das Ziel des Unterrichts in einem Gegenstand, der vom Lesen, Schreiben und Rechnen, d.h. von der Wissenschaft unabhängig ist, und erblicken es in etwas anderem und unzweifelhaft Notwendigem.

Die Ähnlichkeit erstreckt sich bis in die kleinsten Einzelheiten. Bei der einen wie bei der anderen Methode bleibt jede Lehre vor der Schule, jegliches außerhalb der Schule erworbene Wissen unbeachtet. Alle Schüler, die in die Schule eintreten, gelten als gleich unwissend und müssen von Anfang an beginnen. Wenn ein Knabe in die Kirchenschule kommt, der die Buchstaben und ihre Verbindung zu Silben kennt: b'a=b, b'e-be, so muß er nach der Methode be-a, ba, be-e, be umlernen, und ebenso ist es in der deutschen Schule.

Ebenso passiert es in beiden Schulen, daß die Kinder keine Aufgaben über Lesen und Schreiben erhalten.

Und ebenso herrscht bei beiden Methoden die mechanische Seite des Unterrichts über die geistige. In den Kirchenschulen wie in den neueren zeichnen sich die Schüler durch eine gute Handschrift und eine vortreffliche Aussprache beim Lesen aus, d.h. sie sprechen nicht so, wie man redet, sondern wie man schreibt. Bei beiden Methoden herrscht in der Schule beständig eine gewisse äußere Ordnung, die Kinder haben stets Furcht und können nur mit der größten Strenge gelenkt und geleitet werden. Herr Korolew erwähnte beiläufig, daß man bei der Lautiermethode nicht ohne Schläge auskomme. Ich habe das in den Schulen nach deutschem Muster beobachtet und glaube, daß man selbst in der neuen deutschen Schule nicht ohne Schläge auskommen kann, da auch in ihr, ebensowenig wie in der Kirchenschule, danach gefragt wird, was den Schüler interessiert, sondern nur gelehrt wird, was nach der Überzeugung des Lehrers notwendig ist, und daher kann diese Schule nur auf Grundlage des Zwanges bestehen. Der Zwang aber beruht bei Kindern immer auf Schlägen. Die Kirchenschule und die neue deutsche Schule gehen von denselben Grundlagen aus, kommen zu denselben Resultaten und gleichen sich daher in allen Punkten. Hätte ich aber nur die Wahl zwischen diesen beiden, so würde ich dennoch die Kirchenschule vorziehen. Die Mängel sind auf beiden Seiten gleich groß, aber auf seiten der Kirchenschule steht eine tausendjährige Gewohnheit und die Autorität der Kirche, die eine so große Kraft im Volk hat.

Nachdem ich die Analyse und die Kritik der deutschen Schule beendigt habe, halte ich es für notwendig, noch einige Worte über die Grundlagen des Unterrichts zu sagen, die ich für die richtigen halte und auf die ich meine Methode des Unterrichts gründe, da ich vorhin die Ansicht geäußert habe, daß eine Kritik nur dann fruchtbar ist, wenn sie nicht nur verwirft und verurteilt, sondern auch zeigt, was man an Stelle des Schlechten zu setzen hat.

Um mich darüber zu äußern, worin ich die unerschütterlichen Grundlagen jeder pädagogischen Tätigkeit sehe, bin ich genötigt, mich zu wiederholen, d.h. etwas noch einmal zu sagen, was ich schon vor 15 Jahren in der damals von mir herausgegebenen pädagogischen Zeitschrift »Jasnaja Poljana« ausgesprochen habe.

Diese Wiederholung wird die Pädagogen der neuen Schule nicht langweilen, da das, was ich damals geschrieben habe, zwar nicht vergessen, sondern von den Pädagogen überhaupt nie berücksichtigt worden ist; und doch fahre ich fort zu glauben, daß die damals von mir geäußerte Ansicht allein geeignet ist, die Pädagogik als theoretische Wissenschaft auf einen sicheren Grund zu stellen.

Als ich vor 15 Jahren ohne vorgefaßte Meinungen und Theorien und nur mit dem Wunsch, zu helfen, die Sache der Erziehung in die Hand nahm, stieß ich während der Lehrtätigkeit in meiner Schule sogleich auf zwei Fragen: Erstens: Was soll man lehren? und zweitens: Wie soll man lehren?

Zu jener Zeit herrschten die größten Meinungsverschiedenheiten bezüglich der Antworten auf diese Fragen.

Ich weiß, daß es einzelnen Pädagogen, die in ihren engen Kreis eingeschlossen bleiben, so scheint, daß es nur eine Antwort auf diese Fragen gibt und daß gar kein Widerstreit der Meinungen vorhanden ist.

Ich bitte die, die das glauben, zu beachten, daß es ihnen bloß so scheint, ebenso wie es jenen Kreisen bloß so scheint, die entgegengesetzter Ansicht sind. In der großen Masse der an Bildung interessierten Menschen aber herrscht, genauso wie früher, noch ein großer Meinungsstreit. Während die einen auf die Frage: »Was soll man lehren?« ganz so wie heute antworteten, daß die nützlichste Kenntnis für die Elementarschule außer dem Lesen und Schreiben in der Kenntnis der Naturwissenschaften bestehe, sagten die anderen ebenso wie heute, diese Wissenschaften seien überflüssig und sogar schädlich; wie heute schlugen die einen Geographie und Geschichte vor, während die anderen ihre Notwendigkeit leugneten; die einen forderten die slawische Sprache und Grammatik sowie die biblische Geschichte für die Volksschule, die anderen erklärten sie für überflüssig und legten das Hauptgewicht auf die Entwicklung.

Auch in der Frage: »Wie soll man lehren?« herrschte und herrscht noch eine große Meinungsverschiedenheit, und es wurden und werden immer wieder die entgegengesetztesten Methoden für den Unterricht in der Arithmetik und im Lesen und Schreiben vorgeschlagen.

In den Buchhandlungen wurden nebeneinander der Leitfaden zum Selbstunterricht nach der Methode be - a, ba, die Übungen von Bunakow und die Karten von Solotow oder die Fibeln von Frau Daragan angeboten, und jedes dieser Bücher hatte seine Anhänger. Als ich auf diese Fragen gestoßen wurde und in der russischen Literatur keine Antwort auf sie fand, wandte ich mich an die europäische. Ich las das, was über diesen Gegenstand geschrieben worden war, und lernte die sogenannten besten Vertreter der pädagogischen Wissenschaft in Europa persönlich kennen, aber ich fand nicht nur keine Antwort auf die Frage, die mich beschäftigte, sondern überzeugte mich davon, daß diese Frage für die Pädagogik als Wissenschaft eigentlich gar nicht existiert, daß ein jeder Pädagoge jeder Schule fest davon überzeugt ist, daß die Methoden, die er anwendet, die besten sind, weil sie sich auf die absolute Wahrheit gründen, und daß es unnütz wäre, an ihnen Kritik zu üben.

Sei es, weil ich, wie ich gesagt habe, die Sache der Volksbildung vorurteilslos in die Hand nahm, sei es, weil ich ans Werk ging, ohne mir aus einer gewissen Entfernung zuvor die Gesetze zurechtgelegt zu haben, wie man lehren müsse, sondern selbst Volksschullehrer in einer abgelegenen Dorfschule wurde — ich konnte den Gedanken nicht loswerden, daß es notwendig ein Kriterium geben müsse, mit dessen Hilfe die Frage gelöst werden könne: »Was soll man lehren und wie kann man es am besten lehren? Soll man den Psalter auswendig lernen oder die Klassifikation der Organismen? Soll man nach der Lautiermethode, nach einer aus dem Deutschen übersetzten Fibel oder nach dem Gebetbuch lernen?« Bei der Lösung dieser Fragen halfen mir ein gewisser pädagogischer Takt, den ich besitze, und besonders das nahe und leidenschaftliche Verhältnis zur Sache. Als ich sofort zu den 40 kleinen Bauern, die meine Schule bildeten, in ein ganz nahes und unmittelbares Verhältnis trat (ich nenne sie kleine Bauern, weil ich an ihnen dasselbe Auffassungsvermögen und den großen Vorrat von Kenntnissen aus dem praktischen Leben, dieselbe Bereitschaft zum Scherzen, die Schlichtheit und Abneigung gegen alles Falsche vorfand, die den russischen Bauern im allgemeinen auszeichnen), als ich diese Empfänglichkeit, Offenheit und Bereitwilligkeit zur Aufnahme der Kenntnisse entdeckte, deren sie bedürfen, da fühlte ich sogleich, daß die alte kirchliche Lehrmethode sich schon überlebt hatte und nicht mehr für sie taugte.

Und ich prüfte andere Verfahrensweisen, die allgemein vorgeschlagen wurden; aber da mir jeder Zwang beim Unterricht gemäß meiner Überzeugung und meinem Charakter zuwider ist, so verzichtete ich auf ihn, und sobald ich bemerkte, daß etwas ungern angenommen wurde, griff ich nicht etwa zur Gewalt, sondern ich suchte nach etwas Neuem. Aus diesen Versuchen entnahmen ich selbst und die Lehrer, die mit mir zusammen in der Schule von Jasnaja Poljana und in anderen Schulen nach demselben Prinzip der Freiheit unterrichteten, daß alles, was in der pädagogischen Welt für die Schule geschrieben wird, durch einen unendlichen Abgrund von der Wirklichkeit getrennt ist, und daß viele Methoden von denen, die man vorgeschlagen hat, wie z.B. der Anschauungsunterricht, das Lautierverfahren, der Unterricht in den Naturwissenschaften und andere, nur Widerwillen und Spott erregen und von den Schülern nicht angenommen werden.

Wir begannen den Inhalt und die Methoden zu suchen, die von den Schülern gern angenommen wurden, und so verfielen wir auf das, was ich meine Unterrichtsmethode nenne. Aber diese Methode war doch nur eine von den vielen Methoden, und die Frage, warum sie besser sei als die anderen, blieb ebenso ungelöst. Und so erhielt die Frage, worin das Kriterium dessen besteht, wie und was man lehren solle, eine noch allgemeinere Bedeutung. Nur wenn ich diese Frage löste, könnte ich überzeugt sein, daß das, was ich lehrte, und wie ich es lehrte, nicht unnütz und schädlich sei. Diese Frage erscheint mir heute, wie damals, als Eckstein der ganzen Pädagogik, und der Lösung dieser Frage habe ich die Zeitschrift »Jasnaja Poljana« gewidmet. In mehreren Aufsätzen (deren Inhalt ich auch heute noch aufrecht erhalte) versuchte ich, diese Frage in ihrer ganzen Bedeutsamkeit aufzurollen und, soweit es ging, sie zu lösen. Damals fand ich in der pädagogischen Literatur nicht nur keine Sympathie, sondern auch keinen

Widerspruch, ich stieß nur auf vollkommene Gleichgültigkeit in bezug auf die von mir gestellte Frage. Es kamen wohl Ausfälle gegen einige Einzelheiten und Kleinigkeiten vor, aber die Frage selbst interessierte offenbar niemanden. Ich war damals noch jung, und diese Gleichgültigkeit betrübte mich. Ich begriff nicht, daß ich mit meiner Frage: »Woher wißt ihr, was und wie ihr lehren sollt?« einem Menschen glich, der etwa in einer Versammlung türkischer Paschas, die sich darüber beraten, wie man mehr Steuern aus dem Volk herauspressen könne, plötzlich folgende Frage an sie richtete: »Meine Herren, um zu wissen, wie hoch man jeden besteuern soll, muß man erst die Frage lösen: Worauf beruht unser Recht der Steuererhebung?« Offenbar würden alle Paschas ihre Beratung über die Mittel der Steuereintreibung fortsetzen und die unpassende Frage mit Schweigen übergehen.

Und doch läßt sich diese Frage nicht übergehen. Vor fünfzehn Jahren hat man sie nicht beachtet, und die Pädagogen jeder Schule fuhren in der Überzeugung, daß alle anderen lügen und sie allein recht haben, fort, ruhig ihre Gesetze aufzustellen, indem sie ihre Sätze durch eine sehr zweifelhafte Philosophie begründeten, die sie ihren Theorien als Stütze unterschoben.

Und doch ist die Frage durchaus nicht so schwierig, wenn wir uns nur von allen Vorurteilen und Theorien befreien. Ich habe versucht, diese Frage zu klären und zu lösen, und ich will, ohne die Gründe zu wiederholen, die ein jeder, der es wünscht, in meinen Aufsätzen nachlesen kann, nur die Resultate nennen, zu denen ich geführt wurde: »Das einzige Kriterium der Pädagogik ist die Freiheit, die einzige Methode ist die Erfahrung.« Und ich habe meine Ansicht in fünfzehn Jahren auch nicht um ein Jota geändert; aber ich halte es für notwendig, das, was ich unter diesen Worten verstehe, nicht nur in bezug auf die Bildung, sondern auch auf die spezielle Frage der Volksbildung in der Elementarschule mit größerer Bestimmtheit darzustellen.

Vor etwa 100 Jahren konnte von der Frage, was und wie man lehren solle, weder bei uns noch in Europa die Rede sein. Die Bildung war untrennbar mit der Religion verbunden. Lesen lernen — das bedeutete, die Heilige Schrift lernen. Bei den mohammedanischen Völkern ist diese Verbindung von Lesen und Religion noch in voller Kraft. Lernen — das heißt den Koran und daher die arabische Sprache lernen. Sowie nur die Religion aufhörte, das Kriterium dafür zu bilden, was man lernen muß, und als die Schule unabhängig von der Religion wurde, mußte diese Frage auftauchen. Aber sie tauchte dennoch nicht auf, weil sich die Schule nicht plötzlich, sondern ganz unmerklich aus der Abhängigkeit von der Religion befreite. Jetzt wird von allen anerkannt, daß die Religion nicht der Inhalt sein noch die Methode der Bildung angeben könne, und daß die Bildung andere Forderungen zu ihrer Grundlage hat. Worin bestehen nun diese Forderungen, worauf gründen sie sich? Damit diese Grundlagen unerschütterlich seien, ist folgendes notwendig: entweder müssen sie philosophisch einwandfrei bewiesen, oder wenigstens müssen alle gebildeten Menschen über sie einer Meinung sein. Ist das nun der Fall? Daß von der Philosophie die Grundlagen noch nicht entdeckt sind, auf denen eine Definition dessen aufgebaut werden könnte, was man lehren soll, daran ist kein Zweifel möglich, um so mehr, als die Sache selbst nicht ein abstrakter, sondern ein praktischer Gegenstand ist, der von unendlich vielen Bedingungen des konkreten Lebens abhängt. Noch weniger aber lassen sich diese Grundlagen in der allgemeinen Übereinstimmung aller Menschen finden, die sich mit diesem Gegenstand befassen, in einer Übereinstimmung, die wir als Ausdruck des gesunden Menschenverstandes zur Grundlage der Praxis nehmen könnten. Nicht nur in der Frage der Volksbildung, sondern selbst in der Frage der höheren Bildung entdecken wir einen vollkommenen Widerstreit in den Anschauungen der besten Vertreter der Bildung, wie z.B. in der Frage nach dem Klassizismus und Realismus. Und trotz des Mangels an Grundlagen sehen wir doch, daß die Bildung ihren Weg geht und in der allgemeinen Masse nur von einem Prinzip bestimmt wird, dem Prinzip der Freiheit. Dicht nebeneinander existieren die klassische und die Realschule, von denen jede sich für die allein wahre Schule halten möchte, und beide entsprechen einem Bedürfnis, weil die Eltern ihre Kinder sowohl in die eine wie in die andere Schule schikken.

Ebenso gehört in der Volksschule das Recht zu bestimmen, was man lernen soll, von welcher Seite wir diese Frage auch betrachten mögen, dem Volk, d.h. entweder den Schülern selbst oder den Eltern, die ihre Kinder in die Schule schicken, und daher können wir nur vom Volk eine Antwort auf die Frage erhalten, was wir die Kinder in der Volksschule lehren sollen.

Aber vielleicht werden wir einwenden, daß wir hochgebildeten Menschen uns den Forderungen des rohen Volkes nicht zu unterwerfen brauchen und daß wir das Volk erst darüber belehren müssen, was es wünschen soll. So denken viele; ich kann jedoch darauf nur dies eine entgegnen: Nennt mir einen festen, unerschütterlichen Grund dafür, warum ihr euch für das eine oder das andere entschieden habt, zeigt mir eine Gesellschaft, in der es nicht, selbst unter den Hochgebildeten, zwei diametral entgegengesetzte Meinungen über die Bildung gibt, in der sich nicht immer wieder ein und dieselbe Erscheinung wiederholt, daß das Volk in den Händen der Geistlichen in einem Sinne, in den Händen der Fortschrittler in völlig entgegengesetztem Sinne unterrichtet wird; zeigt mir eine Gesellschaft, in der das nicht vorkommt, und ich werde euch recht geben.

Solange es aber eine solche Gesellschaft nicht gibt, gibt es kein anderes Kriterium als die Freiheit des Lernenden, wobei bei der Volksschule an Stelle der Schulkinder ihre Eltern, d.h. also die Forderungen des Volkes treten. Diese Forderungen sind nicht nur völlig bestimmt und klar und in ganz Rußland dieselben, sie sind auch so vernünftig und weit, daß sie alle nur möglichen Forderungen der Menschen in sich schließen, die sich darüber streiten, worin man das Volk unterrichten solle. Diese Forderungen sind folgende: die Kenntnis der russischen und slawischen Schrift und des Rechnens. Das Volk bestimmt dieses Programm überall gleich unbeirrt und ausschließlich für seine Bildung, und ist immer und an allen Orten mit ihm zufrieden, während alle Arten von Naturkunde, Geschichte (ausgenommen die biblische), Geographie, Anschauungsunterricht usw. vom Volk stets für unnütze Torheiten gehalten werden.

Dieses Programm zeichnet sich nicht bloß durch die allgemeine Zustimmung und seine feste Bestimmtheit, sondern, wie mir scheint, auch durch die Weite seiner Forderungen und durch die Richtigkeit der Auffassung aus. Das Volk kennt zwei Gebiete des Wissens, die ganz fest umgrenzt und den Schwankungen der verschiedenen Meinungen entzogen sind: das sind die Gebiete der Sprachen und der Mathematik, alles andere hält es für Torheit.

Ich glaube, das Volk ist ganz im Recht. Erstens, weil es in diesen Wissensgebieten kein Halbwissen, nichts Falsches geben kann, was es so sehr verabscheut, und zweitens, weil das Gebiet beider Wissenschaften unendlich groß ist. Die russische und kirchenslawische Sprache und die Arithmetik, d.h. also die Kenntnis einer toten und der eigenen lebendigen Sprache mit ihren etymologischen und syntaktischen Formen und ihre Literatur, und ferner die Arithmetik, d.h. die Grundlage der ganzen Mathematik, bildet das Programm eines Wissens, das leider nur ganz wenige Menschen aus den gebildeten Ständen besitzen. Und drittens hat das Volk recht, weil es nach diesem Programm in der Elementarschule nur das lernen würde, was ihm alle Zugänge zum Wissen eröffnet; denn es ist klar, daß die gründliche Kenntnis zweier Sprachen und ihrer Formen und dazu die Kenntnis der Arithmetik den Weg zum selbständigen Erwerb alles anderen Wissens eröffnet.

Das Volk fühlt gleichsam, wie falsch die Art und Weise ist, wie man sich ihm gegenüber verhält, indem man ihm allerhand falsche und unzusammenhängende Bruchstücke von Kenntnissen anbietet, es weist diese Lüge von sich und sagt: »Ich brauche nur eins zu wissen, die Kirchensprache und meine eigene Sprache sowie die Gesetze der Zahlen, die anderen Kenntnisse werde ich mir selbst erwerben, wenn ich sie brauchen werde.« Wenn man somit die Freiheit als Kriterium dafür nimmt, was man lehren soll, so ist das Programm der Volksschule, so lange wenigstens, wie das Volk keine neuen Forderungen stellt, klar und fest umschrieben: die kirchenslawische, die russische Sprache und die Arithmetik, so weit wie man nur kommen kann, und sonst nichts mehr. Das ist die Bestimmung der Grenzen für die Volksschule, wobei man jedoch nicht sagen darf, daß damit eine gleichmäßige Verteilung aller drei Gegenstände gefordert wäre. Bei einem solchen Programm wäre natürlich das Ergebnis gleichmäßiger Erfolge in allen drei Fächern äußerst wünschenswert; aber man darf darum nicht sagen, daß das Übergewicht eines Gegenstandes über den anderen schädlich sei. Die Aufgabe besteht nur darin, nicht über die Grenzen des Programms hinauszugehen. Es kann geschehen, daß auf Grund der Forderungen der Eltern, oder besonders je nach Kenntnissen des Lehrers, einer der Gegenstände in den Vordergrund treten wird: bei einem Geistlichen die kirchenslawische Sprache, bei einem Lehrer aus einer Kreisschule die russische Sprache oder die Arithmetik; in all diesen Fällen werden die Ansprüche des Volkes befriedigt werden, und der Unterricht wird nicht von seinem Kriterium abweichen.

Die zweite Seite der Frage ist diese: Wie soll man lehren, d.h. wie soll man erfahren, welche Methode die beste ist? Auch dieses Problem ist bisher ungelöst geblieben.

Wie bei dem ersten Teil der Frage, was soll man lehren, die Voraussetzung, daß man lediglich auf Grund von Betrachtungen ein Unterrichtsprogramm aufstellen könne, zu verschiedenen Schulsystemen führt, die einander entgegengesetzt sind, so kann man bei dem anderen Teil der Frage, wie soll man lehren, dieselbe Erscheinung beobachten. Nehmen wir einmal die allererste Stufe des Leseunterrichts. Der eine erklärt, es ginge am besten mit Karten, ein anderer ist für die Methode b', w', ein dritter für die von Korf, ein vierter für das be, we, ge usw. Man sagt, daß die Schulanfänger in sechs Wochen nach der Buchstabiermethode a, be, ce usw. lesen lernen. Und jeder Lehrer, der von den Vorzügen seiner Methode überzeugt ist, beweist diesen Vorzug entweder damit, daß er behauptet, er könne das Lesen schneller lehren, oder durch Betrachtungen von der Art wie die des Herrn Bunakow und der deutschen Pädagogen. Heute, wo es tausend Beispiele gibt, muß man doch genau wissen, wonach man sich bei der Wahl richten soll. Weder eine Theorie noch allerhand Überlegungen, noch selbst die Resultate des Unterrichts können das vollständig beweisen.

Die Bildung oder der Unterricht wird gewöhnlich abstrakt betrachtet, d.h. man untersucht die Frage, wie man am besten und auf die leichteste Weise an irgend einem Subjekt (einem einzelnen Kind oder an einer Masse von solchen) eine bestimmte Operation, d.h. den Unterricht, vollziehen könne. Diese Ansicht ist vollkommen falsch. Jede Bildungstätigkeit oder Lehre kann nicht anders betrachtet werden als wie ein Verhältnis zwischen zwei Personen oder zwei Gruppen von solchen, die sich zum Zweck der Bildung oder des Unterrichts vereinigen. Diese Definition, die allgemeiner ist als die anderen Definitionen, paßt ganz besonders auf die Volksbildung, bei der es sich um die Bildung einer großen Anzahl von Personen handelt und bei der von einer idealen Bildung nicht die Rede sein kann. Überhaupt läßt sich in bezug auf die Volksbildung die Frage nicht so stellen: Wie läßt sich die beste Bildung erzielen? — ebenso wie man bei der Frage nach der Volksernährung nicht fragen kann: Wie bäckt man das nahrhafteste und beste Brot? Die Frage muß vielmehr lauten: Wie läßt sich unter diesen gegebenen Menschen, die lernen und lehren wollen, das beste Verhältnis herstellen? — oder: Wie macht man aus dem vorhandenen grob gesiebten Mehl das beste Brot? Folglich fällt die Frage: Wie soll man lehren, welches ist die beste Methode? mit der Frage zusammen, welches Verhältnis zwischen Lehrendem und Lernendem das beste ist.

Es wird wohl niemand bestreiten wollen, daß das beste Verhältnis zwischen Lehrer und Schüler das natürliche Verhältnis ist; und daß das der Natur entgegengesetzte Verhältnis das des Zwanges ist. Wenn das aber so ist, so besteht der Maßstab aller Methoden in der größeren oder geringeren Natürlichkeit des Verhältnisses und somit in dem größeren oder geringeren Maß des Zwanges, der dabei zur Anwendung kommt. Je geringer der Zwang ist, unter dem die Kinder beim Lernen stehen, um so besser ist die Methode; je stärker der Zwang, um so schlechter die Methode. Ich bin sehr froh, daß ich diese offenkundige Wahrheit nicht zu beweisen brauche. Alle sind sich darin einig, daß wie bei der Hygiene ein Gebrauch von Speisen, Medikamenten, Übungen, die Ekel oder Schmerz erregen, nicht von Nutzen sein kann, so auch beim Unterricht keine Notwendigkeit besteht, die Kinder zum Auswendiglernen langweiliger oder ihnen widerwärtiger Dinge zu zwingen, und daß es das Zeichen einer unvollkommenen Methode ist, wenn sie zur Notwendigkeit eines solchen Zwanges führt. Ein jeder, der Kinder unterrichtet hat, wird wohl bemerkt haben, daß man dort der Strenge und des Zwanges am meisten bedarf, wo der Lehrer den Gegenstand selbst nicht genügend beherrscht, in dem er unterrichtet, und wo er ihn selbst nicht liebt; je mehr dagegen der Lehrer seinen Gegenstand kennt und liebt, um so natürlicher und freier ist seine Unterrichtsweise. In dem Gedanken, daß zu einem erfolgreichen Unterricht nicht Zwang, sondern das Wekken des Interesses der Schüler gehört, sind alle Pädagogen der mir feindlichen Richtung einig. Der Gegensatz zwischen uns besteht darin, daß der Satz, der Unterricht müsse das Interesse des Kindes erregen, bei ihnen unter einer Masse anderer Sätze verlorengeht, die diesem Satze widerstreiten, unter einer Reihe von Sätzen über die Entwicklung, von deren Möglichkeit sie überzeugt sind und zu der sie die Kinder zwingen. Ich dagegen halte das Wecken des Interesses in den Schülern, das Streben, ihnen das Lernen möglichst zu erleichtern, und daher die Zwanglosigkeit und Natürlichkeit des Unterrichts für den einzigen und grundlegenden Maßstab eines guten oder schlechten Unterrichts.

Wenn wir genau darauf achten, so besteht jeder Fortschritt der Pädagogik nur in der fortwährenden Annäherung an ein natürliches Verhältnis zwischen Lehrer und Schüler, in der Verringerung des Zwanges und in einer beständig wachsenden Erleichterung des Lernens.

Man hat früher den Einwand gebracht und wird ihn mir sicherlich jetzt wieder bringen: Wie soll man diese Grenze der Freiheit finden, die man in der Schule zulassen darf?

Darauf erwidere ich: Diese Grenze der Freiheit wird vom Lehrer ganz von selbst gefunden, durch sein Wissen und seine Fähigkeit, die Schüler zu lenken und zu leiten; diese Freiheit läßt sich nicht vorschreiben; das Maß dieser Freiheit ist nur ein Resultat des größeren oder geringeren Talents des Lehrers. Diese Freiheit ist keine Regel, aber sie kann beim Vergleich verschiedener Schulen und beim Vergleich neuer Methoden, die in den Schulunterricht eingeführt werden, als Probe dienen. Die Schule, in der weniger Zwang herrscht, ist besser als die, in der mehr Zwang herrscht. Die Methode, die bei ihrer Einführung in die Schule keine Verstärkung der Disziplin erfordert, ist gut, die hingegen, die mehr Strenge erfordert, ist sicherlich schlecht. Nehmen wir z.B. eine mehr oder weniger freie Schule, wie etwa meine Schule, und versuchen wir, in ihr ein Gespräch über den Tisch und die Decke zu beginnen, oder Würfel zusammenzustellen — welch eine Unordnung würde in der Schule entstehen, und wie streng müßte man verfahren, um die Ordnung unter den Schülern wieder herzustellen; wenn wir ihnen dagegen eine interessante Geschichte erzählen, eine Aufgabe stellen oder einen Schüler auf die Tafel schreiben und die anderen die Fehler, die er macht, verbessern lassen, wenn wir ihnen erlauben, die Bänke zu verlassen, so werden sich alle beschäftigen, keine Unarten treiben, und es wird nicht notwendig sein, mit größerer Strenge vorzugehen. Somit kann man kühn behaupten, daß dieses Verfahren gut ist.

Ich habe in meinen pädagogischen Aufsätzen die Gründe aufgezählt, die mich zu der Ansicht bringen, daß nur die Freiheit seitens der Schüler, das zu wählen, was und wie man lernen soll, eine Grundlage für den Unterricht abgeben kann; in der Praxis habe ich dann zuerst in großem, dann in recht kleinem Maßstab diese Grundregel in den von mir geleiteten Schulen zur Anwendung gebracht, und die Erfolge waren stets sehr gut, sowohl bei den Lehrern wie bei den Schülern, auch für die Entdeckung neuer Verfahrensweisen. Ich darf dies ruhig aussprechen, da Hunderte von Besuchern die Schule von Jasnaja Poljana gesehen und kennengelernt haben.

Für die Lehrer waren die Folgen eines solchen Verhältnisses zu den Schülern die, daß sie aufhörten zu glauben, die Methode, die sie selber besäßen, sei die beste, und daß sie sich bemühten, neue Methoden kennenzulernen, sich anderen Lehrern näherten, um ihr Verfahren zu beobachten, daß sie selbst immer neue Versuche machten und, was das Wichtigste ist, dadurch selber lernten. Der Lehrer ließ den Gedanken nie aufkommen, daß die Schüler — ihre Faulheit, ihre Unarten, ihre Stumpfheit und Starrheit oder ihre Unwahrhaftigkeit — am Mißerfolg schuld seien; er war vielmehr fest davon überzeugt, daß nur er allein die Schuld daran trüge, und daher suchte er gegen jeden Fehler eines Schülers oder aller Schüler ein Mittel zu finden. Für die Schüler bestanden die Folgen darin, daß sie gerne und willig lernten, den Lehrer stets darum baten, im Winter Abendstunden einzurichten, und daß sie sich in der Klasse völlig frei bewegten, was nach meiner Überzeugung und nach meiner Erfahrung die Hauptbedingung eines erfolgreichen Unterrichts ist. Zwischen Lehrer und Schüler bildete sich stets ein freundschaftliches, natürliches Verhältnis heraus, bei dem allein es dem Lehrer möglich ist, seine Schüler kennenzulernen.

Wenn man den Unterschied zwischen einer Kirchenschule, einer deutschen Schule und der meinigen nach dem ersten äußeren Eindruck beurteilen wollte, so ergäbe sich im wesentlichen folgendes Bild: in der Kirchenschule hört man ein seltsames, unnatürlich-eintöniges Geschrei, das von allen Schülern herrührt, und hin und wieder den strengen Ruf des Lehrers; in einer deutschen Schule hört man allein die Stimme des Lehrers, die nur zuweilen von den schüchternen Stimmen der Schüler unterbrochen wird; in meiner Schule lassen sich die laute Stimme des Lehrers und der Schüler fast gleichzeitig vernehmen.

Für die Unterrichtsmethoden bestanden die Folgen darin, daß kein einziges Verfahren angenommen oder verworfen wurde, weil es gefiel oder nicht gefiel, sondern nur weil es von den Schülern mit oder ohne Zwang angenommen wurde. Aber abgesehen von den guten Resultaten, die bei der Anwendung meines Verfahrens durch mich selbst und alle Lehrer (und es waren ihrer mehr als zwanzig), die nach meiner Methode unterrichteten, unfehlbar erreicht wurden (ich sage unfehlbar und meine das in dem Sinne, daß wir nie einen Schüler gehabt haben, der nicht lesen und schreiben lernte), abgesehen von diesen Resultaten hatte die Anwendung der Prinzipien, von denen ich gesprochen habe, auch noch zur Folge, daß während dieser 15 Jahre alle Abänderungen und Modifikationen, die meine Unterrichtsweise erlitt, sie nicht allein den Forderungen des Volkes nicht entfremdeten, sondern, im Gegenteil, sie ihnen immer mehr annäherten.

Das Volk kennt, wenigstens in unserer Gegend, die Methode und beurteilt sie weit günstiger als die kirchliche, was ich von der Lautiermethode nicht sagen kann. In den Schulen, wo meine Methode eingeführt ist, kann der Lehrer in seinem Wissen nicht stehen bleiben, wie das in den Schulen der Fall ist, in denen die Lautiermethode vorherrscht. Ein Lehrer, der nach der neuen deutschen Art unterrichtet, muß, wenn er fortschreiten und sich vervollkommnen will, die pädagogische Literatur verfolgen, d.h. alle neuen Phantasien über die Gespräche von der Zieselmaus und über die Aufstellung der Würfel lesen.

Ich glaube nicht, daß ihn das in seiner persönlichen Bildung vorwärts bringt. In meiner Schule dagegen fühlt jeder Lehrer das Bedürfnis, selbst zu lernen, während er die Schüler vorwärts zu bringen sucht, da die Lehrgegenstände — die Sprachen und die Mathematik — positive Kenntnisse voraussetzen, eine Erscheinung, die sich mit allen Lehrern, die bei mir unterrichten, wiederholt hat.

Außerdem erleiden auch die Unterrichtsmethoden selbst, da sie nicht ein für allemal festgelegt sind, sondern den leichtesten und einfachsten Verfahrensweisen zustreben, mannigfache Modifikationen und Verbesserungen auf Grund der Hinweise, die der Lehrer im Verhältnis der Schüler zu seiner Unterrichtsmethode aufsucht und findet.

Etwas völlig Entgegengesetztes sehe ich in dem, was leider in den Schulen nach deutschem Muster zu geschehen pflegt, die in der letzten Zeit bei uns eingeführt werden. Weil die Pädagogen nicht einsehen wollten, daß noch vor der Frage: Was und wie soll man lehren? die Frage gelöst werden muß: Woran kann man das erkennen?, sind sie in einem vollkommenen Gegensatz zur Wirklichkeit geraten, und der Abgrund, der noch vor 15 Jahren zwischen Theorie und Praxis gähnte, hat sich heute bis aufs äußerste vertieft. Jetzt, wo das Volk überall nach Bildung verlangt, die Pädagogik sich aber immer tiefer in persönliche Phantasien verliert, ist dieser Zwiespalt zu einer außergewöhnlichen Absurdität gediehen.

Dieser Zwiespalt zwischen den Forderungen der Pädagogik und denen der Wirklichkeit äußert sich in der letzten Zeit besonders stark, nicht allein im Unterricht selbst, sondern auch an einer anderen sehr wichtigen Seite der Schulfrage, und zwar an der Verwaltung der Schule. Um zu zeigen, in welchem Zustand sich diese Frage befand, befindet, und in welchem Zustand sie sich befinden könnte, will ich von dem Krapiwinskschen

Kreise des Gouvernements Tula reden, in dem ich lebe, den ich kenne und der nach seiner Lage für die Mehrheit aller Kreise Mittelrußlands typisch ist.

Im Jahre 1862, als ich Richter war, wurden in einem Bezirk von 10 000 Seelen 14 Schulen gegründet; außerdem existierten noch 10 Schulen in demselben Bezirk bei den Kirchendienern und auf den Höfen unter den Hausknechten. In den drei anderen Bezirken existierten, soviel mir bekannt ist, 15 große und 30 kleine Schulen bei den Kirchendienern und Hausknechten. Abgesehen von der Zahl der Schüler, die im allgemeinen wohl nicht kleiner war als heute, abgesehen auch vom Unterricht, der teils schlecht, teils gut, im allgemeinen aber nicht schlechter war als heute, will ich nur davon reden, worauf sich der ganze Unterricht gründete.

Alle Schulen, mit nur wenigen Ausnahmen, beruhten damals auf einem freien Vertrag des Lehrers mit den Eltern der Schüler, die allmonatlich für den Unterricht bezahlten, oder aber auf einem Vertrag des Lehrers mit der ganzen Bauerngemeinde, die für alle insgesamt bezahlte. Solch ein Verhältnis zwischen den Lehrern und den Eltern oder Gemeinden kommt auch heute noch in einzelnen Orten unseres Kreises und unseres Gouvernements überhaupt vor, aber doch recht selten. Ein jeder muß zugegen, daß, wenn man die Qualität des Unterrichts beiseite läßt, ein solches Verhältnis der Lehrer zu den Eltern und den Bauern höchst gerecht, natürlich und wünschenswert ist. Aber mit der Einführung des Statuts vom Jahre 1864 wurde dieses Verhältnis aufgehoben, und es verschwindet immer mehr. Und ein jeder, der die Sache kennt, wie sie in Wirklichkeit ist, wird bemerkt haben, daß mit der Aufhebung dieses Verhältnisses das Volk immer weniger Anteil an seiner Bildung zu nehmen beginnt, was ja auch sehr erklärlich ist.

Bei einzelnen Semstwos ist sogar die Schulabgabe der Bauern in eine Steuer des Semstwo verwandelt, und die Gehälter sowie die Wahl der Lehrer, die Verteilung der Schulen, das alles geschieht ganz unabhängig von denen, für die es geschieht. (In der Theorie sind die Bauern natürlich Mitglieder der Semstwos, in der Praxis aber haben sie auf diesem Umweg nicht den geringsten Einfluß auf die Schule.)

Niemand wird doch wohl behaupten, daß das gerecht ist, aber man wird sagen: Die ungebildeten Bauern können doch nicht beurteilen, was gut und was schlecht ist, und wir müssen eben für sie sorgen, so gut wir es können. Woher aber sollen wir es wissen? Wissen wir es so genau und sind wir uns alle darüber einig, wie wir es machen sollen? Und ist es nicht manchmal sehr schlecht, wie wir es machen, viel schlechter, als wenn sie es selber täten? Und so muß ich in bezug auf die Verwaltung der Schulen wiederum und noch einmal meine dritte Frage vom Standpunkt der Freiheit aus stellen: Woher wissen wir, wie man die Schulen besser einrichtet und verteilt? Auf diese Frage gibt die deutsche Pädagogik vom Standpunkt ihres Systems aus eine völlig konsequente Antwort. Sie weiß, welches die beste Schule ist, sie hat sich ein klares und bestimmtes Ideal vorgestellt und bis in die feinsten Einzelheiten, bis auf das Schulgebäude, die Bänke und die Stundenzahl usw. ausgearbeitet, und daher antwortet sie: Die Schule muß so und so beschaffen sein, sie muß diesem bestimmten Vorbild entsprechen, dann allein ist sie gut, und alle anderen Einrichtungen sind schlecht. Ich weiß, daß der Wunsch Heinrichs IV., jedem Franzosen ein Huhn in der Suppe zu bescheren, obwohl unerfüllbar, doch nicht falsch war.

Ganz anders aber verhält sich die Sache, wenn diese Suppe von sehr zweifelhafter Qualität und gar keine Hühnersuppe, sondern eine Wassersuppe ohne jeden Nährwert ist. Und dabei ist die sogenannte Wissenschaft der Pädagogik in diesem Punkt untrennbar mit der Staatsgewalt verbunden; bei uns, wie in Deutschland, werden ganz bestimmte, ideale einklassige, zweiklassige Schulen usw. vorgeschrieben, und weder die pädagogische noch die administrative Gewalt will etwas davon wissen, wie das Volk seine Bildung selbst verwalten möchte.

Sehen wir einmal zu, welchen Einfluß eine solche Ansicht über die Volksbildung auf die Einrichtung der Schulen gehabt hat.

Seit dem Jahre 1862 befestigt sich bei uns im Volk der Gedanke immer mehr, daß es der Bildung bedürfe, und zwar wurden von verschiedenen Seiten, von den Geistlichen, von dazu ernannten Lehrern und von den Gemeinden Schulen gegründet. Ob diese Schulen nun gut oder schlecht waren, sie waren urwüchsig und entsprangen einem unmittelbaren Bedürfnis des Volkes; mit der Einführung des Statuts von 1864 wuchs diese Stimmung noch an, und im Jahr 1870 gab es im Kreis Krapiwensk nach amtlichen Berichten bis zu 60 Schulen. Als aber dann immer mehr Beamte des Ministeriums und Mitglieder des Semstwo in die Verwaltung der Schulen eindrangen, wurden im Kreis Krapiwensk sehr bald 40 Schulen geschlosssen, und es wurde verboten, neue Elementarschulen zu eröffnen.

Ich weiß, daß die, welche die Schulen geschlossen haben, behaupten, diese Schulen hätten nur dem Namen nach existiert und seien sehr schlecht gewesen, aber ich kann nicht daran glauben, weil ich aus drei Dörfern — Troßny, Laminzowa und Jasnaja Poljana — Knaben kenne, die einen sehr guten Schulunterricht genossen haben, die Schulen aber sind geschlossen. Ich weiß auch, daß viele es nicht verstehen werden, was ein Verbot, Schulen zu eröffnen, bedeutet. Das bedeutet, daß auf Grund eines Zirkulars des Ministeriums für Volksaufklärung, welches verbietet, unzuverlässige Lehrer anzustellen (was sich wahrscheinlich gegen die Nihilisten richtet), die Schulbehörde ein Verbot gegen die kleinen Schulen der Diakonen, Soldaten usw. erlassen hat, die von den Bauern selbst gegründet wurden und die wahrscheinlich gar nicht vom Zirkular berührt werden sollten. Dafür aber existieren 20 Schulen mit Lehrern, die für gut gehalten werden, weil sie 200 Rubel Gehalt bekommen, das Semstwo hat die Bücher von Uschinsky an sie verwendet, und diese Schulen heißen einklassig; man lehrt in ihnen nach einem Programm und das ganze Jahr hindurch, d.h. also auch im Sommer, mit Ausnahme von Juli und August.

Wir sehen von der Frage nach der Qualität der früheren Schulen ab und betrachten sie nur von der administrativen Seite; sehen wir einmal zu und vergleichen wir, wie es um diese Seite früher stand und was heute geschieht. Die äußere administrative Seite der Schulfrage umfaßt fünf Hauptgegenstände, die so eng mit den Angelegenheiten der Schule selbst verbunden sind, daß von ihrer guten oder schlechten Verfassung der Erfolg und die Verbreitung der Volksbildung in hohem Maße abhängt. Diese fünf Gegenstände sind folgende: 1. der Schulraum, 2. der Stundenplan des Unterrichts, 3. die Verteilung der Schulen in den verschiedenen Gegenden, 4. die Wahl des Lehrers und 5. die Hauptsache, die materiellen Mittel, das Gehalt des Lehrers.

In der Frage nach dem Schulraum findet das Volk, wenn es seine Schulen selber gründet, selten Schwierigkeiten, und wenn die Gemeinde reich ist und es irgend ein öffentliches Gebäude gibt, eine Kornkammer oder eine leer stehende Schenke, dann richtet es die Gemeinde für die Schule ein; gibt es kein solches, so kauft sie mitunter eins bei einem Gutsbesitzer oder baut selbst eins. Ist die Gemeinde arm und klein, so mietet sie einen Raum bei einem Bauern, oder sie läßt den Lehrer der Reihe nach aus einer Hütte in die andere ziehen. Wenn die Gesellschaft, wie dies meist geschieht, den Lehrer aus ihrer Mitte, d.h. also einen Mann vom Gesinde, einen Soldaten oder Geistlichen wählt, so wird die Schule im Hause dieser Leute untergebracht, und die Gemeinde sorgt bloß für die Heizung. Jedenfalls habe ich noch nie gehört, daß die Frage nach dem Schulraum die Gemeinde in Verlegenheit gebracht hätte, und daß fast die Hälfte der für die Schule bestimmten Summe, wie das seitens der Schulbehörden geschieht, für das Errichten der Baulichkeiten ausgegeben wird; ich habe nie gehört, daß auch nur ein Sechstel oder ein Zehntel dieses Betrages für diesen Zweck verwendet wird.

Ob sich nun die Bauerngemeinden so oder so einrichteten, die Frage nach dem Schulraum bot nie ernste Schwierigkeiten. Nur unter dem Einfluß der hohen Obrigkeit kommen jetzt Fälle vor, wo die Gemeinden steinerne Häuser mit Eisendächern für die Schule bauen lassen. Die Bauern sind der Ansicht, daß es bei der Schule nicht aufs Gebäude ankommt und daß alles am Lehrer liegt; sie halten die Schule nicht für eine dauernde Einrichtung und glauben, daß, wenn erst die Eltern lesen und schreiben können, die folgende Generation auch ohne Schule lesen und schreiben können wird. Das Ressort der Semstwo beim Ministerium aber nimmt überall an, da seine ganze Aufgabe im Revidieren und Klassifizieren besteht, daß die wichtigste Grundlage der Schule das Gebäude sei, daß die Schule eine permanente Einrichtung sei, und daher verwendet es, wie mir bekannt ist, etwa die Hälfte aller Gelder für die Bauten und trägt dann die leer stehenden Schulräume in die Listen der Schulen dritter Ordnung ein. Im Kreis Krapiwensky werden von 2000 Rubeln 700 für Bauten verwendet. Das ministerielle Semstworessort kann sich nicht vorstellen, daß ein Lehrer (d.h. jener gebildete Pädagoge, der für das Volk ausersehen ist) sich so weit herablassen könnte, um wie ein Schneider von Hütte zu Hütte zu ziehen oder in einem rauchigen Haus zu unterrichten. Das Volk aber setzt gar nichts voraus und weiß nur, daß es für sein Geld einen Lehrer finden kann, wie es ihn haben will, und wenn die Eltern, die den Lehrer ernennen, in einem rauchigen Häuschen wohnen, so kommt es auch dem Lehrer nicht zu, sich darüber erhaben zu fühlen.

In der zweiten Frage nach der Einteilung der Schulzeit stellt das Volk überall und immer ein und dieselbe Forderung: daß der Unterricht nur im Winter stattfinde.

Überall hören die Eltern in gleicher Weise mit Beginn des Frühjahrs auf, ihre Kinder in die Schule zu schicken, und die Kinder, die dann noch in die Schule gehen, bilden nur den vierten oder fünften Teil aller Schulkinder; es sind die kleinsten oder Kinder reicher Eltern, und auch sie gehen nur ungern in die Schule. Wenn das Volk den Lehrer selbst ernennt, ernennt es ihn auf jeweils einen Monat, und das gilt nur für die Wintermonate. Das ministerielle Semstworessort nimmt an, daß, weil die anderen Schulen zwei Monate lang Ferien haben, es in der einklassigen Dorfschule ebenso sein müsse. Vom ministeriellen Semstwostandpunkt aus ist das ganz vernünftig; die Kinder vergessen nicht, was sie gelernt haben, der Lehrer ist für ein Jahr versorgt und für die Inspektoren ist es am bequemsten, die Schulen während des Sommers zu besuchen; aber das Volk versteht nichts von alledem, und der gesunde Menschenverstand sagt ihm, daß die Kinder im Winter zehn Stunden lang schlafen und daher frische Köpfe haben, daß es im Winter keine Spiele und Zerstreuungen und keine Arbeit gibt, und daß es schon genügt, wenn man im Winter etwas länger unterrichtet und die Abende dazu nimmt, was höchstens eine Mehrausgabe von anderthalb Rubeln für die Lampe und ebensoviel für Öl ausmacht — abgesehen davon, daß im Sommer der Bauer jeden Knaben notwendig braucht und daß im Sommer die Lehre für das Leben stattfindet, was weit wichtiger ist als der Schulunterricht.

Das Volk sagt, es habe keinen Grund, den Lehrer für ein ganzes Jahr zu bezahlen; es zahlt ihm lieber für die Wintermonate etwas mehr, das ist ihm auch selbst angenehmer. Und es ist leichter, einen Lehrer für 25 Rubel monatlich auf sieben Monate zu finden, als einen, der das ganze Jahr hindurch 12 Rubel monatlich erhält. Im Sommer kann der Lehrer ja eine andere Stellung finden.

In dem dritten Punkt, der Verteilung der Schulen nach den verschiedenen Ortschaften, unterscheiden sich die Maßstäbe des Volkes ganz besonders von denen der Schulverwaltung. Erstens hängt die Verteilung der Schulen, d.h. der Umstand, ob es in einer bestimmten Gegend mehr oder weniger Schulen gibt, wenn das Volk selbst darüber entscheidet, immer vom Charakter der Bevölkerung ab. Da, wo das Volk sich mehr mit Handarbeit beschäftigt, Lohnarbeit leisten muß, wo es den Städten näher ist, wo es die Bildung notwendiger braucht, da gibt es auch mehr Schulen; da, wo der Ort entlegener oder wo die Landwirtschaft vorherrscht, da sind die Schulen seltener. Zweitens richtet das Volk, wo es selbst über sie zu bestimmen hat, die Schulen so ein, daß jeder Vater die Schule für sein Geld benutzen, d.h. seine Kinder dorthin schicken kann. Die Bauern kleiner, nicht weit auseinander liegender Dörfer von 30-40 Seelen, die mehr als die Hälfte der Bevölkerung ausmachen, halten sich lieber einen billigen Lehrer im Dorf als einen teueren im Zentrum des Kreises, wohin die Kinder nicht gehen oder fahren können.

Durch all dieses entfernen sich die Verteilung der Schulen über das Land und die Schulen selbst, die von den Bauern gegründet werden, von dem Vorbild einer Schule, wie es aufgestellt wird; dafür aber erhält man die mannigfachsten Formen, die sich stets an die örtlichen Lebensbedingungen anpassen. Hier unterrichtet ein Geistlicher acht Knaben aus dem Nachbardorf in seiner Wohnung für je 50 Kopeken pro Monat. Dort nimmt ein kleines Dorf einen Soldaten für acht Rubel für den

Winter, und er besucht die einzelnen Bauernhöfe. Hier nimmt sich ein reicher Hausknecht einen Lehrer für seine Kinder und zahlt ihm fünf Rubel und Kost und Verpflegung, die Bauern aus dem benachbarten Dorf aber schließen sich an und zahlen dem Lehrer je zwei Rubel für jeden Knaben. Dort sammelt ein großes Dorf oder ein eng bevölkerter Bezirk 15 Kopeken pro Kopf und 100-200 Mann nehmen sich einen Lehrer, der 180 Rubel für den Winter erhält. Dort wiederum lehrt ein Priester gegen Bezahlung, oder die Bauern helfen ihm bei der Arbeit; mitunter auch findet beides statt.

Der Hauptunterschied in der Ansicht des Bauern und des Semstwo besteht in dieser Beziehung darin, daß die Bauern je nach den lokalen Bedingungen und den mehr oder weniger günstig liegenden Verhältnissen eine Schule von besserer oder schlechterer Qualität gründen, doch immer so, daß es keinen einzigen Ort gibt, der seinen Kindern nicht auf die eine oder andere Art einen Unterricht angedeihen läßt, während bei der Verwaltung der Schulfrage durch die Semstwo die größere Hälfte der Bevölkerung der Möglichkeit beraubt ist, in absehbarer Zeit eine gewisse Bildung zu erlangen. In bezug auf die kleinen Dörfer, die überall gut die Hälfte der Bevölkerung bilden, verfährt das ministerielle Semstworessort sehr entschieden. Es sagt: Wir richten dort eine Schule ein, wo es einen Raum zu diesem Zweck gibt und wo die Bauern im Bezirk so viel Geld sammeln, daß sie sich einen Lehrer für 200 Rubel halten können. Wir legen aus den Semstwomitteln so viel dazu, wie noch fehlt, und die Schule wird in die Listen eingetragen; die Dörfer, die sich in einer größeren Entfernung von der Schule befinden, mögen ihre Kinder dorthin fahren lassen, wenn sie wollen. Natürlich lassen die Bauern ihre Kinder nicht fahren und zahlen bloß. So zahlen im Jassenetzkschen Kreis alle für drei Schulen, es benutzen sie jedoch nur drei Dörfer mit 450 Seelen; der Kreis aber zählt im ganzen 3000 Seelen — so daß nur ein Siebentel der Bevölkerung die Schulen benutzt, während alle für sie zahlen. Der Tschermoschensksche Kreis hat 900 Seelen und eine Schule, aber es gehen nur 30 Schüler in diese Schule, da die Dörfer in diesem Kreis sehr weit auseinanderliegen. Auf 900 Seelen müßten 400 Schüler kommen. In beiden Kreisen aber gilt die Frage nach der Verteilung der Schulen als in befriedigendem Sinne gelöst.

In bezug auf die Wahl des Lehrers folgt das Volk wiederum ganz anderen Grundsätzen als das Semstwo. Das Volk schätzt und beurteilt den Wert und die Vorzüge eines Lehrers ganz anders und in seiner Weise. Wenn der Lehrer in der Umgegend war und das Volk die Resultate seines Unterrichts kennt, dann beurteilt es seine Vorzüge oder Mängel nach diesen Resultaten; aber außer diesen Qualitäten, als Lehrer, fordert das Volk von ihm noch, daß er dem Bauern nahestehe, sein Leben verstehe, russisch reden könne, und daher zieht es einen Dorfschullehrer immer einem städtischen Lehrer vor. Dabei aber hat das Volk keinerlei Vorurteile oder Antipathien gegen irgend eine Klasse: Ob Adliger oder Beamter, Kleinbürger oder Soldat, Diakon oder Priester, das gilt ihm gleichviel, wenn er nur ein einfacher russischer Mann ist. Daher sehen die Bauern auch keinen Grund, die Geistlichen vom Lehramt auszuschließen, wie das die Semstwa tun. Die Semstwa wählen die Lehrer unter fremden Leuten, laden sie sich aus den Städten ein, das Volk aber sucht sie sich aus seiner Mitte.

Der Hauptunterschied jedoch, der in diesem Punkte zwischen den Ansichten der Gemeinden und der Semstwa herrscht, besteht darin, daß die Semstwa nur einen Lehrertypus kennen: einen Lehrer, der pädagogische Kurse besucht, den Kursus in einem Seminar oder einer Schule abgeschlossen hat und der jetzt 200 Rubel erhält. Das Volk, das auch diesen Lehrer gelten läßt und ihn schätzt, wenn er gut ist, kennt dagegen eine ganze Stufenleiter von Lehrern. Außerdem haben die meisten unter den Schulräten bestimmte Lieblingstypen von Lehrern, die dem Volk und denen das Volk fremd ist, und ebenso gibt es Typen, die ihnen verhaßt sind. So ist der Lieblingstypus in vielen Bezirken des Tulaschen Gouvernements die Lehrerin, der unbeliebte Typus hingegen sind die Geistlichen, und im ganzen Bezirk von Tula und Krapiwensk gibt es nicht eine einzige Schule mit einem Lehrer aus dem geistlichen Stande, was in administrativer Hinsicht sehr bemerkenswert ist. Der Bezirk von Krapiwensk hat 50 Kirchspiele. Die Geistlichen sind die allerbilligsten Lehrer, da sie ansässig sind und meist in ihrem eigenen Haus unterrichten, wobei noch die Frauen und Töchter helfen können, und dennoch umgeht man sie wie absichtlich, als wenn sie die schädlichsten Menschen wären.

In bezug auf das Gehalt der Lehrer ist der Unterschied in den Anschauungen des Volkes und der Semstwa schon im vorhergehenden fast erschöpfend behandelt. Er besteht erstens darin, daß das Volk sich einen Lehrer nach seinen Mitteln nimmt, und es weiß aus Erfahrung, daß es Lehrer zu jedem Preis gibt, von 2 Pud (50-60 Pfund) Mehl an bis zu 30 Rubeln pro Monat; zweitens, daß es den Lehrer nur für die Wintermonate bezahlt, während derer allein der Unterricht stattfindet; drittens darin, daß das Volk sowohl bei der Einrichtung der Schulräume, als auch bei der Festsetzung des Gehalts für den Lehrer immer den billigsten Weg findet, es liefert ihm Mehl, Heu, Fuhrwerk, Eier und allerhand Kleinigkeiten, die von außenstehenden Leuten kaum bemerkt werden, aber die Lage des Lehrers bedeutend verbessern. Und endlich viertens, der Hauptunterschied besteht darin, daß das monatliche Gehalt und die Gehaltserhöhung entweder von den Eltern oder von der ganzen Gemeinde getragen wird, die den eigentlichen Nutzen aus der Schule ziehen, und nicht von irgend einer Verwaltungsbehörde, die gar kein unmittelbares Interesse an dieser Sache hat.

Das ministerielle Semstworessort kann in dieser Beziehung auch gar nicht anders handeln, als es handelt. Die Gehaltsnorm für einen mustergültigen Lehrer ist gegeben, und folglich müssen die Mittel auf irgend eine Art herbeigeschafft werden.

Nehmen wir an, die Gesellschaft beabsichtigt eine Schule zu gründen, der Kreis hat dann eine bestimmte Anzahl von Kopeken pro Kopf zu liefern. Das Semstwo überlegt, wieviel es beisteuern muß. Ist kein Verlangen nach anderen Schulen vorhanden, dann gibt es mehr, mitunter zweimal soviel, als die Gemeinde gegeben hat; zuweilen aber, wenn alles Geld verausgabt ist, gibt es weniger oder schlägt überhaupt jeden Zuschuß ab. So gibt es im Bezirk Krapiwensky eine Gemeinde, die 90 Rubel gibt, das Semstwo aber gibt einen Zuschuß von 300 Rubel für die Schule und stellt einen Gehilfen, und es gibt dort eine andere Gemeinde, die 250 Rubel gibt und vom Semstwo bloß einen Zuschuß von 50 Rubeln erhält; endlich existiert eine dritte Gemeinde, die 56 Rubel aufbringen will, der aber das Semstwo jede Unterstützung abschlägt und die Konzession für die Eröffnung einer Schule verweigert, weil dieses Geld für eine normale Schule nicht ausreiche und die Hilfsmittel schon verteilt seien. Somit sind die Hauptunterschiede zwischen den Anschauungen des Volkes und des Semstwo in administrativer Hinsicht folgende: 1. das Semstwo legt mehr Gewicht auf den Schulraum und verwendet für ihn mehr Geld; das Volk umgeht diese Schwierigkeit durch wirtschaftliche Hausmittel und betrachtet die Leseschulen als vorübergehende, zeitlich begrenzte Erscheinungen; 2. das ministerielle Semstworessort fordert einen Unterricht, der das ganze Jahr hindurch mit Ausnahme von Juli und August dauert, und führt nirgends Abendstunden ein; das Volk läßt nur im Winter unterrichten und liebt die Abendstunden; das Semstworessort des Ministeriums bevorzugt besondere Lehrertypen und gibt keiner Schule die Konzession, deren Lehrer unter diesem Typus steht, es haßt die Geistlichen und überhaupt die ansässigen Leute, die lesen können; das Volk kennt keine Norm und wählt sich seine Lehrer vorzugsweise unter den Bewohnern des Orts; 4. das Semstworessort des Ministeriums verteilt die Schulen, wie es der Zufall fügt, d.h. es läßt sich nur von dem Gedanken leiten, daß die Schule eine Normalschule sein muß und kümmert sich nicht um die größere Hälfte der Bevölkerung, die auf diese Weise ohne Schulbildung bleibt; das Volk kennt nicht nur keine bestimmte äußere Form der Schule, sondern es verschafft sich auf allen nur möglichen Wegen und mit allen möglichen Mitteln Lehrer, gründet auch schlechtere und billigere Schulen mit kleinen, und gute und teurere Schulen mit Hilfe von reichen Mitteln, und achtet dabei vor allem darauf, daß alle Gegenden aus eigener Kraft das Geld für eine Schule aufbringen; 5. das Semstworessort des Ministeriums bestimmt eine — und zwar eine recht hohe — Norm für das Gehalt, erhöht es willkürlich aus seinem eigenen Fonds; das Volk sucht nach Möglichkeit zu sparen und achtet darauf, daß das Geld von denen gezahlt werde, deren Kinder den Unterricht genießen.

Es ist wohl überflüssig, noch darüber zu sprechen, wie klar sich in diesen Forderungen der gesunde Menschenverstand des Volkes im Gegensatz zu jener künstlichen Einrichtung ausdrückt, die schon bei ihrem ersten Ursprung die Sache der Volksbildung in Fesseln schlagen will. Aber es empört sich auch das Gerechtigkeitsgefühl gegen eine solche Ordnung der Dinge. Sehen wir doch einmal zu, was eigentlich geschieht. Das Volk fühlt das Bedürfnis, sich zu bilden, und versucht, seine Absicht zu verwirklichen. Zu allen Steuern, die es zahlt, hat es sich noch eine freiwillige Steuer zugunsten der Bildung auferlegt, d.h. es hat angefangen, sich Lehrer zu nehmen. Was aber haben wir gemacht? »Ah, du kannst noch zahlen«, sagen wir. »Du bist noch roh und dumm. Gib uns das Geld, wir wollen die Sache für dich einrichten, und zwar besser, als du es selbst kannst!«

Das Volk hat das Geld hergegeben (wie ich schon gesagt habe, hat man das für die Schulen bestimmte Geld einfach in eine Steuer verwandelt). Man hat sein Geld genommen und ihm die Bildungseinrichtungen gegeben.

Ich will hier nicht wiederholen, daß diese Bildungseinrichtungen künstlich sind, aber wie ist man in dieser Sache überhaupt verfahren? Der Bezirk Krapiwensk hat 40 000 Seelen, wenn ich die letzte Zählung berücksichtige und die Mädchen mitrechne. Nach der Tabelle von Bunjakowski über die Verteilung der orthodoxen Bevölkerung nach den Lebensaltern im Jahr 1862 kommen

1834 Personen männlichen und 1989 Personen weiblichen Geschlechts, zusammen also 3823 Personen beiderlei Geschlechts zwischen 6 und 14 Jahren auf je 10 000 Seelen. Nach meinen Beobachtungen sind es noch mehr — wahrscheinlich infolge des Bevölkerungszuwachses, so daß man die Durchschnittszahl der lernfähigen Jugend ruhig gleich 4000 annehmen kann. In eine Schule gehen durchschnittlich in den großen Zentren 60 Schüler, in den kleinen Zentren 10 bis 25 Schüler. Damit alle Kinder einen Schulunterricht genießen, dazu brauchte man für die größere Hälfte der Bevölkerung in den kleinen Zentren Schulen mit 10, 15 und 20 Schülern, so daß die Norm der Schülerzahl meiner Ansicht nach etwa 30 beträgt. Wieviele Schulen also braucht man für eine Zahl von 16 000 Schülern? Teilen wir 16 000 durch 30, so erhalten wir 530 Schulen.

Nehmen wir einmal an, daß bei der Eröffnung der Schulen alle Schüler zwischen 7 und 15 Jahren eintreten, aber nicht alle im Laufe der vollen 8 Jahre die Schule besuchen werden; rechnen wir dementsprechend den vierten Teil, also 130 Schulen und etwa 4200 Schüler ab. Sagen wir, daß es 400 Schulen gäbe. In Wirklichkeit gibt es nur 20 Schulen. Das Semstwo gibt 2000 Rubel und hat den Zuschuß um weitere 1000 Rubel erhöht; es gibt also in summa 3000 Rubel. Von den Bauern werden 15 Kopeken pro Kopf und im ganzen ungefähr 4000 Rubel erhoben. Die Summe, die für die Bauten ausgesetzt ist, beträgt 700 Rubel, für die pädagogischen Kurse wurden in einem Jahr

1200 Rubel aufgewendet. Aber nehmen wir an, das Semstwo handle ganz einfach und vernünftig und verbrauche kein Geld für Kurse und andere Torheiten; nehmen wir an, es gelänge, von jedem Bauern 15 Kopeken von der neuen Schulsteuer einzuziehen — welche Zukunft hat dann diese ganze Sache? Die Bauern gäben 6000, das Semstwo 3000, zusammen also 9000 Rubel. Sagen wir also, die Zahl der Schulen werde sich noch um 10 vermehren. Die 9000 Rubel werden knapp reichen, um diese Schulen zu erhalten, und auch nur dann, wenn der Schulrat äußerst vernünftig und ökonomisch verfährt. Folglich bilden bei der Verwaltung durch die Semstwa 30 Schulen auf 40 000 Seelen die oberste Grenze für die Zahl und die Verbreitung der Schulen in einem Bezirk. Und die Grenze kann nur dann erreicht werden, wenn alle Bauern sich die freiwillige Steuer von 15 Kopeken pro Kopf auferlegen, was noch sehr zweifelhaft ist, wenn die Verwaltung dieser Gelder nicht in den Händen der Bauern selbst, sondern in denen der Semstwo liegt.

Ich spreche nicht von dem möglichen Zuschuß von 3000 Rubeln seitens der Semstwa, weil dieser Zuschuß von 3000 Rubeln häufig auf den Schultern derselben Bauern liegt, andererseits aber auch gar nicht sicher ist und nur eine ganz zufällige Summe bildet. Um also die Sache der Volksbildung auf die Höhe zu bringen, auf der sie stehen sollte, d.h. also, damit auf je 40 000 Seelen 400 Schulen kämen, und damit die Schulen kein Spielzeug werden, sondern einem wirklichen Bedürfnis des Volkes entsprechen, gibt es keinem anderen Ausweg, als den Bauern nicht 15 Kopeken, sondern 3 Rubel pro Kopf als Schulsteuer aufzuerlegen, damit die für die Gründung einer Schule notwendige Summe von 300 Rubeln zusammenkommt. Aber auch dann sehe ich noch keinen Grund, warum soviele Schulen entstehen sollten, wie notwendig sind.

Sehen wir denn nicht schon jetzt, wo es doch die einfachste arithmetische Berechnung zeigt, daß das einzige Mittel für das Gedeihen der Schulen die Vereinfachung der Methoden, die Einfachheit und Billigkeit der Schulen ist, daß aber die Pädagogen sich gleichsam um die Wette darum bemühen, den Unterricht möglichst schwer, kompliziert, kostspielig (und, wie ich hinzufügen muß, möglichst schlecht) zu gestalten? Bei den Herren Bunakow und Jewtuschewsky habe ich Lehrmittel für 300 Rubel gezählt, die ihrer Meinung nach für die Einrichtung einer Elementarschule absolut notwendig sind. Und in pädagogischen Kreisen ist nur noch davon die Rede, wie man in den Seminaren so vollkommene Lehrer ausbilden könne, daß sie selbst für 400 Rubel keine Stellung als Dorfschullehrer annehmen werden. Es ist für mich klar, daß die Pädagogen in ihrem Streben nach immer weiteren Vervollkommnungen, selbst wenn man in einem Bezirk 120 000 Rubel sammeln würde, auch diese Summe für bloß 20 Schulen, mit Tischen, die sich in die Höhe schrauben lassen, mit Lehrerseminaren usw. aufwenden würden. Haben wir denn nicht gesehen, daß man im Bezirk

Krapiwensk 40 Schulen geschlossen hat, und die Leute, die die Schulen geschlossen haben, sind fest davon überzeugt, daß sie damit die Schulfrage bedeutend gefördert haben, da sie jetzt 20 gute Schulen haben. Und was dabei am merkwürdigsten ist: Die, welche diese Forderungen stellen, kümmern sich nicht im mindesten darum, ob das Volk überhaupt etwas davon wissen will, dasselbe Volk, für das sie sorgen; und noch weniger fragen sie danach, wer das bezahlen wird. Aber die Semstwa sind von diesen Forderungen so geblendet, daß sie den einfachsten Vorteil und die elementarste Gerechtigkeit nicht begreifen. Das ist fast so, wie wenn mich ein Mensch bittet, ihm in der Stadt zwei Pud Mehl für einen Monat zu kaufen, und ich ihm eine Schachtel mit übelriechenden Pralinees kaufte und ihm noch Vorwürfe machen wollte, er sei ungebildet, weil er unzufrieden ist.

Indem ich meinem Grundsatz folge, daß die Kritik angeben müsse, wie denn das sein soll, was sie tadelt, will ich den Versuch machen, auseinanderzusetzen, wie die Schulfrage behandelt werden muß, damit sie nicht zum Kinderspiel werde und eine Zukunft habe. Meine Antwort liefert dasselbe Wort, das auch die Antwort auf die zwei ersten Fragen bildete: die Freiheit. Man muß dem Volk die Freiheit lassen, sich Schulen zu gründen, wie es selbst will, und sich möglichst wenig in diese Angelegenheiten der Schulgründung mischen. Nur bei einer solchen Auffassung der Sache läßt sich das Haupthindernis einer weiten Verbreitung der Schulen sogleich hinwegräumen, das bisher unüberwindlich zu sein schien. Dieses Haupthindernis liegt in dem Mangel an Geldmitteln und in der Unmöglichkeit, diese Mittel zu vergrößern. Dem Mangel an Geldmitteln begegnet das Volk dadurch, daß es alle Maßregeln ergreift, um die Schulen möglichst zu verbilligen, auf das zweite erwidert das Volk damit, daß sich die Mittel immer finden werden, wenn es nur selbst bestimmen darf; dagegen ist es nicht damit einverstanden, die Mittel für die Anschaffung von Dingen zu erhöhen, die es nicht brauchen kann.

Der wesentliche Unterschied zwischen der Auffassung des Volkes und des ministeriellen Ressorts der Semstwa besteht in folgendem: 1. Nach Ansicht des Volkes gibt es nicht eine bestimmte Norm und Form für die Schule, außer und unter der eine Schule überhaupt nicht zugelassen werden könnte, wie das ministerielle Ressort der Semstwa dieses annimmt; es kann alle möglichen Schulen geben, eine sehr gute und teure, und eine sehr schlechte und billige, aber auch in der schlechtesten Schule kann man lesen und schreiben lernen und daraus Nutzen ziehen, und, wie man einem reicheren Kirchspiel einen besseren Priester anweist und eine reicher ausgestattete Kirche baut, so kann man auch in einem reicheren Dorf eine bessere Schule bauen und in einem ärmeren eine schlechtere; aber ebenso, wie man in einer reichen und in einer armen Gemeinde beten kann, so kann man in einem reichen wie in einem armen Dorf lesen lernen. 2. Das Volk hält für die erste Bedingung seiner Bildung einen gleichmäßigen, sich auf alle in gleichem Maß erstreckenden Unterricht, zunächst, wenn es nicht anders geht, auf der niedrigsten Stufe, und es fordert erst später eine weitere, aber wiederum gleichmäßige Erhöhung des Bildungsniveaus. Das ministerielle Ressort der Semstwa aber hält es offenbar für notwendig, einzelnen Glückskindern, dem zwanzigsten Teil der Bevölkerung, eine Bildung zu geben, gleichsam um zu zeigen, wie gut so etwas doch ist. 3. Das ministerielle Ressort der Semstwa hat, entweder aus Unfähigkeit oder weil es nicht rechnen wollte, die ganze Schuleinrichtung auf eine so hohe und das Volk fremdartige berührende Stufe erhoben, daß bei den hohen Ausgaben für die Bildung kein Ausweg aus dem gegenwärtigen Zustand abzusehen ist, und daher kann die Zahl der Schüler nie größer werden.

Das Volk aber kann sehr gut rechnen und ist an dem Resultat dieser Rechnung interessiert, es hat die Berechnung wahrscheinlich schon längst angestellt, die ich anführte, und es sieht ganz klar ein, daß es diese teueren Schulen, von denen jede 400 Rubel kostet und die vielleicht an und für sich gut sein mögen, nicht brauchen kann, und es bemüht sich, die Ausgaben für seine Schulen mit allen Mittel einzuschränken.

Was also soll geschehen, was können die Semstwa jetzt tun, damit diese Sache kein Kinderspiel und kein Scherz bleibt, sondern eine Zukunft erhält? Sie müssen die Forderungen des Volkes berücksichtigen und nach Möglichkeit danach streben, die Schulen zu verbilligen, die Formen der

Schule frei zu machen, und den Gemeinden möglichst viel Macht und Gewicht bei der Einrichtung der Schulen einräumen.

Dazu ist es notwendig, daß die Semstwa vollkommen auf die Verteilung der Schullasten und die Bestimmung über die Verteilung und Verbreitung der Schulen in den einzelnen Ortschaften verzichten und das den Bauern allein überlassen. Die Bestimmung des Gehalts für den Lehrer, die Mieten, der Kauf oder der Bau eines Schulhauses, die Wahl des Orts und des Lehrers, das alles muß den Bauern vollkommen überlassen bleiben.

Das Semstwo, d.h. der Schulrat, muß die Gemeinden nur darum bitten, ihm mitzuteilen, wo und auf welcher Grundlage Schulen gegründet werden, nicht um auf Grund dieser Kenntnis die Schulen zu verbieten, wie das jetzt geschieht, sondern um auf Grund dieser Erhebungen über die Bedingungen, unter denen die Schulen existieren, wenn diese Bedingungen den Forderungen des Schulrats entsprechen, aus den Mitteln des Semstwo den Schulen bei der Gründung einen bestimmten Zuschuß zu gewähren, der einen Teil des Betrages ausmacht, den die Schule der Gemeinde kostet: die Hälfte, ein Drittel, ein Viertel, je nach der Zahl der Schulen, den Mitteln und den Wünschen des Semstwo. So z.B. nimmt sich ein Dorf von 20 Seelen zum Winter einen Pilger für zwei Rubel monatlich als Lehrer, um die Kinder zu unterrichten. Der Schulrat oder vielmehr eine Vertrauensperson des Rates, von der ich weiter noch sprechen will, läßt den Lehrer, nachdem sie davon erfahren hat, zu sich kommen, prüft ihn, ob er Kenntnisse hat, wie er lehrt usw., und wenn er nur lesen und schreiben kann und nicht gerade ein gefährlicher Mensch ist, so bewilligt sie ihm den Teil als Zuschuß, den das Semstwo für diese Zwekke bestimmt hat: die Hälfte, ein Drittel oder ein Viertel. Ebenso verfährt der Schulrat mit einem Geistlichen, den eine Gemeinde für fünf Rubel monatlich, oder mit einem Lehrer, den sie für fünfzehn Rubel monatlich angestellt hat. Es versteht sich von selbst, daß der Schulrat nur in bezug auf die Lehrer so verfährt, die die Gemeinden selber gewählt haben; wenden sich jedoch die Gemeinden an den Schulrat, so empfiehlt er ihnen einen Lehrer unter denselben Bedingungen.

Hierbei aber dürfen die Semstwa nicht vergessen, daß es nicht, wie jetzt, nur Lehrer zu 200 Rubeln geben darf; der Schulrat muß eine Adressenvermittlungsanstalt für Lehrer jeder Art und zu jedem Preis von einem bis zu dreißig Rubeln monatlich sein. Für die Bauten braucht der Schulrat nichts und gibt er keine Zuschüsse, da das eine völlig unproduktive Ausgabe ist. Aber das Semstwo darf die billigen Lehrer zu zwei, drei, vier und fünf Rubel monatlich nicht verachten, wie das jetzt geschieht, ebensowenig wie Schulräume in rauchigen Hütten oder die Sitte, die Klasse aus einem Haus ins andere zu verlegen. Das Semstwo darf nicht vergessen, daß das Urbild der Schule, das Ideal, nach dem es streben muß, nicht das steinerne Haus mit dem Eisendach, mit Tafeln und Schulbüchern ist, wie wir sie in den Musterschulen vorfinden, sondern dasselbe Haus, in dem der Bauer wohnt, mit den Tischen und Bänken, auf denen er zu Mittag ißt, und nicht mit einem Lehrer im schwarzen Rock und einer Lehrerin mit einem Chignon, sondern mit einem Lehrer im Kaftan und Hemd oder einer Lehrerin mit einem Rock oder mit einem Tuch um den Kopf und nicht mit Hunderten von Schülern, sondern mit fünf, sechs oder höchstens zehn.

Das Semstwo darf keine Vorliebe oder Antipathie gegen bestimmte Typen von Lehrern haben, wie das jetzt der Fall ist. So z.B. hat das Semstwo von Tula augenblicklich eine besondere Vorliebe für den Typus von Lehrerinnen, die ein Gymnasium oder eine geistliche Schule besucht haben, und die größte Zahl der Schulen im Gouvernement Tula ist mit ihnen besetzt. Im Bezirk Krapiwensk hat man eine seltsame Antipathie gegen die Lehrer aus dem geistlichen Stande, und in dem ganzen Bezirk, der bis zu 50 Kirchspiele hat, gibt es nicht einen Lehrer, der Geistlicher ist. Das Semstwo muß sich, wenn es einen Lehrer vorzuschlagen hat, hauptsächlich von zwei Erwägungen leiten lassen: Erstens muß der Lehrer möglichst billig sein, und zweitens muß er seiner Erziehung nach dem Volk möglichst nahe stehen. Nur dank der entgegengesetzten Anschauung ist eine so unbegreifliche Erscheinung möglich geworden, daß es im Bezirk Krapiwensk (und dasselbe gilt für das ganze Gouvernement und die Mehrzahl der Gouvernements) 50 Kirchspiele und nur 20 Schulen gibt, und daß keine dieser Schulen einen Geistlichen oder Kirchendiener zum Lehrer hat, während es doch kein Kirchspiel gibt, wo sich nicht ein Priester oder Diakon, ein Kirchensänger oder ihre Frauen oder Töchter finden ließen, die nicht gern die Stellung eines Lehrers oder einer Lehrerin für einen viermal geringeren Lohn übernehmen würden als ein Lehrer oder eine Lehrerin aus der Stadt, die ins Dorf übersiedeln. Aber man wird mir entgegnen: Was werden das für Schulen mit Betern und Beterinnen, betrunkenen Soldaten, entlassenen Schreibern und Kirchensängern sein? Und was für eine Kontrolle ist an solchen formlosen Schulen möglich? Darauf antworte ich erstens, daß diese Beterinnen, Soldaten und Kirchensänger durchaus keine so furchtbar schlechten Lehrer sind, wie man das allgemein glaubt. In meiner Schulpraxis hatte ich oft mit Schülern aus solchen Schulen zu tun, und einzelne von ihnen konnten fließend lesen, schön schreiben und gaben die schlechten Gewohnheiten, die sie aus diesen Schulen mitbrachten, sehr bald auf. Wir alle kennen Bauern, die in solchen Schulen lesen und schreiben gelernt haben, und man kann nicht sagen, daß diese Fähigkeit unnütz oder schädlich sei. Zweitens antworte ich, daß die Lehrer dieser Klasse nur darum besonders schlecht sind, weil sie in entlegenen Orten verwahrlosen, ohne jede Hilfe und Belehrung unterrichten müssen, und daß es jetzt unter den alten Lehrern nicht einen einzigen Menschen gibt, der nicht Bedauern gesteht, er kenne die neuen Methoden nicht, er habe selbst für ein Paar Kupfergroschen lesen gelernt, und daß sehr viele von ihnen, besonders die jüngeren unter den Geistlichen, sich die neuen Verfahrensweisen gern aneignen würden. Man darf diese Lehrer nicht einfach als absolut unbrauchbar verwerfen. Unter ihnen gibt es gute und schlechte (und ich habe sehr viele begabte unter ihnen gefunden). Man muß sie miteinander vergleichen, die besten auswählen, sie unterstützen, mit anderen, besseren Lehrern zusammenführen und sie anleiten, was sehr wohl möglich ist, und was eben die Sache des Schulrates sein sollte.

Wie aber soll man sie kontrollieren, sie überwachen, sie unterweisen, wenn es in jedem Kreis Hunderte solcher Lehrer geben wird? Meiner Ansicht nach kann die Aufgabe des Semstwo und des Schulrats nur darin bestehen, die pädagogische Seite der Sache zu überwachen, und das ist durchaus möglich, wenn man folgende Maßnahmen ergreift: In jedem Semstwo, das die Pflicht der Verbreitung oder Förderung der Volksbildung auf sich genommen hat, muß es eine Persönlichkeit geben, sei es nun ein unbezahltes Mitglied des Schulrates oder ein Mann, der mehr als 1000 Rubel Gehalt bezieht und vom Semstwo angestellt ist, es muß eine Person geben, die die pädagogische Seite der Sache im Kreis verwaltet. Diese Persönlichkeit muß eine noch frische allgemeine Bildung besitzen, also den Kursus eines Gymnasiums absolviert haben und demgemäß die russische und teilweise auch die kirchenslawische Sprache beherrschen, die Arithmetik und Algebra gründlich kennen und Lehrer sein, d.h. die Kenntnis der pädagogischen Praxis besitzen. Diese Persönlichkeit darf ihre Studien noch nicht lange hinter sich haben, weil ich bemerkt habe, daß die Kenntnisse von Leuten, die eine Universität abgeschlossen, aber ihre Kenntnisse lange nicht aufgefrischt haben, oft nicht nur zur Anleitung von Lehrern, sondern selbst für ein Examen in einer Dorfschule nicht ausreichen. Diese Persönlichkeit muß unbedingt in derselben Gegend zu Hause sein, damit sie bei ihren Forderungen und Anweisungen immer das pädagogische Material im Auge hat, mit dem die anderen Lehrer zu tun haben, und damit sie stets das lebendige Verhältnis zur Wirklichkeit in sich nähren kann, das das beste Mittel gegen Fehler und Irrtümer ist. Wenn ein Semstwo keine solche Person mehr zur Verfügung hat und keine solche anstellen will, so hat ein solches Semstwo meiner Ansicht nach absolut nichts mit den Sachen der Volksbildung zu tun, außer etwa Geld für sie zu geben, weil jede Einmischung in die administrative Seite der Sache (wie sie jetzt stattfindet) nur schädlich ist.

Dieses Mitglied des Semstwo oder diese vom Semstwo angestellte, gebildete Persönlichkeit muß die beste und musterhafteste Schule im Kreise sowie einen Hilfslehrer haben. Außer der Leitung dieser Schule und der Anwendung aller neuen Unterrichtsmethoden in ihr obliegt diesem Lehrer noch die Aufsicht über die anderen Schulen. Diese Schule soll keine Musterschule in dem Sinn sein, daß in ihr allerhand Würfel, Bilder und andere Torheiten, die die Deutschen erfinden, zur

Anwendung kommen, sondern in dem Sinn, daß der Lehrer an denselben Bauernkindern, die auch die anderen Schulen besuchen, Versuche mit den einfachsten Verfahrensweisen macht, die von den meisten Lehrern übernommen werden können — auch von den Soldaten und Kirchensängern, die die Mehrheit der Schullehrer ausmachen. Da bei der Einrichtung, die ich vorschlage, unzweifelhaft in den großen Zentren große und gut bemittelte Schulen entstehen werden (wie ich glaube, etwa im Verhältnis von 1 zu 20 von den anderen Schulen), und da in diesen großen Schulen Lehrer vom Bildungsgrad eines Seminaristen, der ein geistliches Seminar abgeschlossen hat, unterrichten werden, so wird der Hauptlehrer alle diese großen Schulen besuchen, diese Lehrer sonntags bei sich versammeln, sie auf ihre Fehler aufmerksam machen, ihnen neue Methoden vorschlagen, ihnen Bücher zur Vervollständigung ihrer eigenen Bildung geben, und sie am Sonntag zu sich in die Schule laden. Die Bibliothek des Hauptlehrers muß einige Exemplare der Bibel, eine kirchenslawische und eine russische Grammatik, eine Arithmetik und Algebra enthalten.

Der Hauptlehrer besucht, wenn er die Zeit dazu findet, auch die kleinen Schulen, und lädt ihre Lehrer zu sich ein, aber die Pflicht der Aufsicht über die kleinen Schulen liegt bei den älteren Lehrern, die ihrerseits genau die Schulen ihres Kreises besuchen und die Lehrer sonntags oder werktags zu sich einladen. Das Semstwo zahlt den Lehrern entweder die Spesen für die Fahrten oder macht bei der Anweisung des Zuschusses an die Gemeinden mit diesen aus, wieviel eine jede für diese Fahrten auszusetzen hat. Die Zusammenkünfte der Lehrer und der Besuch gleicher und besserer Schulen durch die Lehrer ist eine Hauptbedingung einer erfolgreichen Durchführung der Schulfrage, und daher muß das Semstwo auf die Organisation dieser Zusammenkünfte besonders achten und darf keine Geldmittel für sie scheuen. Außerdem müssen in den großen Schulen, mit mehr als 50 Schülern, an Stelle der Hilfslehrer, die jetzt in diesen Schulen unterrichten, die begabtesten von den Schülern oder Schülerinnen für die Lehrtätigkeit ausgewählt werden und je zwei oder drei als Hilfskräfte angestellt werden. Diese Hilfskräfte erhalten ein Gehalt von 50 Kopeken bis zu einem Rubel monatlich, und der Lehrer beschäftigt sich des Abends besonders mit ihnen, damit sie nicht hinter den anderen zurückbleiben. Diese Hilfslehrer, die unter den besten Schülern ausgewählt sind, sollen die künftigen Lehrer werden, die dazu bestimmt sind, die Elementarlehrer in den kleinen Schulen zu ersetzen.

Es versteht sich von selbst, daß die Organisation dieser Zusammenkünfte der Lehrer der kleinen und großen Schulen, diese Rundfahrten des ältesten Lehrers und diese Heranbildung von Lehrern aus den Hilfskräften der Lehrer in der mannigfaltigsten Art und Weise erfolgen können; es kommt nur darauf an, daß die Aufsicht über eine größere Anzahl von Schülern, auch wenn sie die Norm erreicht (d.h. also, wenn eine Schule auf je

100 Seelen kommt), nunmehr im Bereich des Möglichen liegt. Bei einer solchen Einrichtung werden die Lehrer sowohl der großen wie der kleinen Schulen immer das Gefühl haben, daß ihre Bemühungen gewürdigt werden, daß sie nicht in der Einöde des Dorfes für immer begraben sind, daß sie Kollegen und Anleitung finden und daß sich ihnen für die Tätigkeit des Unterrichts wie für ihre weitere persönliche Ausbildung und die Verbesserung ihrer Lage Wege und Auswege eröffnen. Bei einer solchen Einrichtung wird ein Beter oder ein Kirchensänger, der noch was lernen kann, selbst lernen wollen; der dagegen, der dazu nicht fähig ist oder der nicht lernen will, wird durch einen anderen ersetzt werden.

Die Lernzeit muß, wie die Bauern es haben wollen, den Winter über, d.h. sieben Monate lang dauern, und daher muß das Gehalt monatlich ausbezahlt werden. Bei einer solchen Einrichtung wird sich die Bildung nicht allein schnell und gleichmäßig ausbreiten, es ist noch der Vorteil mit ihr verbunden, daß die Schulen in den Zentren erstehen werden, wo das Volk ein Bedürfnis nach ihnen fühlt, wo sie urwüchsig und daher fest aus dem Boden hervorwachsen. Da, wo der Charakter des Volkes nach Bildung drängt, da wird sie fest wurzeln. Sehen wir einmal näher zu: In den Städten, unter den Hausknechten, den wohlhabenden Bauern verlernen die Kinder das Lesen und Schreiben nie wieder, wenn sie es einmal, sei es immer auf welche Weise, gelernt haben, in einem abgelegenen Ort hingegen beobachten wir es oft, wie der Gutsbesitzer eine Schule gründet, die Kinder vorzüglich lesen lernen, und wie nach zehn Jahren alles vergessen ist — die Bevölkerung ist dann ebenso ungebildet, wie sie früher war. Daher sind die Zentren besonders wertvoll, seien sie nun groß oder klein, wo die Schulen urwüchsig entstehen.

Da, wo eine solche Schule entstanden ist, da wird sie Wurzeln schlagen, mag sie noch so schlecht sein, und dort wird die Bevölkerung früher oder später lesen und schreiben können. Und daher muß man diese Triebe pflegen und nicht tun, was man überall tut — eine Schule verbieten, weil sie nicht nach unserem Geschmack ist, d.h. man darf den Trieb nicht vernichten und einen Zweig künstlich an einem anderen Ort in den Boden stecken, wo er doch nicht gedeihen kann. Nur bei einer solchen Einrichtung werden, ohne daß es nötig wäre, teure und künstliche Seminare zu gründen, die besten Schüler und Schülerinnen ausgewählt, in den Schulen selbst herangebildet werden, und sie werden so ein Kontingent von billigen Volksschullehrern stellen, die die Soldaten und Kirchensänger ersetzen und allen Anforderungen des Volkes und der gebildeten Klasse entsprechen werden.

Der Hauptvorteil einer solchen Einrichtung aber besteht darin, daß nur eine solche Verfassung der Entwicklung der Volksbildung eine Zukunft sichert, d.h. uns aus der Sackgasse führen wird, in die die Semstwa dank der teueren Schulen und des Mangels an neuen Quellen zur Vergrößerung ihrer Anzahl hineingeraten sind. Nur wenn das Volk die Zentren für die Schule selbst bestimmen, sich seine Lehrer selbst wählen, die Höhe der Gehälter normieren und unmittelbar aus den Vorteilen der Schulen Nutzen ziehen wird, nur dann wird es die Mittel für die Schule erhöhen, wenn es ein Bedürfnis danach fühlen wird. Ich kenne Gemeinden, die bis zu 50 Kopeken pro Kopf für die Schule ihres Dorfes zahlten. Aber es ist schon schwierig, den Bauer zu nötigen, 15 Kopeken pro Kopf zu bezahlen, wenn nicht alle die Schule benutzen. Im ganzen Kreis werden die Bauern für das Semstwo nicht eine Kopeke mehr bezahlen, weil sie fühlen, daß sie für ihr Geld keine größeren Vorteile genießen werden.

Bei einer solchen Einrichtung, wie ich sie vorschlage, werden sich dagegen die Mittel finden, um die Schulen gut im Stande zu halten, und zwar alle Schulen, auch wenn eine auf je hundert Seelen kommt, was bei der jetzigen Einrichtung kaum möglich zu sein scheint. Außerdem werden bei der Einrichtung, die ich empfehle, die Interessen der Bauerngemeinden und des Semstwo, als der Vertreterin der örtlichen Bildung, untrennbar vereint sein. Sagen wir, das Semstwo gäbe den dritten Teil davon, was die Bauern geben. Wenn es dieses Geld hergibt, wird es offenbar in der einen oder anderen Weise dafür sorgen, daß das Geld nicht weggeworfen wird, und es wird folglich auch über die Verwendung des Geldes wachen, von dem die Bauerngemeinden zwei Drittel beigesteuert haben. Indem das Semstwo das Geld hergibt, weiß es auch, daß die Gemeinde wirklich eine Schule haben will, da sie Geld dazu gegeben hat. Die Bauerngemeinde sieht ihrerseits, daß das Semstwo seinen Teil dazu gibt, und vertraut daher dem Semstwo und erkennt dessen Recht an, den Unterricht zu überwachen. Und zugleich sieht sie den Unterschied gleichsam vor Augen, der zwischen einer Schule besteht, deren Erhaltung mehr Geld kostet, und richtet sich eine Schule ein, wie sie sie braucht, und wie sie ihren Mitteln entspricht.

Ich betrachte wiederum den mir bekannten Kreis Krapiwensk, um zu zeigen, wie sehr sich der gegenwärtige Zustand von dem unterscheidet, der bei der von mir vorgeschlagenen Einrichtung eintreten würde. Es unterliegt für mich nicht dem mindesten Zweifel, daß sofort eine ganze Reihe neuer Schulen entstehen würde, wenn man dem Volk die Erlaubnis geben wollte, Schulen zu gründen, wo und wie es sie haben will. Ich bin überzeugt, daß es im Kreis Krapiwensk, der mehr als 50 Kirchspiele hat, in jedem dieser Kirchspiele mindestens eine Schule geben wird, da das Kirchspiel immer ein Bevölkerungszentrum ist, und da sich unter allen Geistlichen stets einer finden wird, der fähig ist, Lehrer zu sein, Lust dazu hat und seinen Vorteil dabei findet.

Außer diesen Schulen mit Lehrern aus dem geistlichen Stande werden wahrscheinlich noch die 40 Schulen wieder eröffnet werden, die geschlossen wurden (oder eigentlich nur 30, da einzelne von ihnen Geistliche zu Lehrern hatten), und außerdem werden noch sehr viele neue Schulen eröffnet werden, so daß zusammen mit den bestehenden 20 Schulen in kurzer Zeit eine Anzahl von Schulen erstehen wird, die sich nur wenig von 400 entfernt.

Ob man mir dies nun glauben wird oder nicht, ich nehme an, daß im Kreis Krapiwensk mit der Übergabe der Schulverwaltung in die Hände des Volkes 380 neue Schulen eröffnet werden würden, und daß der Kreis somit zusammen 400 haben würde; ich will einmal zusehen, ob diese 400 Schulen, d.h. also beinahe das Zwanzigfache von der heutigen Anzahl, sich unter den Bedingungen, die ich bei der Betrachtung der bestehenden Ordnung voraussetzte, würden halten können.

Wenn ich annehme, daß alle Bauern 15 Kopeken pro Kopf bezahlen und das Semstwo 3000 Rubel Zuschuß gibt, so werden nur 9000 Rubel zusammenkommen, die bei der früheren Einrichtung nur für 30 Schulen ausreichen.

Dagegen verhält es sich bei der neuen Ordnung folgendermaßen:

Ich nehme an, daß von den alten Schulen 10 ungeteilt fortbestehen, ich setze das Gehalt für die Lehrer in diesen großen Schulen gleich 20 Rubel monatlich an, was in sieben Wintermonaten zusammen 1400 Rubel ausmacht.

Ich nehme an, daß in jedem Kirchspiel eine Schule mit einem Lehrergehalt von 5 Rubeln monatlich entsteht, was bei 50 Schulen insgesamt 1750 Rubel ausmacht.

Ich setze voraus, daß die übrigen 340 Schulen billige Schulen sind, deren Lehrer 2 Rubel monatlich erhalten; macht 15 Rubel pro Schule, also auf 340 Schulen = 5100 Rubel. Somit beträgt das Lehrergehalt für 400 Schulen 8280 Rubel. Bleiben also für die Lehrmittel und die Fahrten 750 Rubel übrig.

Die Höhe der Lehrergehälter ist von mir nicht willkürlich gewählt; aber sie ist für die teueren Lehrer höher als die, die heute dem monatlichen und jährlichen Gehalt entspricht. Ebenso erhalten die Geistlichen so viel, wie sie im Durchschnitt für den Unterricht zu beanspruchen pflegen. Die billigen Schulen, die ungefähr 2 Rubel zu stehen kommen, sind von mir noch weit höher angesetzt, als sie die Bauern tatsächlich kosten, so daß man diese Berechnung ruhig annehmen kann. Bei dieser Rechnung bildet sich auch jener Grundkern von älteren Lehrern, der aus 10 teueren Lehrern oder 10 oder mehr Geistlichen besteht. Offenbar wird erst bei dieser Berechnung die Schulfrage auf die Stufe einer ernsten und überhaupt möglichen Sache erhoben, die eine klare und bestimmte Zukunft hat.

Wenn das an dieser Stelle von mir Geäußerte niemanden überzeugen wird, so bedeutet das nur, daß ich nicht imstande war, das auszudrücken, was ich wollte; ich will aber niemanden mit Gewalt überreden. Ich weiß, daß es keine hoffnungslosere Taubheit gibt als die von Leuten, die nicht hören wollen. Ich weiß, wie es mit den Landwirten zu geschehen pflegt. Man kauft eine neue, teure Dreschmaschine, stellt sie auf und bringt sie in Gang. Sie drischt schlecht, man mag das Brett auf- und abschrauben, wie man will, sie drischt unrein und die Körner fallen in das Stroh. Aber obwohl man nur Schaden davon hat, obwohl es weit vorteilhafter wäre, die Dreschmaschine stehen zu lassen und auf andere Weise zu dreschen, das Geld ist nun einmal ausgegeben, die Dreschmaschine ist im Gang, »so mag sie denn weiter dreschen«, sagt der Herr.

Ebenso wird es mit dieser Sache gehen. Ich weiß, der Anschauungsunterricht und die Würfel und Knöpfe an Stelle der Arithmetik, das Zischen und Pfeifen beim Unterricht der Buchstaben, und die 20 teuren deutschen Schulen statt der notwendigen 4000 billigen Schulen — das alles wird noch lange weiter blühen und gedeihen.

Aber ich weiß auch bestimmt, daß der gesunde Menschenverstand des russischen Volkes es nicht zulassen wird, daß unser Volk dieses ihm aufgedrängte, falsche und künstliche Unterrichtssystem annimmt.

Das Volk ist bei alledem die am meisten interessierte Person und der Richter in dieser Sache; es rührt sich nicht im mindesten, wenn es unsere mehr oder weniger geistreichen Vermutungen darüber vernimmt, auf welche Weise man wohl die für das Volk bestimmte geistige Kost am besten zubereiten könne; das Volk bleibt ganz kalt dabei, weil es genau weiß, daß es in der großen Sache seiner geistigen Entwicklung keinen falschen Schritt tun, nie etwas annehmen wird, was schlecht ist, und alle Versuche, es nach deutscher Art zu bilden, anzuleiten und zu unterrichten, werden von ihm abprallen wie Erbsen von einer harten Wand.

ANMERKUNGEN

Die Schule von Jasnaja Poljana im November und Dezember des Jahres 1862

Unter dem Titel »Die Schule von Jasnaja Poljana in den Monaten November und Dezember« werden verschiedene Artikel zugänglich gemacht, die nacheinander in der Januar-, März- und April-Ausgabe der Zeitschrift »Jasnaja Poljana« erschienen sind. Da es sich dabei aber um die Ausgaben des Jahres 1862 handelt, können nur der November und Dezember des Jahres 1861 gemeint sein. So erschienen also in der Januar-Ausgabe 1862 die Kapitel »Allgemeiner Bericht über den Charakter der Schule«, »Mechanisches Lesen«, »Stufenweises Lesen«, »Schreiben, Grammatik und Kalligraphie«, sowie »Aufsätze«. Obwohl die Artikel ohne Unterschrift des Autors veröffentlicht worden waren, war Tolstois Urheberschaft schon durch den Inhalt für die Leser unzweifelhaft.
Im Märzheft folgten dann die Kapitel »Aufsätze«, »Biblische Geschichte«, »Geschichte und Geographie« und »Die erste Geschichtsstunde«. Hier werden u. a. Erzählungen der Schüler wiedergegeben, die nach Tolstoi »ganz von ihnen aus dem Kopf geschrieben und nur in orthographischer Hinsicht verbessert wurden«. Die Gestalt des Manuskriptes jedoch legt nahe, daß diese Bemerkung nicht ganz und gar wörtlich genommen zu werden braucht. In der Aprilausgabe erschienen als letzte die Kapitel »Die Künste«, »Zeichnen« und »Singen«.
Das Fach Zeichnen unterrichtete der junge Lehrer G. F. Keller, den Tolstoi im Frühjahr 1861 aus Deutschland mitgebracht hatte. Wahrscheinlich legte er den gesamten Unterrichtsplan seines Faches zunächst in deutscher Sprache vor, und Tolstoi übersetzte ihn ins Russische. Letzte Sicherheit in bezug auf diese Frage läßt sich nicht mehr gewinnen, da keinerlei Manuskripte zu diesem Text erhalten sind.

1 Der *Wij*: Fantastische Erzählung Gogols aus der 1835 unter dem Titel »Mirgorod« erschienen Sammlung.

2 *Hadschi Murat* war ein tschtschenischer Reiter, der sich der russischen Verwaltung unterwarf. Seine Lebensgeschichte benützte Tolstoi für einen künstlerischen Text, an dem er 1896 zu arbeiten begann, der aber erst posthum veröffentlicht wurde.

3 Hier ist von Avdot'ja Maksimovna, geb. Tugaeva, der Ehefrau Fedor Ivanovič Tugaevs, eines Vetters Tolstois, die Rede. Sie wurde 1861 von einem leibeigenen Koch ermordet.

4 Der *Cherubimshymnus:* Gesang aus der eucharistischen Liturgie, der kurz vor und während der Übertragung der Opfergaben vom Rüsttisch zum Altar gesungen wird. Er hat immer einen sehr feierlichen Charakter und beginnt mit den Worten: »Die Cherubim stellen wir geheimnishaft im Bilde dar« (Übers. P. Blank).

5 *Volks- oder Soldatenlesebuch:* »Narodnoe čtenie«, »Soldatskoe čtenie«.
»Narodnoe čtenie« war eine Zeitschrift, die von 1859 bis 1862 alle zwei Monate in St. Petersburg erschien.
Mit »Soldatskoe čtenie« hat Tolstoi wahrscheinlich die Zeitschrift »Soldatskaja beseda« im Sinn, die von 1859 bis 1867 ebenfalls zweimonatlich in St. Petersburg erschien.

6 Mit *»Onkel Naum«* ist das zu jener Zeit sehr populäre Buch M. A. Maksimovičs gemeint, das den Titel trägt: »Naums Buch über Gottes weite Welt«.

Bei »*Tante Natalja*« ist Tolstoi möglicherweise ein kleiner Fehler unterlaufen: Es soll wahrscheinlich heißen: »Tante Nastasja«. Unter diesem Pseudonym veröffentlichte Anastasja F. Auerbach 1861 in Moskau das Buch «Erste Lektüre für Bauernkinder«.

7 *»Der Weihnachtsabend«:* Fantastische Erzählung Gogols aus der Sammlung »Abende auf dem Vorwerk bei Dikan'ka.«

8 *Herr U.:* Aller Wahrscheinlichkeit nach verbirgt sich hinter dieser Initiale Nikolaj Vasil'evič Uspenskij (1839 - 1889), Verfasser von Erzählungen, die im Volksmilieu angesiedelt sind. Er war mit der Familie Tolstoi bekannt und häufiger Gast auf deren Gut.

9 Anna Petrovna *Zontag* (1785 - 1864) war die Verfasserin der »Heiligen Schrift für Kinder«, die 1837 erschien und neun Auflagen erlebte.

10 Robert *Owen* (1771 - 1858), britischer Sozialist, ist der Autor des Buches »The Book of A New World« (1820), in dem er die Notwendigkeit der gemeinsamen Erziehung der Kinder darlegt. Er wurde vom Mitarbeiter zum Partner des Besitzers einer Baumwollmanufaktur und beschäftigte sich zeitlebens mit den Fragen nach der Möglichkeit sozialer Reformen.

11 *Mstislav:* Name einer ganzen Reihe russischer Fürsten. *Brjačislav*: Name einiger Fürsten des Polocker Landes. *Boleslav:* Name einiger polnischer Herzöge und Könige aus der Dynastie der Piasten.

12 Die Schlacht zwischen Russen und Tataren auf dem *Kulikovo-Feld* wurde am 8. September 1380 geschlagen. Führer des russischen Heeres war Dimitrij Donskoj, die Tataren wurden von Mamaj befehligt.

13 Tolstoi bezieht sich hier auf den schon oben erwähnten Lehrer G. F. Keller.

14 Die *Berezina* ist ein Nebenfluß des Dnepr. Im November 1812 konnten die Russen beim Überqueren der Berezina die Reste des französischen Heeres nicht festhalten und verloren sogar einen Teil des eigenen Trosses.

15 August-Wilhelm *Grube* (1816 - 1884) war ein deutscher Pädagoge und Schriftsteller. Große Verbreitung fand sein Lehrbuch »Leitfaden für das Rechnen in der Elementarschule« (1842), in dem er eine besondere Methode für den Unterricht der arithmetischen Grundregeln anwandte, die auf dem Lernen der Eigenschaften der ersten hundert Zahlen basierte. Tolstoi sprach sich heftig gegen diese Methode aus.

16 *Parley* ist ein Pseudonym für den amerikanischen Pädagogen Goodrich (1793 - 1860). Tolstois Worte beziehen sich ohne Zweifel auf das Buch »Erzählungen des Amerikaners Parley über Europa, Asien, Afrika und Amerika«, dessen Übersetzung 1837 in St. Petersburg erschien.

17 Ivan Kuz'mič *Kajdanov* (1782 - 1843) war Professor am Lyzeum von Carskoe Selo und Autor zahlreicher Lehrbücher zur Geschichte. Hier ist die Rede entweder von seiner »Kratkoe načertanie vsemirnoj istorii« (Kurze Skizze der Weltgeschich-

te) St. Petersburg 1822, oder »Kratkoe načertanie Rossijskoj istorii« St. Petersburg 1834 (Kurze Skizze der Geschichte Rußlands). Beide Bücher erfreuten sich großer Beliebtheit und erlebten viele Auflagen.

18 Die Rede ist von Arsenevs Buch »Kurze allgemeine Geographie« St. Petersburg 1823.

19 Semen Nikolaevič *Smaragdov* (1805 - 1871) war Lehrer für Geschichte und Geographie an verschiedenen städtischen Lehranstalten. Er verfaßte u.a. eine »Kurze Skizze der allgemeinen Geschichte für Elementarschulen«.

20 *Angel vopijaše:* »Der Engel rief zur Gnadenvollen...«. Strophe aus dem Osterkanon des Hl. Johannes von Damaskus, die während der Osterzeit als Lobpreis der Gottesmutter in jeder Liturgiefeier gesungen wird.

21 Die Cherubims-Hymnen Nr. 4 und 7. Tolstoi meint hier die Vertonungen des Cherubims-Hymnus von Bortnjanskij (s. Anm. 23) und zwar sicherlich die Nrn. 5 und 7. Diese beiden Stücke sind bis heute außergewöhnlich populäre Kompositionen, die unbedingt ins Repertoire eines jeden russischen Kirchenchores gehören.

22 *»Aufsteige mein Gebet«:* 2. Vers von Psalm 140, dem zentralen Gesang des Abendgottesdienstes. In bestimmten Gottesdiensten der Fastenzeit wird der Gesang dieses Psalms mit dem zweiten Vers begonnen.

23 Dmitrij Stefanovič *Bortnjanskij* (1752 - 1825). In seiner Zeit wichtigster Komponist für Kirchen-

musik, Vertreter des russischen empfindsamen Stils. Von ihm stammt unter vielem anderem auch die Melodie zu der bekannten Freimaurerhymne »Kol'slaven naš Gospod v Sione«, die in Deutschland mit dem Text »Ich bete an die Macht der Liebe« bekannt geworden ist.

Über die Volksbildung

Der Artikel wurde ursprünglich in Form eines offenen Briefes an Iosif Nikolaevič Satilov, den Vorsitzenden des Moskauer Komitees zur Förderung der Fähigkeit des Lesens und Schreibens, verfaßt. Auf seinen Vorschlag hin waren in Moskau zwei Elementarschulen eingerichtet worden, wo in der einen der Unterricht nach der Lautiermethode Protopopovs gehalten wurde, während in der anderen der Lehrer Morozov nach der Methode L. N. Tolstois unterrichtete. Die Schüler wurden nach Alter und Begabung in jeweils gleicher Zahl einer jeden der beiden Schulen zugewiesen. Der Unterricht fand über denselben Zeitraum statt, und beide Schulen waren für Besucher zugänglich.

Nach sieben Wochen wurde eine Prüfungskommission zur Durchführung von Examina und anschließender Bewertung der Methoden gebildet. Die Mitglieder dieser Kommission konnten sich jedoch nicht auf ein gemeinsames Urteil einigen. Vielmehr kam beinahe jeder einzelne zu einem anderen Ergebnis, so daß sich das Komitee nicht in der Lage sah, einen Beschluß zu formulieren.

Tolstoi, verärgert über seinen Mißerfolg bei den Moskauer Pädagogen, beschloß, sich an ein größeres Publikum zu wenden, und zwar über die Presse. Möglicherweise ermutigte ihn auch Satilov, der in seinen Diskussionsbeiträgen viel Sympathie für Tolstois Ideen bekundet hatte, zu diesem Schritt. Wohl auch aus diesem Grunde formulierte Tolstoi seinen Artikel als offenen Brief an Satilov. Dieser wurde dann in der September-Ausgabe des Jahres 1874 der »Otečestvennye zapiski« veröffentlicht. In die Sobranie sočinenij (Gesammelte Werke), in den 12. Band, wurde er allerdings nur in verkürzter Form aufgenommen. Es fehlt die Anrede an Satilov sowie der Anfang des Textes, d.h. etwa ein Zehntel seiner Gesamtlänge. Diese verkürzte Fassung liegt der von R. Löwenfeld edierten Übersetzung zugrunde.